FOLIO BIOGRAPHIES
collection dirigée par
GÉRARD DE CORTANZE

Victor Hugo

par

Sandrine Fillipetti

Gallimard

Crédits photographiques :

1, 3, 12, 13, 14 : adoc-photos. 2, 5, 9 : RMN (Musée d'Orsay)/Hervé Lewandowski. 4, 6, 8, 10, 16, 17, 18, 19 : Maisons de Victor Hugo/Roger-Viollet. 7 : Musée d'Orsay, Dis. RMN/Patrice Schmidt. 11 : BNF. 15 : RMN/Michèle Bellot. 20 : Charles Gallot/Maisons de Victor Hugo/Roger-Viollet.

© Éditions Gallimard, 2011.

Sandrine Fillipetti est critique littéraire. Elle est l'auteur d'une biographie de Stendhal (Folio biographies/Gallimard, 2009), ainsi que d'anthologies littéraires au Mercure de France : *Le Goût du théâtre* (2009), *Le Goût de l'opéra* (2010), *Le Goût de l'école* (2010). Elle a également publié des guides sur Paris et des livres d'entretiens.

Avant-propos

De son vivant, Victor Hugo a été, à lui seul, le champ de multiples combats. De l'homme au poète, du dramaturge au romancier, du penseur au politique, il a généré un large spectre de réactions. Seule l'indifférence n'a jamais répondu à l'appel. Sifflé avec passion, il a été applaudi avec ferveur. Sa complexité, ses contradictions radicales, sa vie privée et publique, son évolution idéologique dérangent, quand elles ne scandalisent pas. Plus royaliste que le roi, il a chanté les gloires et les malheurs de la monarchie légitime avant de se déclarer bonapartiste, puis d'épouser avec force la cause de la République. Économe, il est généreux. Chaste, il devient faunesque. Croyant, il vitupère les prêtres et renvoie l'Église à ses conséquences nocives. Pair de France, il demande l'abolition de la peine capitale et pourfend l'injustice sociale. Quand les écrivains se compromettent dans les salons du second Empire, il met sa plume au service de la défense du peuple. Quel que soit le contexte, il reste fidèle en amitié comme aux souvenirs qui ont lambrissé sa jeunesse. Peu docile à l'influence,

Hugo possède une indépendance véritable. Il l'a payée au prix de dix-neuf années de proscription pendant lesquelles il n'a cessé de lancer, pardessus l'océan, le cri de sa colère et les créations vertigineuses de son génie toujours en mouvement. Passé de l'état de héros à celui de demidieu, il est resté, pour beaucoup, un épouvantail : conspué dans la presse conservatrice, vilipendé par le clergé, il a également servi de point de mire à un certain nombre de ses contemporains, dont il a cristallisé les jalousies et les aigreurs. Son œuvre protéiforme a éclipsé leur fiel et leurs débordements de haine. Symbole d'un XIXe siècle dont il a traversé les révolutions successives, Victor Hugo est resté premier dans tous les domaines. La sphère de sa renommée n'a cessé, quant à elle, de s'accroître. Pouvait-il rêver plus belle récompense, lui qui a écrit :

> La multiplication des lecteurs, c'est la multiplication des pains. Le jour où le Christ a créé ce symbole, il a entrevu l'imprimerie. Son miracle, c'est ce prodige. Voici un livre. J'en nourrirai cinq mille âmes, cent mille âmes, un million d'âmes, toute l'humanité. Dans Christ faisant éclore les pains, il y a Gutenberg faisant éclore les livres. Un semeur annonce l'autre. [...] L'univers sans le livre, c'est la science qui s'ébauche ; l'univers avec le livre, c'est l'idéal qui apparaît[1*].

Sa vie privée est jalonnée de fractures et de déconvenues : l'aborder, c'est comprendre l'œuvre. Entrer dans son œuvre, c'est comprendre l'homme.

---

* L'orthographe et la graphie originales des citations et des titres d'œuvres ont été respectées. Les notes bibliographiques sont regroupées en fin de volume, p. 334.

C'est appréhender son siècle. Victor Hugo en avait conscience plus que tout autre :

> L'ensemble de mon œuvre fera un jour un tout indivisible. Je fais [...] une Bible, non une Bible divine, mais une Bible humaine. Un livre multiple résumant un siècle, voilà ce que je laisserai derrière moi. Voltaire a résumé dans son œuvre le dix-huitième siècle, je résumerai le dix-neuvième. [...] Il suit de là que, pour l'avenir, l'ensemble sera à prendre ou à laisser. Les libraires qui, abusant du domaine public, tronqueront mon œuvre, sous prétexte de *choix, œuvres choisies, théâtre choisi,* etc., etc., seront, je le leur dis d'avance, des imbéciles. J'existerai par l'ensemble. On ne choisit pas telle ou telle pierre dans une voûte. Si vous tentez le triage, le dôme du panthéon n'est plus qu'un tas de pierres. Le Deutéronome est aride, le Lévitique n'est pas amusant, l'Apocalypse est peu claire ; ôtez-les de la Bible, tout s'écroule. Ayez tout Voltaire. Sinon, vous n'avez rien de Voltaire[2].

Ayez tout Victor Hugo. Sinon, vous n'avez rien de Victor Hugo.

PREMIÈRE PARTIE
Avant l'exil (1802-1851)

Au commencement
(1802-1808)

GENÈSE FAMILIALE

S'il est un idéal que Victor Hugo a fait sien et que n'ont ébranlé ni ses renversements d'opinions ni les changements d'époques et de circonstances, c'est bien celui d'une lignée prestigieuse. L'écrivain et critique littéraire Edmond Biré, qui en a tout autant traqué les inexactitudes que l'absence de fondement, s'est interrogé sur la singularité de telles prétentions nobiliaires de la part non seulement d'un individu « qui se pique d'être démocrate[1] », mais surtout « d'un homme assez illustre par lui-même pour pouvoir se passer d'aïeux[2] ». Faut-il y déceler, comme il l'a proposé, une volonté de rivaliser avec cet autre génie du siècle, François René de Chateaubriand, capable de produire des titres prouvant sa haute extraction ? Doit-on plutôt y voir la souscription à une légende familiale solidement ancrée, telle que le suggère une note du 16 avril 1825 adressée au Conseil du Sceau par Hugo père — « M. Joseph-Léopold-Sigisbert Hugo, né à Nancy (Meurthe) le 13 novembre 1773 d'une famille très ancienne en Lorraine où elle a compté des branches illustres, dont une dans le XVIIe siècle a donné le savant Louis Hugo, abbé d'Estival, évêque de Ptolémaïde[3] » ? Un fait est certain : rédigé par Adèle Hugo à partir d'une matière fournie par son époux, réécrit par Auguste Vacquerie et Charles Hugo avant d'être publié, en 1863, sans nom d'auteur, le *Victor Hugo raconté par un témoin de sa vie* s'ouvre sur une parenté imaginaire :

> Le premier Hugo qui ait laissé trace, parce que les documents antérieurs ont disparu dans le pillage de Nancy par les troupes du maréchal de Créqui en 1670, est un Pierre-Antoine Hugo, né en 1532, conseiller privé du grand-duc de Lorraine, et qui épousa la fille du seigneur de Bioncourt. Parmi les descendants de Pierre-Antoine, je remarque : au seizième siècle, Anne-Marie, chanoinesse de Remiremont ; au dix-septième, Charles-Louis, abbé d'Étival, évêque de Ptolémaïde, auteur d'un recueil estimé, *Sacræ antiquitatis monumenta* ; au dix-huitième, Joseph-Antoine, officier près du maréchal de Montesquiou, tué à la bataille de Denain ; Michel-Pierre, lieutenant-colonel au service de Toscane, et Louis-Antoine, que M. Abel Hugo disait être le conventionnel Hugo exécuté pour modérantisme.
>
> Le père de M. Victor Hugo, Joseph-Léopold-Sigisbert, s'engagea comme cadet en 1788, à l'âge de quatorze ans. Sept frères qu'il avait, sans compter les sœurs, partirent presque en même temps que lui. Cinq furent tués dès le commencement de la guerre, aux lignes de Weissembourg. Deux survécurent, Francis-Juste, qui devint major d'infanterie, et Louis-Joseph, mort il y a dix ans général de brigade[4].

On retrouve de nombreux aperçus de cet arbre généalogique chimérique dans les textes de l'écrivain : « Dans une autre dissertation, il examine les œuvres théologiques de Hugo, évêque de Ptolémaïs, arrière-grand-oncle de celui qui écrit ce livre, et il établit qu'il faut attribuer à cet évêque les divers opuscules publiés, au siècle dernier, sous le pseudonyme de Barleycourt[5] » ; « C'était un château, ce n'est plus qu'une ferme. Hougomont, pour l'antiquaire, c'est *Hugomons*. Ce manoir fut bâti par Hugo sire de Somerel, le même qui dota la sixième chapellenie de l'abbaye de Villers[6] » ; « Cette cellule avait été jadis pratiquée presque au sommet de la tour, parmi les nids de corbeaux, par l'évêque Hugo de Besançon, qui y avait maléficié dans son temps[7] » ; « Du reste, Mézières a de grands arbres sur ses remparts, des rues propres et tristes que les dimanches et fêtes doivent avoir grand'peine à égayer, et rien ne rappelle dans la ville ni Hellebarde et Garinus, qui l'ont fondée ; ni le comte Balthazar, qui l'a saccagée ; ni le comte Hugo, qui l'a anoblie [...][8] »... Ces assertions fantaisistes ont été démantelées par de scrupuleux historiens. D'aucuns argueront qu'il n'y a là d'autre révélation que l'expression d'une marque d'ironie, mais la tentative d'imposture n'en existe pas moins. Déguiser ses racines, élaborer une fiction forgée de toutes pièces ou s'approprier les armoiries d'autrui — celles des barons Hugo de Spitzemberg, en l'occurrence — n'ennoblit pas l'homme. Quelle que soit la vénération qu'on lui porte.

De vieille noblesse, il n'a ainsi jamais été question et les origines véritables des Hugo sont, de loin, beaucoup plus humbles que ne l'aurait désiré le principal intéressé. Le bisaïeul de Victor, Joseph

Hugo, né le 24 octobre 1727 à Baudricourt, était le septième enfant du cultivateur Jean Philippe Hugo (lui-même fils de Jean Hugo, cultivateur à Domvallier) et de Catherine Grandmaire. Maître menuisier de son état, il se maria deux fois : le 1er juillet 1755, avec Dieudonnée Béchet, fille d'un maître cordonnier, puis, devenu veuf, le 22 janvier 1770 avec Jeanne Marguerite Michaud, gouvernante d'enfants chez le comte Rosières d'Euvezin. De ces deux unions naquirent douze enfants, sept filles et cinq garçons. Dans ses *Mémoires*, Joseph Léopold Sigisbert, né le 15 novembre 1773, atteste qu'il « doit le jour à d'honnêtes gens dont rien n'égala mieux les vertus que l'excellente réputation qu'elles leur méritèrent[9] ». À l'instar de ses frères, il embrassa une carrière militaire : engagé volontaire en 1788 faute de moyens pour poursuivre ses études au collège royal de Nancy, renvoyé pour avoir falsifié son âge, réengagé en février 1789, de nouveau congédié, engagé derechef en avril 1791, c'est avec le grade d'adjudant-major qu'il arrive en 1793 en Vendée pour réprimer l'insurrection rurale. Provoquée par la levée de trois cent mille hommes destinés à renforcer les effectifs militaires d'une République menacée par la coalition des puissances étrangères (l'Angleterre, le pape, l'Espagne et les princes allemands et italiens), elle s'est muée en guerre civile opposant l'armée républicaine à une armée catholique et royale. Le jeune officier, qui se dénomme désormais le sans-culotte Brutus Hugo, opère sous les ordres du lieutenant-colonel en chef Arnauld Muscar, chef du 8e bataillon de volontaires du Bas-Rhin portant le nom de l'Union.

Après l'écrasement officiel de la guerre vendéenne, ce dernier est dépêché le 26 novembre 1795 à Châteaubriant afin de mettre un terme à la guérilla chouanne qui touche l'Ouest dans son ensemble. Léopold devra à cette nouvelle affectation l'occasion de faire la connaissance de sa future épouse.

Née le 19 juin 1772 à Nantes, Sophie Françoise Trébuchet est le troisième enfant, sur une fratrie de huit, du capitaine de navire Jean François Trébuchet (1730-1783) et de Renée Louise Le Normand (1748-1780). Si sa famille, de laquelle descend une lignée de maîtres fondeurs, s'inscrit pour partie dans la tradition catholique — on y recense un certain nombre de vocations —, son grand-père, René Pierre Le Normand du Buisson (1724-1810), procureur au présidial de Nantes, est l'un des juges du Tribunal criminel extraordinaire (ou Tribunal révolutionnaire) mis en place par le député montagnard Jean Baptiste Carrier. Agent impitoyable de la Terreur, Carrier lui-même est en mission à Nantes — et s'illustre, en matière de répression, en ayant recours à des noyades collectives dans la Loire. Il a pour maîtresse Louise Gandriau, l'une des tantes de Sophie, et compte parmi ses collaborateurs un Marie Joseph Trébuchet, frère de la même. Rappelé par le Comité de salut public le 16 février 1794, il sera condamné et exécuté à l'automne de l'année suivante. En 1794, peut-être pour fuir une probable réaction anti-Carrier, Sophie quitte Nantes pour Châteaubriant en compagnie de sa tante Françoise Robin, une veuve de notaire voltairienne qui ne cache pas son adhésion aux idées nouvelles. Châteaubriant n'est pas un fief de la chouannerie, loin s'en faut. Et, contrairement à ce qu'a voulu faire croire son fils cadet, la jeune femme ne fut pas « une pauvre fille de quinze ans, en fuite à travers le Bocage [...], une *brigande*, comme Mme de Bonchamp et Mme de Larochejaquelein[10] ». Le célèbre « [...] parce que ma mère, en Vendée, autrefois / Sauva dans un seul jour la vie à douze prêtres[11] » n'est que pure invention : elle ne joua aucun rôle sous la Terreur. Le ralliement de Sophie Trébuchet à la cause anti-bonapartiste se fera tardivement, et pour des raisons bien plus personnelles qu'idéologiques.

Pour l'heure, la rencontre entre Léopold et Sophie est probablement occasionnée par les soirées organisées dans l'un ou l'autre des salons acquis à la Révolution et n'a pas, en tout état de cause, à souffrir de quelconques divergences d'opinions.

Du 13 brumaire an VI de la République Française.

Il y a promesse de mariage :

Entre Joseph-Léopold-Sigisbert Hugo, adjudant-major du 1er bataillon de la 20e demi-brigade, âgé de vingt-quatre ans, fils de Joseph Hugot [*sic*] et de Jeanne-Marguerite Michaud, natif de la ci-devant paroisse Saint-Èvre-Ville-Vieille, de la commune de Nancy, département de la Meurthe, et domicilié en celle de Paris, département de la Seine, IXe arrondissement, d'une part ;

Et Sophie-Françoise Trébuchet, rentière, âgée de vingt-cinq ans, fille de feu Jean-François Trébuchet et Renée-Louise Le Normand, native de la ci-devant paroisse Saint-Laurent de cette commune et y domiciliée, section de l'Humanité, rue Maupertuis, d'autre part,

Publié et affiché lesdits jour et an[12].

Leur mariage est célébré le 15 novembre 1797 à l'Hôtel de Ville de Paris, où Léopold a été rappelé pour remplir les fonctions de rapporteur de l'un des deux Conseils de guerre récemment mis en place — le greffier en est Pierre Foucher, futur père d'Adèle. Il est civil : « La mariée tenait médiocrement à la bénédiction du curé, et le marié n'y tenait pas du tout[13]. »

« CE SIÈCLE AVAIT DEUX ANS[14] ! »

Du huitième du mois de ventôse l'an dix de la République.
Acte de naissance de Victor Marie Hugo, né le jour d'hier à dix heures et demie du soir, fils de Joseph Léopold Sigisbert Hugo, natif de Nancy (Meurthe), et de Sophie Françoise Trébuchet, native de Nantes (Loire-Inférieure) ; — profession de chef de bataillon de la 20ᵉ demi-brigade, demeurant à Besançon : — mariés ; — présenté par Joseph Léopold Sigisbert Hugo. — Le sexe de l'enfant a été reconnu être mâle.
Premier témoin, Jacques Delelée, chef de brigade, aide-de-camp du général Moreau, âgé de quarante ans, domicilié audit Besançon.
Second témoin, Marie Anne Dessirier, épouse du citoyen Delelée, âgée de vingt-cinq ans, domiciliée à la dite ville.
Sur la réquisition à nous faite par le citoyen Joseph Léopold Sigisbert Hugo, père de l'enfant.
Et ont signé : Hugo, Dessirier, épouse Delelée, Delelée.
Constaté suivant la loi par moi, Charles Antoine Séguin, adjoint au maire de cette commune, faisant les fonctions d'officier public de l'État civil[15].

Quand Victor Hugo voit le jour le 26 février 1802 (7 ventôse an X) à Besançon, au premier étage de la maison Barette de la place Saint-Quentin — actuel numéro 140, Grande-Rue —, cette ville de garnison, réputée pour sa manufacture horlogère, compte près de trente mille âmes. Couplée à l'extrême chétivité du nouveau-né, la rigueur hivernale fait douter pendant plusieurs jours de sa survie. Il est le troisième fils du couple Hugo : ses frères, Abel et Eugène, l'ont précédé le 15 novembre 1798 (à Paris) et le 16 septembre 1800 (à Nancy). Ses parrain et marraine sont le citoyen général Victor Fanneau de Lahorie et Marie Anne Dessirier, deux proches du général Jean Victor Moreau. Le détail n'est pas sans importance : depuis un an, Moreau rallie l'opposition au Premier consul, Napoléon Bonaparte. Ceux qui l'entourent, de près ou de loin, vont progressivement être mis au ban des faveurs du régime.

Quels autres événements marquants, en ce début de XIXe siècle, l'histoire va-t-elle retenir ? Les grandes lois de l'an X et la réorganisation de la vie publique imposent le pouvoir sans partage d'un homme qui apparaît à la fois comme l'héritier et le liquidateur de la Révolution, suscitant la réprobation des généraux comme de la bourgeoisie brumairienne. En d'autres termes, l'opposition à Bonaparte se durcit. Avec la signature, le 25 mars, de la paix d'Amiens, la France cesse enfin d'être en guerre, une situation qu'elle n'a pas connue depuis 1792. Mais si l'Europe dépose les armes sans lui contester les frontières naturelles, les velléités expansionnistes du Premier consul n'en restent pas moins une réalité. Le 18 avril, c'est la proclamation du Concordat. Le 1ᵉʳ mai instaure la loi sur l'instruction publique, qui crée un lycée par département en remplacement des écoles centrales du Directoire. Le cadastre est créé le 30 juin et, le 2 août, le Sénat proclame Bonaparte Premier consul à vie. Le monde scientifique et intellectuel se distingue, quant à lui, par le décès prématuré du fondateur de l'anatomie générale Xavier Bichat, emporté par la typhoïde le 22 juillet, la naissance d'Alexandre Dumas — le 24 du même mois — et la publication d'ouvrages majeurs : *Le Génie du christianisme* de François René de Chateaubriand, *Delphine* de Germaine de Staël, le *Voyage dans la Basse et la Haute-Égypte pendant les campagnes du général Bonaparte* de Dominique Vivant Denon — qui sera nommé directeur général du musée du Louvre le 19 novembre — et le *Rapport du physique et du moral de l'homme* du médecin Pierre Jean Georges Cabanis, membre des Idéologues.

Les Hugo quittent Besançon six semaines après la naissance de Victor : bien trop tôt pour qu'il lui en reste quelque chose. Ce qui ne l'empêchera pas de revendiquer tout autant l'héritage des pays natals paternel et maternel que celui d'une région où il n'a pas fait souche.

La mutation de Léopold à Marseille, provoquée par une querelle qui l'oppose au colonel Guestard, son chef de brigade, marque le début d'une tragédie qui va profondément ébranler l'enfance de Victor : les incessantes pérégrinations militaires paternelles à travers la France, l'Italie et l'Espagne, qu'accompagnent la brouille et la séparation des époux Hugo. Sur les instances de son mari, Sophie quitte Marseille pour Paris le 28 novembre afin de plaider sa cause auprès de ses protecteurs, au nombre desquels figure Joseph Bonaparte, frère aîné du Premier consul : Léopold a servi sous ses ordres à Lunéville. À compter de cette date, le couple ne cohabitera qu'à deux courtes reprises.

Arrivée dans la capitale, la jeune femme s'installe rue Neuve-des-Petits-Champs, non loin de la rue Gaillon et du domicile de Victor Lahorie avec qui elle entretient — voire renoue — des liens étroits. Non en vertu de la mission pour laquelle elle a été mandatée : entré en disgrâce, le général est sur le point d'être mis à la retraite anticipée. Mais Paris a bien plus d'attrait que les villes de garnison et Lahorie, brillant officier réputé pour son élégance, est célibataire. Rien ne permet d'accréditer la thèse de leur passion réciproque. Sauf à considérer les risques que prendra par la suite Sophie — à commencer par la mise en danger des siens — en acceptant de cacher Lahorie lorsqu'il sera traqué par la police. Sophie, pour le moment, tarde donc à rentrer. Mieux : elle ne rejoindra mari et enfants que le 28 novembre 1803. Quoi de plus légitime, après tout, puisque les Hugo ne se sont manifestement unis devant la loi que pour sacrifier aux convenances, et suite à de vulgaires tractations financières — « Rappelez-vous, quand je dus vous épouser, vous me fîtes espérer qu'il vous revenait quelque chose de votre père[16] ». Léopold n'a-t-il pas avoué dès le 6 novembre 1797 que son cœur battait pour une autre ? — « Je t'ai annoncé, dans ma dernière lettre, mon mariage avec Sophie. Il n'en peut être rien, mon cher Muscar. Sous quinze jours, je t'apprendrai du nouveau. Je suis infidèle[17]. »

Alors que la 20e demi-brigade est envoyée à Saint-Domingue, Léopold reçoit l'ordre de se porter en Corse avec un de ses bataillons. Il embarque avec ses trois fils au mois de février 1803. Le 11 mai, c'est la rupture de la paix d'Amiens. Quelques jours plus tard, l'Angleterre déclare la guerre à la France. De la garnison de Bastia, Léopold se replie à l'île d'Elbe au début de l'été et prend ses quartiers au bourg de Porto-Ferrajo. Ses lettres à Sophie, qui continuent de donner des nouvelles des enfants, insistent de moins en moins fréquemment sur la tristesse de la séparation.

> Victor est bien portant, mais faible : la dentition est pour lui une opération très difficile, et je crains qu'il n'ait des vers. J'ai demandé de l'herbe grecque dont les Corses font le plus grand cas et en ce moment il doit m'en être arrivé de Bastia. Il a encore quelques croûtes à la tête, mais elles sont peu de choses. Du reste, il dit le nom de ses frères, beaucoup d'autres petits mots, le sien entre autres. Il fait quelques pas seul, mais avec trop de précipitation pour les continuer plus longtemps. Toujours content, je l'entends rarement crier ; c'est le meilleur enfant possible. Ses frères l'aiment beaucoup[18].

C'est à Porto-Ferrajo, selon toute vraisemblance, que Catherine Thomas entre dans la vie de Léopold. L'éloignement géographique de son épouse aidant — joint au peu de lettres qu'elle lui envoie —, il a tout loisir de se consacrer à sa maîtresse.

Sophie se décide pourtant à boucler ses malles et rejoint l'île d'Elbe le 28 novembre 1803, via

Marseille et Livourne. Les retrouvailles du couple manquent de chaleur et Léopold déchante sur-le-champ : la jeune femme se refuse à remplir ses devoirs conjugaux. Par simple désamour ou par fidélité à un engagement parisien ? Qu'importe. Le 18 décembre, elle reprend le chemin de Paris, et avec lui la garde de ses enfants. D'un abandon, l'autre : Victor, qui a vécu un an sans sa mère, ne la retrouve que pour mieux perdre son père.

Au fil des ans, la correspondance entre Sophie et Léopold va changer de ton. Si Léopold tente encore de reconquérir son épouse jusqu'au mois de juin 1805, leurs lettres finiront par ne plus traiter que d'argent, véritables marchandages relatifs aux augmentations d'une pension jugée toujours trop insuffisante. Seule l'éducation des enfants continuera de les préoccuper à part égale. Plus tard, Victor Hugo travestira volontairement la réalité, accréditant la thèse d'une séparation parentale due à une incompatibilité idéologique pour mieux occulter les misères conjugales du couple.

DE PARIS À NAPLES

De retour dans la capitale le 16 février 1804, Sophie élit domicile au numéro 24 de la rue de Clichy — actuel emplacement du square de l'église de la Trinité. C'est là que remontent les plus lointains souvenirs de Victor :

> Il se rappelle qu'il y avait dans cette maison une cour, dans la cour un puits, près du puits une auge, et au-dessus de l'auge un saule ; — que sa mère l'envoyait à l'école rue du Mont-Blanc ; — que, comme il était tout petit, on avait plus soin de lui que des autres enfants ; — qu'on le menait, le matin, dans la chambre de Mlle Rose, la fille du maître d'école ; — que Mlle Rose, encore au lit le plus souvent, l'asseyait sur le lit près d'elle, et que, quand elle se levait, il la regardait mettre ses bas[19].

Il garde également en mémoire une réalité plus cruelle : « Une fois en classe, l'enseignement qu'on lui donnait était de l'asseoir devant une fenêtre, par laquelle il regardait bâtir l'hôtel du cardinal Fesch. Un jour qu'un cabestan hissait une pierre de taille et sur cette pierre un ouvrier, la corde cassa et l'ouvrier fut broyé par la pierre[20]. » L'autre événement qui lui fit une forte impression fut « une pluie si violente que la rue de Clichy et la rue Saint-Lazare étaient devenues des rivières et qu'on ne vint le chercher qu'à neuf heures du soir[21] ».

L'imminence d'une nouvelle guerre contre l'Angleterre ranime les passions royalistes. Deux anciens conspirateurs, le chef chouan Georges Cadoudal et l'ex-général Jean Charles Pichegru, ont rejoint clandestinement la capitale. Ils ont rencontré Moreau et tout porte à croire qu'une machination savamment huilée est sur le point de prendre Bonaparte au piège. Mais Moreau et Pichegru sont arrêtés les 15 et 27 février : le premier sera banni, le second se suicide en prison. Les 9 et 15 mars, Cadoudal est arrêté et Louis Antoine Henri de Bourbon, duc d'Enghien, est enlevé. Tous deux seront exécutés. Les recherches, dès lors, se concentrent sur leurs complices.

Lahorie est du nombre : son signalement circule. Sophie le cache pendant quatre jours dans l'appartement de la rue de Clichy. C'est là que Victor verra son parrain pour la première fois.

Par sénatus-consulte du 18 mai 1804 (28 floréal an XII), le « gouvernement de la République » est confié à un empereur héréditaire : Napoléon Bonaparte. Tandis que Germaine de Staël s'alarme du retour en force de la monarchie, Joseph Fouché est rétabli dans ses fonctions de ministre de la Police générale. Le 2 décembre 1804, Bonaparte est sacré et intronisé Empereur des Français. L'Empire succède au Consulat.

Ancien obligé de Moreau, Léopold a perdu tous ses protecteurs à l'exception de Joseph Bonaparte. Appelé à rejoindre l'armée d'Italie commandée par le maréchal André Masséna, il fait partie de ceux qui affrontent les troupes de l'archiduc Charles et conquièrent de haute lutte le royaume de Naples. Sa conduite opiniâtre à la bataille de Caldiero, ainsi que sa capture du résistant patriote Michele Pezza, dit « Fra Diavolo », l'arrachent enfin à sa demi-disgrâce : Joseph Bonaparte, nommé roi de Naples le 30 mars 1806 par un acte des Tuileries, lui obtient de l'avancement. À partir de janvier 1807, Léopold assure les fonctions de commandant militaire de la province d'Avellino. Le 28 février de l'année suivante, il est nommé colonel du régiment Royal-Corse.

Victor Lahorie ayant pris le parti de se cacher en Normandie, sa propre situation pécuniaire s'enlisant à Paris, Sophie entreprend de rallier Naples avec les enfants à l'insu de son mari : la promotion de Léopold lui laisse espérer une nette amélioration de ses conditions de vie. Le voyage, entrepris en décembre 1807, est éprouvant. Ils passent par le Mont-Cenis, Suse, les Apennins et Rome. De toute la France traversée, Victor Hugo, alors âgé de cinq ans, ne se rappelle guère « qu'une pluie battante qui, au moment du départ, cinglait les vitres de la diligence. Le mont Cenis, pour lui, ce fut un traîneau où il monta avec sa mère, tandis qu'Abel et Eugène, plus grands, allèrent à mulet. [...] Mais sa grande peur, c'était de verser. Il eut cette inquiétude pendant tout le voyage[22] ». On a beau tenter de le rassurer en lui racontant que les diligences ne versent jamais en Italie, le cœur de l'enfant s'emballe à chaque oscillation, au moindre caillou.

Ils parviennent au terme de leur périple au mois de janvier de l'année suivante. Une surprise de taille les attend : Léopold, qui vit avec Catherine Thomas à Avellino — elle l'escorte dans tous ses déplacements —, n'apprécie guère d'être mis sans préambule devant le fait accompli. Sophie est donc priée de rester à Naples avec leurs fils. Comment les enfants vivent-ils la situation ? « Le lieu leur convenait. Et l'existence aussi ; plus d'école, liberté entière[23]. » Ils passeront tout au plus quelques jours en compagnie de leur père.

Lorsque Léopold est appelé, au début du mois de juillet 1808, à suivre Joseph Bonaparte, nouvellement nommé roi d'Espagne, à Madrid — Napoléon impose le trône de Naples au maréchal Joachim Murat —, les enfants et leur mère prolongent leur séjour. Après tout, pourquoi se hâter ? Le 10 août, elle reçoit la dernière lettre aimable de Léopold qui énonce la conduite à tenir avec les enfants : « Il faudra qu'ils ignorent cette rupture et être assez prudents pour ne pas les en rendre participants par des éclats injurieux contre l'un ou l'autre. Nous nous sommes prouvé que nous ne pouvions pas vivre ensemble, mais l'intérêt de nos enfants l'ayant emporté sur la nécessité d'un acte public de séparation, tu devras les élever dans un égal respect pour moi comme pour toi [...]²⁴. » L'épisode napolitain a scellé la rupture définitive des époux Hugo.

Madrid capitule le 4 décembre. Deux jours plus tard, Léopold est promu colonel du régiment Royal-Étranger, au service de la couronne d'Espagne. Le 22 décembre, Sophie repart pour la France. Victor va bientôt avoir sept ans : la première page de son enfance est tournée.

Les années de formation
(1809-1812)

AUX FEUILLANTINES

Lorsqu'ils atteignent la capitale le 7 février 1809, la première préoccupation de Sophie consiste à trouver un logement, de préférence dans le quartier des Écoles afin de satisfaire aux exigences de scolarité des enfants. Après quelques mois passés au 250 rue Saint-Jacques, à côté de l'église Saint-Jacques-du-Haut-Pas, elle s'installe au début de l'été à quelques mètres de là, au numéro 12 de l'étroit cul-de-sac des Feuillantines, dans un vaste bâtiment conventuel désaffecté dont une partie a été mise en location. Une grille, qui ferme l'impasse, donne entrée sur une cour. Les Hugo en occupent le rez-de-chaussée. Une sorte d'antichambre assez sombre mène à la salle à manger, à la droite de laquelle se trouve le salon. Ces deux pièces boisées ont de hautes fenêtres qui s'ouvrent sur un paisible jardin dominé par « Le dôme oriental du sombre Val-de-Grâce[1] », garni sur le devant de plates-bandes remplies de fleurs. Au-delà, c'est un pêle-mêle sauvage d'arbres et de buissons.

Abel, pensionnaire au lycée Impérial — futur lycée Louis-le-Grand —, ne rejoint le logis familial qu'en fin de semaine. Victor et Eugène fréquentent la petite école élémentaire de M. de La Rivière, au numéro 225 de la rue Saint-Jacques. Le directeur est-il un oratorien défroqué ou un homme qui a servi sans avoir reçu les ordres ? La question reste entière. L'important est qu'il les initie au latin et au grec. Victor, particulièrement éveillé pour son âge — il sera toujours placé dans la même classe qu'Eugène —, semble trouver son compte dans l'enseignement qui lui est dispensé :

> Le petit Victor savait lire en entrant dans cette école. Il avait appris seul, on ne sait comment. Eugène eut bien vite rattrapé son frère. On leur mit tout de suite une plume dans les mains, ils commencèrent comme tous les écoliers à faire des bâtons et des déliés. L'écriture est chose facile pour les enfants, ils surent promptement écrire. On les mit à la grammaire, ils firent des dictées. Ils n'avaient pas six mois d'école qu'ils savaient l'orthographe. Avant ces six mois écoulés, la mère Larivière leur dicta l'évangile de la Nativité. Le petit Victor ne fit qu'une faute : il omit un *o* à bœuf[2].

La méthode particulière du « père Larivière », qui a fait ses humanités et ne manque pas de pédagogie, porte apparemment ses fruits :

> Au lieu de faire traduire un jour un morceau d'un auteur, le lendemain celui d'un autre, il faisait traduire le même auteur d'une traite, sans désemparer. Les petits Hugo traduisirent de cette sorte *Epitome historiæ sacræ*, *Epitome historiæ graecæ*,

Selectæ e profanis, Cornelius Nepos, Justin, Quinte-Curce, Virgile, Tite-Live, Tacite, et cela en trois ans : de 1808 à 1811.

Une grande émulation qu'avaient les enfants était pour beaucoup dans ce résultat. Leur maître leur donnait à traduire deux pages, Eugène en traduisait trois ; Victor, s'apercevant bien que son frère en écrivait plus qu'il ne lui avait été demandé, en traduisait quatre. Eugène arrivait fier devant le maître, disant : J'ai traduit trois pages ; Victor, pressé et joyeux de montrer son travail, disait : — Et moi, quatre. Cette joute faisait la joie du bonhomme Larivière. Il était tout fier de ses élèves[3].

Après l'école, une fois leurs devoirs expédiés, les deux frères ont tout loisir d'explorer le jardin et de mettre leur imagination à l'épreuve. Pour un petit garçon dont les premières années ont été marquées par autant de déplacements, c'est tout simplement l'éden. Un idéal d'équilibre et de plénitude entre l'apprentissage du monde et l'ouverture de l'esprit. Parlant des Feuillantines, il dira plus tard : « C'est le soleil levant de ma vie, c'est tout un monde de souvenirs pour moi[4]. » Comment rester insensible à ce fouillis de broussailles et d'herbes folles ? C'est l'époque à laquelle Victor et Eugène inventent « un animal qu'ils se représentaient couvert de poils, avec des pinces, lesquelles étreignaient et enlevaient ce qu'elles saisissaient. Ils avaient appelé cet animal : *sourd*. Ils s'élançaient disant : « Allons à la recherche du *sourd*[5] ! » Dans *Les Misérables*, s'attardant sur la mythologie du gamin de Paris, il donnera une description de ce fameux *sourd* : « Il a son monstre fabuleux qui a des écailles sous le ventre et qui n'est pas un lézard, qui a des pustules sur le dos et qui n'est pas un crapaud, qui habite les tours des vieux fours à chaux et des puisards desséchés, noir, velu, visqueux, rampant, tantôt lent, tantôt rapide, qui ne crie pas, mais qui regarde, et qui est si terrible que personne ne l'a jamais vu ; il nomme ce monstre "le sourd". Chercher des sourds dans les pierres, c'est un plaisir du genre redoutable[6]. » Entre les jeux en compagnie de ses frères, que rejoignent bientôt Adèle et Victor Foucher — respectivement nés en 1803 et 1802 —, et les bonheurs que procure l'apprentissage scolaire, Victor y coule d'heureuses années. Son œuvre tout entière bruissera du souvenir de ces heures de félicité.

J'eus dans ma blonde enfance, hélas ! trop éphémère,
Trois maîtres : — un jardin, un vieux prêtre et ma mère.

Le jardin était grand, profond, mystérieux,
Fermé par de hauts murs aux regards curieux,
Semé de fleurs s'ouvrant ainsi que les paupières,
Et d'insectes vermeils qui couraient sur les pierres ;
Plein de bourdonnements et de confuses voix ;
Au milieu, presque un champ, dans le fond, presque un bois.
Le prêtre, tout nourri de Tacite et d'Homère,
Était un doux vieillard. Ma mère — était ma mère[7] !

S'il se distingue en classe, il n'est pas le dernier à inventer de turbulentes activités, du déracinement des échalas du jardinier aux parties d'escalade, et joue volontiers les casse-cou : « Il montait debout sur l'escarpolette, se tenait raide et tendu ainsi que la corde qu'il avait dans les mains, puis il donnait de vigoureux élans jusqu'à ce que son corps se perdît dans les panaches verts des arbres que la balançoire faisait onduler de haut en bas[8]. » Loin de dédaigner les jeux brutaux, il s'impose en outre, selon Adèle, comme un véritable « tortureur » : « Il *donnait des manchettes* : amusement qui consiste à désarticuler les os des poignets. Il s'exerçait sur ses camarades. Les poignets de mon frère en étaient bleus[9]. » Il le reconnaîtra d'ailleurs plus tard :

— J'étais enfant, j'étais petit, j'étais cruel ; —
Tout homme sur la terre, où l'âme erre asservie,
Peut commencer ainsi le récit de sa vie.
On a le jeu, l'ivresse et l'aube dans les yeux,
On a sa mère, on est des écoliers joyeux,
De petits hommes gais, respirant l'atmosphère
À pleins poumons, aimés, libres, contents ; que faire
Sinon de torturer quelque être malheureux[10] ?

D'empoignades enfantines en disputes éphémères, la fine bande s'épanouit dans cet univers d'aventures fabuleux.

Pour Sophie, la maison des Feuillantines représente avant tout l'endroit idéal où cacher Victor Lahorie. Elle l'installe dans une ancienne chapelle en ruine située au fond du jardin, sous le nom de M. de Courlandais : les trois frères ne lui connaîtront jamais que cette identité. Étrange pensionnaire qui s'évapore au moindre coup de sonnette ! Mais il n'est pas avare de son affection et dévoile les mystères de Tacite à son filleul. La relation de l'enfant avec ce père de substitution, qui s'improvise volontiers répétiteur, durera le temps d'une valse ministérielle.

Le 3 juin 1810, Napoléon congédie son ministre de la Police générale, Joseph Fouché, jugé trop intrigant avec l'ennemi anglais. Son portefeuille est attribué au général Anne Jean Marie René Savary, duc de Rovigo, un ancien compagnon d'armes de Lahorie. Appâté par une connaissance commune, le général Bellavesne, qui lui fait miroiter en toute bonne foi sa grâce prochaine, persuadé, malgré les mises en garde d'une Sophie plus défiante que jamais, d'avoir enfin trouvé sa planche de salut, le fuyard décide de sortir de sa réclusion à la fin du mois de décembre. Le ministre le reçoit : il se croit libre. Mais Savary, au service de Bonaparte depuis la bataille de Marengo, est un homme de pouvoir tout entier dévoué au régime. Lahorie est à peine rentré aux Feuillantines qu'on vient pour l'arrêter. Il est incarcéré à La Force. Au vide occasionné par son départ, qui a obligatoirement eu des répercussions sur la vie quotidienne des Hugo, Victor ne fera pas allusion. Des années plus tard, dans « Le Droit et la loi », il rendra cependant hommage à ce « fantôme » qui ne cesse de hanter les profondeurs de son enfance :

Cette figure est de celles qui n'ont jamais disparu de mon horizon.
Le temps, loin de la diminuer l'a accrue.
En s'éloignant, elle s'est augmentée, d'autant plus haute qu'elle était plus lointaine, ce qui n'est propre qu'aux grandeurs morales.
L'influence sur moi a été ineffaçable.
Ce n'est pas vraiment que j'ai eu, tout petit, de l'ombre de proscrit sur ma tête, et que j'ai entendu la voix de celui qui devait mourir dire ce mot du droit et du devoir : Liberté[11].

Les scènes d'arrestations, elles, ne manqueront pas de figurer en bonne place dans son œuvre romanesque, et l'on retrouvera beaucoup de Lahorie dans le Jean Valjean des *Misérables*. Sophie ne doit pas vraiment avoir le cœur à être d'humeur plaisante : son amant a été placé au secret et elle ne peut plus rien pour lui. De plus, elle va devoir se prémunir contre d'éventuelles représailles politiques. Le tumulte impérial a brutalement brisé la quiétude des Feuillantines.

Que devient Léopold, pendant ce temps ? Il continue de se battre en Espagne pour Joseph Bonaparte. Les chefs de la guérilla espagnole, Juan Martin Diaz, dit « El Empecinado » (« Celui qui est enduit de poix »), en tête, ne lui laissent guère l'occasion de reprendre son souffle. Les massacres se répondent dans les deux camps et la situation s'enlise, au point de provoquer l'ire de Napoléon contre un frère qu'il juge au-dessous de sa tâche : un Bonaparte sur le trône d'Espagne se doit d'être un fin stratège. Léopold envoie de temps à autre une lettre, jointe à la pension qui croît en proportion de son ascension militaire et, surtout, d'importantes sommes qu'il souhaite placer dans l'achat d'un domaine — le roi Joseph encourage ses officiers à acquérir des biens espagnols, mais Léopold croit si peu en la durée du monarque qu'il préfère chercher une propriété en France. Sophie, chargée d'étudier cette perspective, accepte les gains providentiels, mais ignore les desiderata de son expéditeur : de placement au profit de Léopold, il ne sera jamais question.

Parle-t-on beaucoup de l'Espagne, aux Feuillantines ? Le 20 août 1809, Léopold a été nommé maréchal de camp, autrement dit général de brigade, et gouverneur de la province d'Avila. Sophie a annoncé la nouvelle aux enfants. Au mois de décembre, il est encore monté en grade avec le titre d'inspecteur général des troupes espagnoles. En 1810, pour avoir battu « El Empecinado » à Siguenza, il est fait comte de Siguenza par Joseph Bonaparte. Cette soudaine profusion de titres ne manque pas de panache pour qui vit dans l'incertitude du lendemain. L'avenir semble soudain assuré. Malgré l'échec de l'expédition napolitaine, Sophie envisage de réitérer l'expérience de la confrontation. Au début de l'année 1811, en rentrant de l'école, Victor et ses frères ont la surprise de découvrir des livres « tout frais achetés » : « Leur mère leur dit : "Vous allez apprendre l'espagnol. Voici un dictionnaire et une grammaire." Les enfants, aimant le travail, furent contents de la tâche que leur proposait leur mère. Au bout de deux mois, ils savaient presque l'espagnol ; la prononciation seule leur manquait[12]. » Est-ce la peur des retombées de sa liaison avec Lahorie qui la pousse à vouloir soudainement faire valoir sa condition d'épouse légitime, ou le refus de laisser à la seule Catherine Thomas le profit de cette noblesse espagnole récemment acquise ? Faut-il parler de lente préméditation du voyage ? Joseph Bonaparte n'est pas non plus totalement étranger à sa décision. En février 1811, Sophie reçoit la visite du marquis de Saillant, un proche du monarque : ce dernier a des principes, et il lui déplaît de voir l'un des dignitaires de sa cour vivre au grand jour avec sa maîtresse. La guerre est une chose, le respect des convenances en est une autre. En d'autres termes, Sophie est priée de rejoindre son mari pour les besoins de l'étiquette. Si elle concevait encore quelque hésitation à se lancer dans une telle entreprise, la voilà maintenant déterminée. Singulier roi d'Espagne, qui semble se soucier davantage de la moralité de ses subordonnés que de conquête militaire ! Les préparatifs du départ enchantent les garçons. N'ont-ils pas récemment rencontré leur oncle Louis, tout juste arrivé de la péninsule Ibérique avec « des broderies sur tout l'habit et un grand sabre brillant qui lui traînait aux jambes » ? Ils connaissaient à peine son existence : il leur a fait « l'effet de l'archange saint Michel dans un rayon[13] ». L'Espagne a pris à leurs yeux des allures de contrée exotique. Partir ! Le temps n'est plus aux jeux du jardin.

La maison prit cette physionomie et l'air vide et triste qui précèdent les voyages. Les armoires restaient ouvertes, les effets étaient épars, les meubles dérangés et poudreux, les pauvres fleurs abandonnées ; le millet du serin n'était pas renouvelé et le chat attendait longtemps sa pâtée. On ne s'occupait plus que d'emplir les malles qui, bouches béantes, étaient à terre ; on ne parlait plus que relais, postillons, route, voiture, logis qui au loin vous attend[14].

Le 10 mars 1811, sonne enfin l'heure du départ. Sophie, attentive à leur confort, a fait retenir toute une diligence. Victor et Eugène vont bientôt en déserter l'intérieur et s'attribuer les deux places de cabriolet, d'où l'on voit mieux la campagne, les chevaux et le conducteur. Ce long voyage promet d'être enivrant : il n'est pas question pour eux d'en perdre une miette.

EN ESPAGNE

Après Blois, Angoulême, la pénible traversée de la Dordogne et Bordeaux, vient Bayonne. La halte y sera plus longue que prévue. Car, si l'Espagne est conquise, elle n'est pas pour autant pacifiée : les difficultés que rencontre l'armée française semblent insurmontables. Il est impossible, dans un contexte aussi périlleux, d'espérer la traverser sans escorte. Sophie et les enfants vont donc faire du sur-place pendant un mois, attendant l'arrivée d'un convoi bien gardé qui apporte de l'argent à Joseph Bonaparte. L'occasion est trop belle pour ne pas la saisir : ils partiront avec lui. Afin de tromper la monotonie du séjour, Sophie décide, pour toute sa durée, de louer une loge au théâtre.

> On donnait *les Ruines de Babylone*. Les enfants ouvrirent de grands yeux et trépignèrent de joie à ce beau spectacle. Jiaffar, en habit abricot, leur fit surtout grande impression.
> Le lendemain, tout pleins de cette représentation, ils accoururent, enivrés, au théâtre. On redonnait *les Ruines de Babylone*. La pièce était si amusante qu'ils furent très heureux de la revoir.
> Le troisième jour, ils se rendirent à leur loge à l'heure accoutumée. La toile se lève. C'était *les Ruines de Babylone*. Ils regardent avec plaisir quelques endroits préférés de la pièce, à la fin ils s'endorment.

> Ils se dirent, le quatrième jour : aujourd'hui, bien probablement, on va changer le spectacle, car voilà trois fois de suite qu'on donne la même pièce. Confiants, ils vont au théâtre. C'est encore le même Jiaffar qui paraît. Pour cette fois ils s'ennuient tout le long, jusqu'au moment où ils s'endormirent[15].

Au dire d'Adèle, les petits Hugo eurent une telle indigestion du mélodrame de René Charles Guilbert de Pixérécourt (surnommé « le Corneille des boulevards ») qu'ils ne voulurent plus remettre les pieds au théâtre. Victor, heureusement, n'en conservera pas trop longtemps le dégoût. Ses préoccupations se sont d'ailleurs bien vite tournées vers la fille de la propriétaire qui les loge, une adolescente de quatorze ans qui, avouera-t-il plus tard, le révèle à lui-même : « Bayonne est resté dans ma mémoire comme un lieu vermeil et souriant. C'est là qu'est le plus ancien souvenir de mon cœur. Époque naïve, et pourtant déjà doucement agitée ! C'est là que j'ai vu poindre, dans le coin le plus obscur de mon âme, cette première lueur inexprimable, aube divine de l'âme[16]. »

Un mois s'est écoulé. Ils laissent enfin les remparts de la ville derrière eux. La route est longue, la nourriture fait fréquemment le malheur de Sophie, les couches fourmillent de punaises, la chaleur est implacable et les embuscades menacent, mais la magnificence des villes et des paysages stupéfie Victor. Émerveillé, il découvre Irún, Hernani, Tolosa, Torquemada, Saladas, Burgos, Valladolid, où ils vont — sans rechigner cette fois — au théâtre, et Ségovie. Il va en conserver le souvenir toute sa vie : est-ce un hasard s'il écrit *Hernani* et *Torquemada* ?

> L'Espagne me montrait ses couvents, ses bastilles ;
> Burgos, sa cathédrale aux gothiques aiguilles ;
> Irun, ses toits de bois ; Vittoria, ses tours ;
> Et toi, Valladolid, tes palais de familles,
> Fiers de laisser rouiller des chaînes dans leurs cours[17].

Madrid, enfin. Leur périple aura duré trois mois : ils sont rendus le 16 juin. Un logement leur a été réservé dans le palais Masserano : Joseph Bonaparte a décidément pensé à tout. Il est orné avec un grand luxe, mais la présence de scellés sur les portes de quantité de pièces rappelle qu'il a été réquisitionné et que les Français sont ici des occupants. L'ameublement fascine Victor : il s'était promis du spectaculaire, il n'est pas déçu — il va d'ailleurs en remiser les détails dans un pan de sa mémoire pour les ressusciter lorsqu'il s'agira d'aménager Hauteville House. Mais l'arrivée à Madrid a un goût de déjà-vu. Léopold est absent : il est en poste à Guadalajara et ignore tout de la venue des siens. Quand on l'en avertit le lendemain, sa colère explose : en le poursuivant de la sorte, Sophie dépasse les bornes ! Il dépose aussitôt une demande de divorce au tribunal local. Au sein de la liste des griefs reprochés à son épouse figure celui d'avoir utilisé sa procuration pour retirer l'argent du voyage — la coquette somme de douze mille francs — sans son consentement. La crédulité a un prix : sans doute commence-t-il à entrevoir que son statut de futur propriétaire est compromis. Le 10 juillet, Sophie se voit signifier la requête en divorce. Le jour suivant, on lui porte une lettre du général gouverneur de Madrid, Lafon-Blaniac :

> Madame,
>
> M. le général Hugo désire faire placer dans un collège les trois enfants mâles qu'il a eus de son mariage avec vous. M. Ricardo Arroyo, procureur de Guadalaxara est chargé par lui de retirer ces enfants et de leur chercher une maison d'éducation.
>
> Je ne puis vous taire que M. de Hugo, prévoyant les difficultés de votre part a invoqué l'autorité des lois et qu'elles ont parlé en faveur de ses désirs. Je suis dans l'obligation de contribuer, s'il est nécessaire, à leur exécution. Je vous prie instamment, madame, de ne pas vous opposer aux volontés de votre mari et de remettre de bonne grâce les enfants à un chargé de pouvoir. Époux et père moi-même, je remplis avec regret un pénible devoir. J'espère que vous ne l'aggraverez pas par une opposition qui, dans l'état où sont les choses, serait aussi inutile que fâcheuse.
>
> Veuillez, etc[18].

Les époux Hugo sont entrés dans une nouvelle phase de conflit, mais les enfants n'ont toujours pas vu leur père. Bien vite, il leur faut dire adieu à leurs chambres douillettes et à la somptuosité du palais Masserano : on les conduit au Seminario San Antonio, le collège des Nobles. Les vacances sont terminées. Abel est séparé de ses frères pour entrer chez les Pages du roi : il va bientôt porter l'épée et un uniforme bleu roi, rehaussé à l'épaule par une aiguillette de satin blanc bordé d'or, qui fera l'admiration de ses cadets. À San Antonio, les classes sont spacieuses et le réfectoire semble s'étendre à perte de vue, au contraire de la cour des récréations qui est toute petite. L'étude y est d'autant plus stricte que le collège n'affiche pas complet. S'il a été construit pour accueillir cinq cents élèves, il n'en comprend que vingt-quatre : les autres en ont été retirés pour marquer l'opposition à la présence française. Dans le dortoir des Hugo, ils sont douze occupants sur cent cinquante lits. Pour les deux frères, Madrid devient un vrai calvaire : « Ils entraient dans un séminaire : les grilles s'ajoutaient aux portes closes. Ce n'étaient plus les scolats pédagogues dépouillant le bonnet, la robe, l'austérité, la leçon faite, mais des religieux vivant dans des espèces de tombeaux, ne quittant jamais leur suaire, sentant toujours le sépulcre. Ils ne s'appelaient pas professeurs, mais supérieurs. C'était bien plus qu'une gravité de Sorbonne, c'était l'ascétisme monacal[19]. » Deux moines, dom Bazilio Fernandez et dom Manuel Tofino, ont la charge des élèves. Victor et Eugène auront de l'estime pour le premier et jugeront le second fourbe. Le jour de leur arrivée, malgré leur excellent niveau, ils sont répartis en fonction de leur âge. L'erreur est vite réparée : en une semaine, ils passent de la classe de septième en rhétorique. Les cours vont enfin pouvoir les intéresser.

Quand il regagne Madrid après le baptême du roi de Rome, Joseph Bonaparte, à qui Sophie rend compte de ses mésaventures conjugales, fait de nouveau pression sur Léopold et le contraint à se montrer conciliant. Le 1er octobre, le général Hugo est nommé chef d'état-major, à Madrid, du maréchal Jean Baptiste Jourdan. Il lui faut quitter contre son gré son gouvernement de Guadalajara et se forcer à envisager un retour à la vie familiale.

Début août, ses fils sont libérés du pensionnat. Leur répit sera de courte durée. Lorsque Léopold est informé de la liaison de son épouse avec le conspirateur Lahorie, il lui coupe les vivres et renvoie sur-le-champ les enfants à leurs études. La réconciliation est impossible. Il n'est plus question de lui forcer la main pour sauver les apparences : Catherine Thomas reprend officiellement sa place.

L'hiver arrive, et avec lui un froid glacial qui prive les écoliers de promenades, rendant San Antonio encore plus lugubre que d'ordinaire. Le pire s'en vient avec la disette et les rationnements. Victor a le sentiment d'être en prison. Hors les murs, Léopold et Sophie s'entre-déchirent avec rage, au vu et au su de tous. Le 30 janvier 1812, n'y tenant plus, Joseph Bonaparte écrit à Léopold :

> J'ai lu avec beaucoup d'intérêt tout ce que vous m'avez écrit, vous et Mme Hugo.
> Mon désir le plus constant est que vous vous arrangiez de manière à être heureux. Je n'ai rien négligé pour cela. L'attachement que je vous porte m'en a fait un devoir.
> Mais, si mes vœux ne se réalisent pas, je ne dois pas vous cacher que ma volonté est que vous ne donniez pas ici un exemple scandaleux en ne vivant pas avec Mme Hugo, comme le public a le droit de l'attendre d'un homme qui, par sa place, est tenu à donner le bon exemple.
> [...] Quel que soit le regret que j'aurais de vous voir éloigné de moi, je ne dois pas vous cacher que je préfère ce parti au spectacle qu'offre votre famille depuis trois mois[20].

Pris à partie par les deux camps, il impose un compromis. Sophie se voit attribuer directement le traitement de majordome du palais que perçoit

Léopold ainsi que la garde de ses deux plus jeunes enfants, à condition de prendre le trajet du retour. Abel, lui, restera au corps des pages. Léopold s'incline. Le 3 mars 1812, il est nommé commandant de la place de Madrid. Le même jour, Sophie plie bagage. Non sans avoir le cœur léger : Lahorie, dont les conditions de détention semblent s'être améliorées, lui a fait parvenir une somme destinée à lui éviter d'être dans le besoin. Tout ce voyage n'aura donc pas été totalement vain. Victor en rapportera des images marquantes, mais également le sentiment d'avoir été abandonné par son père.

La fin de l'enfance
(1812-1819)

RETOUR À PARIS

Aux voyageurs éprouvés par les tourments d'une longue route, l'arrivée, en plein mois d'avril, aux Feuillantines, offre un réconfort bienvenu :

> Le bon père Larivière avait les clés, sa femme avait pris garde à tout. Volets, fenêtres avaient été bien fermés aux chaleurs, les meubles souvent secoués. Les vers n'avaient rien enlevés, les souris rien déposé. [...] Il sembla qu'on n'eût jamais quitté les Feuillantines. On avait seulement ce décousu, ce vide qui suit toutes les secousses[1].

L'absence a beau sembler n'être qu'une parenthèse, Victor et Eugène ont mûri. Ils sortent de rhétorique : plus question de retourner à l'école élémentaire de la rue Saint-Jacques. C'est désormais M. de La Rivière qui vient à eux avec ses cours de latin et de grec. Sophie, farouche partisane d'une éducation libre, n'a pas voulu les abandonner à l'internat et préfère les placer entre les mains d'un répétiteur de confiance. Comme elle s'est abonnée au cabinet de lecture tenu par un certain M. Royol, au 159 de la rue Saint-Jacques, elle les envoie, en outre, choisir ses livres. « Au rez-de-chaussée se trouvaient les livres réputés innocents ; à l'entresol étaient les livres quelque peu défendus. Lorsque les garçons n'avaient pas trouvé ce qu'ils voulaient au rez-de-chaussée, le bonhomme libraire leur disait : Montez[2]. » Pour Victor et Eugène, c'est une véritable aubaine. Ils fouillent, dénichent, dévorent, passent des *Voyages du Capitaine Cook* à Voltaire, des derniers romans sentimentaux à succès aux ouvrages licencieux de Nicolas Restif de la Bretonne. Pierre Foucher, désormais chef du bureau de recrutement au ministère de la Guerre, s'en émeut, qui blâme Sophie pour son trop grand laxisme. N'est-il pas, après tout, un ardent détracteur des philosophes ? « — Bah ! répondait-elle, c'est excellent pour des garçons. Ils ne comprennent pas ce qui est au-dessus de leur âge, et ce qu'ils comprennent leur développe l'esprit[3]. » La curiosité boulimique des frères Hugo n'est interrompue que par les retrouvailles dominicales avec les enfants Foucher, qu'accompagne maintenant un garçon plus âgé qui vient d'être admis à l'École polytechnique, Édouard Delon, fils du capitaine-rapporteur au Conseil de guerre. Mais il y a une autre nouveauté, primordiale : les Hugo se piquent d'écrire de la poésie. Tout du moins, ils s'y exercent. Aux deux premiers vers de Victor, qui n'entrecroisent pas les rimes masculines et féminines — « Le grand Napoléon / Combat comme un lion » —, succède bientôt le premier de ses hommages à la générale Lucotte, rencontrée à Madrid :

> Madame, en ce jour si beau
> Qui nous annonce un an nouveau,
> Je vous souhaite de bonnes années,
> Des jours de soie et d'or filés,
> Et surtout en votre vieillesse
> De bons enfants et des richesses.
> Ainsi, madame, pour en finir,
> C'est avec bien du plaisir
> Que je vous présente en ce jour
> Et mon hommage et mon amour[4].

Le 21 juin 1812, la France déclare officiellement la guerre à la Russie. La campagne va permettre à Napoléon de consolider la suprématie du régime impérial, ou précipiter son effondrement. Trois jours plus tard, la Grande Armée, composée de sept cent mille hommes, franchit le Niémen. Le 15 septembre, huit jours exactement après la sanglante bataille de la Moskova, elle entre dans Moscou. Exténuée, elle a traversé toute l'Europe à pied. Le froid et les privations vont l'empêcher d'aller plus loin : la retraite de Russie est ordonnée le 19 octobre. Ce même automne va également précipiter la destinée du parrain de Victor Hugo, à qui Sophie, si elle ne sort guère, prend soin de rendre régulièrement visite.

Emprisonné en 1808 à Vincennes pour avoir été mêlé à un complot républicain, le général Claude François de Malet, placé en 1810 en résidence surveillée, n'a pas désarmé. La nuit du 22 au 23 octobre 1812, il s'évade. Son plan est arrêté depuis longtemps. Il se rend à la caserne Popincourt, produit un faux sénatus-consulte qui annonce la mort de l'Empereur et réquisitionne la 10ᵉ cohorte de la Garde nationale commandée par le colonel Soulier. En ces temps troublés, personne ne songe un instant à mettre en doute l'information qu'il apporte. Après avoir fait arrêter le ministre Savary et le préfet de police Étienne Denis Pasquier, Malet nomme en toute hâte un gouvernement provisoire. Les généraux Lahorie et Guidal sont à ses côtés. Tout se serait déroulé comme prévu si la capture du gouverneur de Paris, Pierre Auguste Hulin, n'avait échoué, entraînant le démenti de la mort de l'Empereur, l'arrestation des conspirateurs et leur comparution immédiate devant le Conseil de guerre. Le procureur en est le père d'Édouard Delon, à qui Pierre Foucher prête main-forte pour l'établissement de son réquisitoire. Sophie plaide la grâce de Lahorie en pure perte : Delon est bonapartiste et Foucher, prudent. Condamnés à mort, Malet et ses complices sont fusillés le 29 octobre dans la plaine de Grenelle. Napoléon attendra début décembre pour avoir vent de leur tentative. Sophie, elle, a connaissance du verdict dans le salon des Foucher : « Lorsqu'on nous apprit la condamnation de Malet et de ses complices Lahorie et Guidal, Mme Hugo était chez nous. Elle ne dit rien. Je remarquai seulement que ses genoux tremblaient[5]. » Dans la rue, les petits Hugo découvrent l'affiche qui informe de l'exécution des individus mêlés au complot : le nom de Soulier les fait rire. Comme celui de Lahorie n'a jamais été prononcé devant eux, ils ne font pas le lien avec M. de Courlandais et passent leur chemin sans plus y penser.

Au-delà des frontières, les nouvelles continuent d'être alarmantes. Avec le passage de la Bérézina, le 27 novembre 1812, la campagne de Russie se solde par un désastre. Le 18 décembre, Napoléon est de retour aux Tuileries. De la Grande Armée jadis victorieuse ne subsistent plus que des hordes de loqueteux. L'issue du conflit ne fait aucun doute : la chute de l'Empire est proche. En Espagne, tous les espoirs de Joseph Bonaparte sont partis en fumée. Là-bas aussi, la débâcle est totale. Pris en étau entre l'insurrection locale et l'avancée d'Arthur Wellesley, premier duc de Wellington, il bat précipitamment en retraite après avoir été défait, le 21 juin 1813, à la bataille de Vitoria, une armée en débris à sa suite. À l'instar des autres officiers, le général Hugo perd tous les avantages de la conquête à son retour en France. Rétrogradé dans son grade français, il redevient chef de bataillon. Il est criblé de dettes et ses appointements chutent : Sophie sait qu'elle ne va plus pouvoir compter sur son traitement de majordome. Le général Lucotte et les siens, fraîchement arrivés de Madrid, s'installent avec l'été au premier étage des Feuillantines. À la fin du mois de septembre, Abel rejoint Paris du haut de ses quinze ans. Il a changé. La physionomie de la capitale aussi : le prolongement de la rue d'Ulm, qui détruit le jardin, les exproprie.

Le 31 décembre 1813, Sophie loue un arrière-corps de logis rue des Vieilles-Thuileries, au numéro 42 (actuelle rue du Cherche-Midi, numéro 40), juste en face de l'hôtel des Conseils de guerre. Les Hugo en occupent le rez-de-chaussée, les Lucotte le premier étage, et les deux familles se partagent le second. C'est un ancien hôtel Louis-XV dont la porte cochère ouvre sur un péristyle voûté et la cour sur un jardin. Mais ce dernier est trop petit pour accueillir des garçons rendus, par leur nombre, particulièrement indisciplinés : avec les trois frères Hugo, les trois Lucotte et Victor Foucher, les jeux se métamorphosent vite en un gigantesque chahut. Les interdits parentaux pleuvent. Qu'inventer ? De guerre lasse, ils finissent par apprendre à jouer aux cartes : ils deviennent des mordus de bouillotte. M. de La Rivière, lui, continue de venir donner ses cours. « Ce n'était ni l'espace, ni la lumière, ni le pittoresque agreste des Feuillantines mais c'était encore bien[6]. »

L'Empire se désagrège devant les armées de l'Europe coalisée. Le 9 janvier 1814, Léopold est chargé par le duc de Valmy de la défense de Thionville, une mission qu'il remplit avec d'autant plus d'ardeur que son grade de général lui est restitué. Si beaucoup d'officiers, sentant le vent tourner, n'ont pas hésité à changer de camp, lui n'est pas homme à renier ses engagements. Autour de Sophie, on suit avec anxiété l'évolution de la campagne de France. Les événements, soudain, se précipitent. Le 30 mars, Paris est secouée par la canonnade : on se bat sur les pentes de Montmartre et à Pantin. Auguste de Marmont, maréchal de France et responsable de la défense de la capitale, signe l'armistice dès le lendemain. Le 1er avril, le conseil général de la Seine proclame le rétablissement de Louis XVIII, petit-fils de Louis XV et frère cadet de Louis XVI, en exil depuis vingt-trois ans. La déchéance de l'Empereur est prononcée deux jours plus tard par le Sénat. Le 6 avril, Napoléon abdique sans condition. Émigré depuis juillet 1789, le comte d'Artois, frère de Louis XVI et de Louis XVIII, futur Charles X, pénètre à son tour dans la capitale. La France s'incline devant la coalition à l'exception de Léopold, qui refuse de livrer Thionville. Un parlementaire hessois a beau lui annoncer l'abdication de l'Empereur, il s'entête, refusant d'admettre la nouvelle tant que les autorités militaires françaises ne la lui auront pas officiellement notifiée. La reddition de Thionville attend ainsi jusqu'à la mi-avril.

Pendant ce temps, une ordonnance se présente chez les Hugo et remet aux enfants trois petites boîtes assorties de trois grandes lettres cachetées aux armes royales. Ils s'empressent de les ouvrir. Chacun a reçu une décoration identique — un lys d'argent suspendu à un ruban de moire blanche, la couronne royale se trouvant à l'autre bout du ruban — et un brevet de Chevalier du Lys signé du duc de Berry. Si le nouveau pouvoir, soucieux de fédérer ses sympathisants, multiplie les Chevaliers du Lys à satiété, à quel titre cette distinction échoit-elle aux fils d'un général bonapartiste ? On s'est manifestement souvenu, en haut lieu, des accointances de Sophie avec le conspirateur Lahorie. Du reste, elle ne cache plus ses opinions. Elle semble enfin tenir sa revanche. Le 3 mai, Louis XVIII fait son entrée dans Paris. C'est le début de la première Restauration. Les enfants sont emmenés à toutes les festivités : Victor choisit de vibrer pour les Bourbons.

> On peut comprendre l'influence qu'avait Mme Hugo sur les enfants. Elle choisissait les pensions et les professeurs et indiquait la marche à suivre. Aussi, les enfants avaient pris l'habitude de ne consulter qu'elle, ne voir que par elle, de penser comme elle tout naturellement, sans y songer. Ils se trouvèrent avoir l'opinion de leur mère, embrasser la royauté, mais pour eux ce n'était pas une opinion, il n'y avait ni relation d'idées, ni critique, c'était penser comme leur mère[7].

Sophie n'en a pas terminé avec Léopold. Courant mai, elle l'affronte à Thionville en compagnie d'Abel : elle juge ses revenus trop modestes et entend, une fois de plus, réclamer de quoi vivre avec plus d'aisance. Après Naples et Madrid, elle a de la constance dans les idées. Il la reçoit entre deux portes, la consigne dans l'antichambre et s'enferme à double tour avec Catherine Thomas dans une autre partie du logement. Sophie se plaint d'avoir été mal accueillie : à quoi s'attendait-elle donc ? Le 4 juin, elle le poursuit devant les tribunaux pour obtenir une demande en séparation de corps ainsi qu'une provision de trois mille francs. La riposte ne se fait pas attendre : le 11, Léopold attaque en divorce en mettant en avant le délit d'adultère. Il écrira plus tard à sa demi-sœur Marguerite Martin-Chopine, dite « Goton » : « Cette femme est insatiable d'argent. […] Je ne l'ai jamais tant abhorrée[8]. » Le surlendemain, Sophie se sauve sans crier gare. Victor et Eugène sont restés à Paris sous la surveillance des domestiques. Ils travaillent tous les matins latin et mathématiques, puis partagent leur temps libre entre les Foucher et les Lucotte, qui s'ingénient à les distraire de leur mieux. Le 17 juin, Marguerite Martin-Chopine, à qui Léopold a délégué ses pouvoirs, fait apposer à sa demande les scellés sur l'appartement des Vieilles-Thuileries et emmène les enfants. Entre la tante et ses neveux, la haine est tout aussi immédiate que réciproque.

Quand Sophie rentre six jours plus tard, elle trouve porte close. Le tribunal de la Seine, auprès duquel elle dépose une requête, prononce rapidement un jugement en sa faveur. Le 5 juillet, elle récupère son domicile et sa progéniture. Léopold, il s'en est fallu de peu, n'a pas eu le temps de vendre les meubles à l'encan. Le bras de fer conjugal redouble d'intensité avec l'installation à Paris de Léopold, remplacé par le général Curto dans le commandement de Thionville : il attaque la décision du tribunal. Le 26 janvier 1815, ce dernier fait volte-face et lui donne l'avantage. Quinze jours plus tard, les biens qui garnissent l'appartement de Sophie sont saisis. De nouveau placés sous l'autorité paternelle, Victor et Eugène sont enlevés à leur mère et conduits à la pension Cordier, sise 41 rue Sainte-Marguerite. Le dernier face-à-face des époux Hugo a lieu trois jours plus tard. Léopold entend récupérer les meubles et placer son fils aîné au collège : la situation s'envenime et dégénère.

[...] il chassa brutalement la Demoiselle Constance qui venait servir le déjeuner de Mme Hugo ; il agit de la même manière vis-à-vis d'une amie de la dame Hugo, Mme Delon femme d'un lieutenant-colonel adjoint à l'état-major et rapporteur au Conseil de guerre ; il la mit à la porte en l'accablant d'injures et lui dit que sa femme ne verrait personne et à Mme Hugo qui indignée d'une telle conduite lui demandait quel était le sort qu'il lui réservait, qu'elle le saurait plus tard, mais qu'elle se mît bien en tête qu'il ne lui devait que du pain de l'eau et le couvert et sans la plus légère provocation il poussa l'outrage jusqu'à cracher trois fois au visage de l'exposante en lui disant que c'était pour prouver à tout le monde l'estime qu'il avait pour elle et comme un furieux il se jeta sur l'exposante, la saisit à la gorge, se répandit contre elle en invectives les plus grossières et les plus outrageantes, l'accusa d'avoir eu des enfants pendant son absence, d'avoir mené une vie débordée. Cette dernière scène s'est passée en présence de M. et Mme Delon, de M. le général Lucotte et sa femme, de leurs domestiques, du portier de la maison et de beaucoup d'autres personnes qui avaient été appelées par les cris et les vociférations du Sieur Hugo[9].

Cet usage de la violence, exercé devant témoins, lui vaut un nouveau référé du tribunal. Cette fois, Sophie va être en mesure de conserver son logis et ses meubles, de toucher une modeste pension et d'autoriser Abel à poursuivre sa carrière militaire en toute indépendance.

LA PENSION CORDIER

Victor et Eugène, qui restent à la charge de leur père, seront internes à la pension Cordier de février 1815 à août 1818. Pour eux, c'en est bel et bien fini de la liberté. « La rue Sainte-Marguerite, sombre et resserrée entre la prison de l'Abbaye et le passage du Dragon enfumé et martelé par les forgerons, n'avait rien qui prévînt en faveur de la maison. La maison était un corps de logis à un seul étage entre deux cours, dont la seconde servait aux récréations[10]. » Ils sont reçus par le maître de l'établissement, M. Cordier, prêtre défroqué et grand admirateur de Jean-Jacques Rousseau au point d'en avoir adopté le costume — houppelande et bonnet garnis de fourrure. Il joint à cette tenue pour le moins originale « une énorme tabatière de métal où il puisait perpétuellement et qu'il cognait sur la tête des élèves qui ne savaient pas leurs leçons ou qui lui "répondaient"[11] ». Si son associé, M. Decotte, fait pleuvoir pensums et punitions, ils vont gagner l'amitié d'un jeune maître d'études « marqué de petite vérole, mais d'une figure riante et loyale[12] », Félix Biscarrat, appelé à devenir un précieux allié. Les frères Hugo jouissent dès leur arrivée d'un statut particulier : ils échappent au dortoir commun et ne partagent leur chambre qu'avec un seul élève, le futur ministre Alexandre François Vivien, fils d'un maître d'étude qui a embelli la pièce avec des sparteries des Indes. Léopold, qui destine ses fils à l'École polytechnique, en a décidé ainsi. Auréolés d'un tel prestige, ils organisent un théâtre, composent des pièces, distribuent les rôles. Leur influence sur leurs camarades va bientôt s'étendre « jusqu'à la domination » :

> La pension se partagea entre deux peuples, un qui prit pour roi Eugène, et l'autre, Victor. Vivien seul, étant en chambre aussi, refusa de se soumettre et, n'ayant pas pu régner, ne vou-

lut pas obéir. Il n'y a pas de peuple sans un nom ; les sujets de Victor s'appelèrent les *chiens*, et les sujets d'Eugène les *veaux*. Les deux rois étaient absolus. Ils exerçaient une autorité despotique, ne souffraient aucune opposition, avaient leur code, dont la plus forte peine était la perte des droits civiques et de la nationalité[13].

On se dispute leurs faveurs et les externes sont préposés à diverses commissions. Léon Gatayes, futur harpiste et ami de l'écrivain Alphonse Karr, est ainsi chargé par Victor de lui rapporter pour deux sous de fromage d'Italie : « Quand le morceau de fromage n'était pas du noir, calciné, n'était pas du talon, Victor donnait à Léon des coups de pied dans les mollets[14]. » Lorsque ce ne sont pas des coups, les favoris reçoivent une décoration : on ne reste pas longtemps despote quand on n'a rien à distribuer.

Le 1er mars 1815, incapable de se résigner à son sort, Napoléon débarque à Golfe-Juan et marche sur Paris. L'impopularité des Bourbons est telle que le « vol de l'Aigle » est foudroyant. Louis XVIII se réfugie précipitamment à Gand. Chargé par Louis Nicolas Davout, ministre de la Guerre — il a été nommé le 20 mars, jour de l'entrée de Napoléon aux Tuileries, comme les autres membres du nouveau gouvernement —, de défendre une seconde fois la place de Thionville, le général Hugo a derechef délégué son autorité à Marguerite Martin-Chopine : « Je te confie le soin de mes deux jeunes enfants, placés chez M. Cordier, et, sous aucun prétexte, je n'entends qu'ils soient remis à leur mère ni sous sa surveillance[15] [...]. » Elle sera désormais, pour leur malheur, leur principale interlocutrice.

Le 18 juin, l'armée française est défaite à la bataille de Waterloo. Napoléon dicte l'acte de sa seconde abdication le 22 juin et quitte la capitale pour Rochefort, d'où il sera déporté pour l'île de Sainte-Hélène. Paris capitule le 3 juillet devant les troupes du duc de Wellington et du maréchal Blücher. Cinq jours plus tard, Louis XVIII remonte sur le trône. Alors que débute la seconde Restauration, Léopold refuse, une fois encore, de rendre Thionville aux armées coalisées. Le 13 novembre, il abandonne la place pour ne pas avoir à leur en remettre les clefs. Pour ce bonapartiste convaincu, l'humiliation a assez duré. Il lui en coûtera d'être mis en demi-solde avant la fin du mois et assigné à résidence à Blois. La pension de Sophie va se réduire comme une peau de chagrin.

À la pension Cordier, peu importent les Cent-Jours et leur dénouement : entre les neveux et leur tante, les hostilités ne trouvent pas d'issue. « Ils semblent, ces messieurs, qu'ils se déshonoreraient en te donnant le titre de tante et en t'écrivant avec attachement et respect. C'est à leur mauvaise mère qu'il faut attribuer la conduite des enfants[16] [...]. » Les deux jeunes rebelles sont loin d'avoir tous les torts : non seulement ils sont privés de leur mère, mais cette tante honnie s'arroge le droit de les laisser sans le sou. Ils ne peuvent rien lui demander, pas même des souliers ou des vêtements de rechange, sans qu'elle ne se récrie. Ils insistent, argumentent : quand elle ne leur répond pas par des injures, ils n'essuient que de cinglants refus. Les remontrances faites à son encontre sont, de fait, au cœur de la correspondance que les garçons échangent avec leur père.

> Mme Martin est restée un mois sans daigner s'informer de nos besoins et, depuis deux mois, nous a retranché nos deux sous par jour ; encore a-t-elle eu la sage prévoyance de ne nous en prévenir que le 1er juin. Comme nous lui avons poliment représenté que, comptant sur cet argent, nous avions été dans la nécessité d'emprunter, tant pour payer nos chaises à l'église que pour faire repasser nos canifs, relier nos livres, acheter des instruments de mathématiques, elle nous a répondu qu'elle ne nous écouterait pas et nous a ordonné impérieusement de sortir de la salle. Elle ne le fera pas une seconde fois, mon cher papa. Nous aimons mieux renoncer à nos semaines que d'avoir désormais aucun rapport avec elle. Si cependant ton intention est que nous payions nos dettes et que nous ne soyons pas tout à fait sans argent, nous te prions d'en charger Abel, plutôt que tout autre [...][17].

Tout à sa rancœur contre Sophie, Léopold s'indigne de leur attitude, qu'il taxe d'insolente, et transfère sur eux son mécontentement. Les mois, les années passent. Victor et Eugène ne fléchissent pas : ils tiennent tête à leur père et réclament justice. Entre le général et ses fils, le fossé ne cesse de s'élargir. Les tentatives de médiation d'Abel en faveur de ses frères se solderont par des échecs. Le dévouement des enfants Hugo à leur mère, en revanche, reste inchangé.

> Nous avons réfléchi sur tes propositions ; permets-nous de te parler avec franchise, comme nous l'avons fait, et ne nous réponds qu'après avoir pesé nos raisons. Nous voyant en état de juger du prix des choses, tu nous offres vingt-cinq louis par an pour notre entretien. Nous les acceptons, pourvu qu'ils nous

soient remis en main propre. Car, alors, avec l'expérience que nous pouvons avoir acquise, et surtout avec l'aide et les conseils de maman, qui, quoi qu'on dise, s'entend en économie, nous sommes sûrs de pouvoir, au moyen de cette modique somme, nous entretenir plus décemment que nous ne l'avons été jusqu'ici en te coûtant certainement davantage. Mais, si l'argent est remis en d'autres mains, nous n'avons plus cette certitude ; nous ne pouvons plus nous servir des moyens qui nous la procurent ; nous ne pouvons plus faire comme toi : *proportionner nos dépenses à notre avoir et être d'autant plus à notre aise que nous aurons plus d'ordre et d'économie*... Quant à la fin de ta lettre, nous ne pouvons te cacher qu'il nous est extrêmement pénible de voir traiter notre mère de *malheureuse*, et cela dans une lettre ouverte qui ne nous a été remise qu'après avoir été lue... Nous avons vu ta correspondance avec maman. Qu'aurais-tu fait, dans ces temps où tu la connaissais, où tu te plaisais à trouver le bonheur près d'elle, qu'aurais-tu fait à la personne assez osée pour tenir un pareil langage ? Elle est toujours, elle a toujours été la même et nous penserons toujours d'elle comme tu en pensais alors. Telles sont les réflexions que ta lettre a fait naître en nous. Daigne réfléchir sur la nôtre et sois assuré de l'amour qu'auront toujours pour toi tes fils soumis et respectueux[18].

La loi de sûreté générale du 31 octobre 1815 a suspendu les libertés individuelles, mais Victor et Eugène ont le sentiment qu'elle a été édictée bien avant, et pour eux seuls. Que faire d'autre, sinon étudier, dans un tel univers de désolation affective ? Quand il n'est pas plongé dans ses leçons d'algèbre, de géométrie, de dessin ou de latin — il traduit pour son plaisir Horace, Lucain, Virgile —, Victor noircit des cahiers entiers : plusieurs pièces des *Cahiers de vers français* — il a inauguré le premier dès le mois de septembre 1815 —, un poème en trois chants (*Le Déluge*), des élégies, des odes, une tragédie en vers (*Irtamène*), une esquisse de tragédie en cinq actes et en vers (*Athélie ou les Scandinaves*), l'opéra comique *A. Q. C. H. E. B.* (*À quelque chose hasard est bon*), un mélodrame en prose (*Inez de Castro*), des épigrammes imitées de Martial… Félix Biscarrat encourage ces essais, lui prodiguant commentaires et critiques. Son amitié est d'autant plus salvatrice que Decotte, qui connaît le goût des frères Hugo pour la littérature et n'hésite pas à crocheter leurs tiroirs, a décidé de contrarier leur passion à tout prix.

> Il leur défendait d'en faire et disait que leur père avait donné des ordres, qu'il voulait les mathématiques et que les vers nuisaient. Il bourrait ses élèves de devoirs de philosophie et de mathématiques, de plus il exigeait qu'ils fissent chaque jour une certaine quantité de vers latins. Tout cela de crainte qu'il ne leur restât du loisir[19].

Si l'associé de Cordier gêne, il n'empêche rien : la créativité de Victor est prolifique. À quatorze ans, c'est déjà un travailleur acharné capable de prendre sur ses nuits pour écrire. Chez lui, la poésie l'emporte, elle déborde. A-t-il ou non consigné dans son journal, le 10 juillet 1816 : « Je veux être Chateaubriand ou rien » ? C'est Adèle qui rapporte l'anecdote. Son authenticité est discutée : le journal n'a pas été retrouvé. La légende importe peu : il aurait pu l'écrire. Au mois d'octobre 1816, Victor et Eugène entrent au collège royal Louis-le-Grand, en classe de philosophie-mathématiques élémentaires. Leur réclusion ne s'adoucit pas pour autant : ils restent internes à la pension Cordier.

LES DÉBUTS D'UNE CARRIÈRE

Leur nouvel emploi du temps s'avère pour le moins chargé — ils étudient treize heures par jour et ne bénéficient que d'une demi-heure de pause pour déjeuner, compte non tenu du temps nécessaire à leur déplacement —, mais Victor n'entend pas contrarier sa vocation. Lorsqu'il découvre dans un journal que l'Académie française propose un prix sur le sujet « Le bonheur que procure l'étude dans toutes les situations de la vie », il décide de concourir et travaille d'arrache-pied sans rien dire à personne, achevant son long poème deux jours avant la date butoir. Le plus dur reste à accomplir : comment le porter à l'Institut ? L'ingénieux Biscarrat, à qui il se confie, trouve la solution : « À la promenade de jeudi, je ferai passer la pension devant l'Institut et pendant qu'elle admirera le monument, nous courrons tous deux au secrétariat et nous déposerons le manuscrit[20]. » Dans les couloirs, ils rencontrent fortuitement Abel : le secret, partagé à trois, n'en sera que mieux gardé.

Ses vers, dédiés à son premier maître, M. de La Rivière, font une forte impression sur les membres du jury, au point que le secrétaire perpétuel de l'Académie, François Juste Marie Raynouard, crie à la supercherie, refusant d'admettre l'âge déclaré par le candidat : quinze ans. Le 25 août 1817, Victor ne recevra donc qu'une mention d'encouragement. Les résultats sont publiés dans *Le Moniteur*. Vexé, le lauréat envoie son acte de naissance à son contradicteur qui lui répond : « Je ferai avec plaisir votre connaissance[21]. » Il s'empresse d'accepter l'invitation.

> Le jeune homme vit arriver un monsieur à figure froide et revêche, la chevelure comme de la soie blanche et le teint couleur de suif : c'était M. Raynouard. Il resta debout comme un homme qui veut en finir vite. Il dit à Victor son regret de n'avoir pas su son âge, que c'était heureux peut-être : le prix, un pareil succès, l'aurait probablement gâté et empêché de travailler. Il termina en disant : « Notre incrédulité vous servira », puis il tourna le dos.
> Victor trouva que M. Raynouard ignorait autant la politesse que l'orthographe[22].

À la pension Cordier, la mention a eu l'effet escompté : elle a réduit à néant toute velléité d'entraver ses activités. La prison scolaire s'assouplit : l'autorisation de sortir lui est accordée. Victor goûte l'ivresse de la liberté. Il multiplie les épîtres aux académiciens les plus illustres — le panégyriste académique, grammairien et philologue Nicolas Louis François de Neufchâteau le fera travailler pour son compte sur le *Gil Blas* de Lesage —, et s'il passe en classe de mathématiques spéciales-physique à l'automne, toujours en compagnie d'Eugène, il ne suivra plus les cours qu'à la légère. Abel, qui s'est définitivement détaché des affaires militaires, l'introduit dans son cercle de jeunes littérateurs impécunieux. Une fois par mois, tous dînent pour deux francs par tête, vin compris, chez le restaurateur Édon, rue de l'Ancienne-Comédie : chacun récite ses œuvres, on parle littérature et l'on chante. On parie, parfois, aussi : c'est ainsi que Victor écrit en quinze jours la première version de *Bug-Jargal*. Un voile, cependant, obscurcit le tableau : le départ de l'ami Biscarrat pour la région de Nantes et l'accroissement de l'instabilité d'Eugène, éternel suiveur de son cadet, qui laisse éclater sa susceptibilité et se révèle de plus en plus asocial. Les Hugo sont, au demeurant, tous deux suffisamment bons élèves pour se voir présentés au « concours entre les quatre collèges royaux » — auquel ils n'obtiendront aucun prix — et se maintenir, sans trop de difficulté, parmi les meilleurs éléments de Louis-le-Grand. Lorsqu'ils apprennent que leur père n'a plus les moyens de financer leurs études jusqu'au concours de l'École polytechnique, ils optent pour le droit : leurs deux années de rhétorique et de philosophie les y autorisent. Ni Victor ni Eugène ne passeront jamais le baccalauréat.

Le 3 février 1818, le tribunal de première instance de Paris prononce le jugement de séparation des époux Hugo : Sophie reçoit la moitié des biens de son mari, récupère la charge de ses enfants et perçoit une pension de trois mille francs. Victor et Eugène, qui peuvent enfin dire définitivement adieu à leur vie de pensionnaires, y trouvent leur compte. Ils reviennent habiter avec leur mère, alors installée au troisième étage du 18 rue des Petits-Augustins (actuelle cour de l'École des beaux-arts, au numéro 14 de la rue Bonaparte). Si Sophie ne peut plus se permettre le luxe d'un jardin et s'ils sont à l'étroit, au moins sont-ils réunis. Loin des sombres murs de la pension Cordier, les événements qui secouent la vie politique française ont droit de cité : on lit écrits, brochures et pamphlets. Sophie connaît les mouvements de ministère, les dessous, les anecdotes. Victor, qui embrasse les opinions de sa mère, se passionne à son tour pour les tapages de tribune et les querelles de partis. La fièvre politique s'empare de lui, il écrit : « Quand je vois un Bourbon, mon cœur se sent français[23]. » À son âge, on s'emballe vite : il se range avec fougue sous la bannière du comte d'Artois, aux côtés des ultras.

> On était ultra. Être ultra ; ce mot, quoique ce qu'il représente n'ait peut être pas disparu, ce mot n'a plus de sens aujourd'hui. Expliquons-le.
> Être ultra, c'est aller au delà. C'est attaquer le sceptre au nom du trône et la mitre au nom de l'autel ; c'est malmener la chose qu'on traîne ; c'est ruer dans l'attelage ; c'est chicaner le bûcher sur le degré de cuisson des hérétiques ; c'est reprocher à l'idole son peu d'idolâtrie ; c'est insulter par excès de respect ; c'est trouver dans le pape pas assez de papisme, dans le roi pas assez de royauté, et trop de lumière à la nuit ; c'est être mécontent de l'albâtre, de la neige, du cygne et du lys au nom de la blancheur ; c'est être partisan des choses au point d'en devenir l'ennemi ; c'est être si fort pour, qu'on est contre. L'esprit ultra caractérise spécialement la première phase de la Restauration[24].

C'est une tout autre frénésie qui a saisi Eugène, dont les troubles empirent. Une lettre de Félix Biscarrat ne fait aucun doute à ce sujet :

> Dites-moi, mon ami, avec franchise, dans quel état mental il se trouve actuellement. Sa pauvre tête... hein ! entre nous, ne revient pas vite. Son timbre, je crois, se brouille chaque jour davantage. Ce vertigo soudain, qui lui fait garder un silence si absolu, n'annonce rien de bon. Sa position vraiment critique

m'afflige beaucoup pour lui, pour sa famille, pour vous surtout. Observez-le ; faites bien en sorte qu'il ne lise pas cette triste peinture de sa maladie. L'irritation qu'elle lui causerait pourrait bien le faire retomber dans ses lubies, hélas ! trop fréquentes. Ce que c'est que de nous, mon ami, ce que c'est que de nous ! Il est vrai que le pauvre diable n'a jamais eu la tête entièrement à lui ; j'étais loin de présumer cependant qu'il tomberait si promptement en démence[25].

Dans la nuit du 5 au 6 février 1819, veillant sa mère atteinte d'une fluxion de poitrine, Victor compose l'ode sur *Le Rétablissement de la statue d'Henry IV*. Il l'envoie, accompagnée de deux autres pièces, à l'Académie des jeux floraux de Toulouse. Initialement créé en 1323, ce concours de poésie s'est transformé en 1694 en Académie : tout en conservant l'héritage du passé (prix sous forme de fleurs de métal précieux, choix et cérémonial rituels), elle édite un *Recueil annuel des poésies primées* dont la diffusion nationale lui a permis de se hisser au rang de deuxième Académie de France. Le 20 mars, son secrétaire perpétuel, Joseph Pinaud, apprend par lettre à Victor que son *Rétablissement de la statue d'Henry IV* a obtenu la plus haute distinction, le lys d'or, et ses *Vierges de Verdun*, une amarante réservée. Eugène, qui avait eu son heure de gloire l'année précédente en recevant un souci réservé pour son ode sur *La Mort du duc d'Enghien* — il avait enfin pris le pas sur son frère ! —, n'a rien obtenu avec *La Mort du prince de Condé*. Cette fois, il est définitivement distancé.

Victor Hugo a seize ans. Il est temps pour lui d'écrire ses *Adieux à l'enfance* :

Adieu, beaux jours de mon enfance,
Qu'un instant fit évanouir,
Bonheur, qui fuis sans qu'on y pense,
Qu'on sent trop peu pour en jouir ;
Plaisirs que mon âme inquiète
Dédaignait sans savoir pourquoi,
Vous n'êtes plus, et je regrette
De vous voir déjà loin de moi !
Reviens, bel âge que je pleure,
Ou du moins renais dans mes chants ;
Je veux de songes séduisans
Me bercer avant que je meure,
Et quand viendra ma dernière heure,
Rêver encor mes premiers ans[26].

L'apprentissage des lettres
(1819-1826)

PREMIÈRES PUBLICATIONS

Les lauriers fraîchement moissonnés ont fixé Victor Hugo sur ses ambitions : il aspire à une carrière littéraire. Épaulé par Abel, encouragé par Sophie, il fait succéder à sa passion d'apprendre celle de composer. Ses inscriptions successives à la faculté de droit (la première a lieu le 1er novembre 1818, la huitième et dernière le 15 janvier 1821) semblent n'être qu'un leurre destiné au seul Léopold. L'exilé de Blois a accepté de leur octroyer à chacun huit cents francs par an pour qu'ils achèvent leurs études : autant jouer le jeu et faire mine de le satisfaire. Son manque d'assiduité n'autorisera évidemment pas Victor à passer un seul examen : il n'aura pas de diplôme.

En quittant la pension Cordier, il a retrouvé le rituel des après-dîners passés chez les Foucher, en leur domicile de l'hôtel de Toulouse (l'hôtel des Conseils de guerre), rue du Cherche-Midi. Curieuses soirées en vérité, où le mutisme des uns répond à la méditation des autres ! Adèle s'en étonne encore bien des années après :

> Mon père passait sa soirée à lire. Ses livres n'étaient pas des livres de louage, il ne lisait que des livres de bibliothèque, ce qu'on appelle des bouquins. En lisant, il brûlait ses bas. C'était systématique : il en avait quatre ou cinq paires les unes sur les autres, il mettait ses pieds sur les tisons — c'était aussi accepté que de les mettre sur les chenets, les trous faits par le feu aussi simples que des trous d'usure.
> Mme Hugo regardait pétiller le bois, sa prise de tabac dans les doigts. Elle prisait aussi. De temps en temps elle disait à mon père : « Monsieur Foucher, voulez-vous une prise ? » ou bien mon père offrait sa tabatière. C'était souvent les seules paroles et les seuls mouvements de la soirée. Ma mère toute à ses aiguilles ne disait mot, moi j'étais pensive, et Mme Hugo avait élevé ses enfants à ne jamais parler sans être interrogés. Je me suis souvent demandé depuis pourquoi Mme Hugo se dérangeait : changer un coin de feu pour un autre coin de feu ne valait pas beaucoup la peine[1].

Aussi silencieux soient-ils, Victor n'aurait manqué ces rendez-vous pour rien au monde. La petite fille jadis promenée dans la grande brouette boiteuse du jardin des Feuillantines s'est métamorphosée en une belle adolescente aux abondants cheveux noirs, à laquelle un garçon en pleine puberté peine à rester insensible. Chez ce poète certes précoce, mais totalement ignorant de la sexualité, pour qui la femme reste un mystère absolu, l'amitié enfantine a laissé place à des sentiments perturbants. Quelle image renvoie-t-il à Adèle ? Le portrait qu'il dresse de Marius, dans *Les Misérables*, permet de s'en faire une idée :

Marius à cette époque était un beau jeune homme de moyenne taille, avec d'épais cheveux très noirs, un front haut et intelligent, les narines ouvertes et passionnées, l'air sincère et calme, et sur tout son visage je ne sais quoi qui était hautain, pensif et innocent. [...] Il était à cette saison de la vie où l'esprit des hommes qui pensent se compose, presque à proportions égales, de profondeur et de naïveté. Une situation grave étant donnée, il avait tout ce qu'il fallait pour être stupide ; un tour de clef de plus, il pouvait être sublime. Ses façons étaient réservées, froides, polies, peu ouvertes. Comme sa bouche était charmante, ses lèvres les plus vermeilles et ses dents les plus blanches du monde, son sourire corrigeait ce que toute sa physionomie avait de sévère. À de certains moments, c'était un singulier contraste que ce front chaste et ce sourire voluptueux. Il avait l'œil petit et le regard grand[2].

Ils s'observent sans trop en avoir l'air, flirtent du coin de l'œil, faussement absorbés par le crépitement du feu. Leur désir doit être palpable, mais les adultes ont les yeux baissés sur leur livre ou sur leur ouvrage. La morale est sauve. Pour Victor et Adèle, l'opportunité des aveux va finir par se présenter.

C'est le 26 avril 1819, un soir où j'étais assis à tes pieds, que tu me demandas mon plus grand secret en me promettant de me dire le tien. Tous les détails de cette enivrante soirée sont dans ma mémoire comme si c'était d'hier, et cependant depuis il s'est écoulé bien des jours de découragement et de malheur. J'hésitai quelques minutes avant de te livrer toute ma vie, puis je t'avouai en tremblant que je t'aimais, et après ta réponse, mon Adèle, j'eus un courage de lion. Je m'attachai avec violence à l'idée d'être quelque chose pour toi, tout mon être fut fortifié, je voyais enfin une certitude sur la terre, celle d'être aimé[3].

Victor, plus que jamais, a soif de conquête. Le 3 mai, la séance solennelle de l'Académie des jeux floraux de Toulouse, au cours de laquelle il est couronné, le stimule à son tour. Sa jeune gloire commence à rayonner : il peut espérer se faire une place dans le monde des lettres.

Les Foucher ayant pris leurs quartiers d'été aux portes de Paris, à Issy, où la location de quelques chambres leur donne accès à un bout de jardin dépouillé, les Hugo font fréquemment l'excursion du dimanche. Quand il ne se promène pas aux côtés d'Adèle, Victor écrit. Le 25 septembre, il publie la plaquette *Les Destins de la Vendée*, qu'il dédie à Chateaubriand. Elle est suivie, moins d'un mois après, par une satire politique en vers, *Le Télégraphe*. En décembre, les trois frères Hugo décident de lancer une revue : ce sera *Le Conservateur littéraire*, en hommage au journal de Chateaubriand, *Le Conservateur*. Dans son édition du 8 novembre, *Le Journal des débats* fait part d'une « sainte alliance formée par quelques jeunes gens contre cet esprit novateur qui envahit le Parnasse pour le bouleverser ». Le premier numéro sort trois jours plus tard. L'aventure journalistique va se poursuivre jusqu'au mois de mars 1821, à raison, en principe, de deux livraisons par mois. La publication comporte une quarantaine de pages. Victor, qui en alimente la presque totalité, multiplie les pseudonymes. Félix Biscarrat s'inquiète pour sa santé : ne peut-il pas déléguer davantage ? C'est compter sans son caractère, qui cultive aussi bien la boulimie que l'éclectisme. Il lit avec frénésie, s'improvise critique littéraire et dramatique, défend André Chénier, Alphonse de Lamartine, Marceline Desbordes-Valmore et Walter Scott, assure des traductions, propose élégies et poèmes, épîtres et feuilletons, et achève la première version de *Bug-Jargal*. Si *Le Conservateur littéraire* ne fait pas la fortune de ses fondateurs, Victor élargit, grâce à lui, le cercle de ses relations. À la fréquentation de ses juges toulousains de naguère, Alexandre Soumet, Alexandre Guiraud et Jules de Rességuier, s'ajoute celle des écrivains Adolphe Souillard de Saint-Valry, Gaspard de Pons, Émile et Antoni Deschamps de Saint Amand, tous catholiques et fervents monarchistes. Dans son salon de la rue Saint-Florentin, Émile Deschamps lui présente son ancien condisciple du lycée Bonaparte, le sous-lieutenant Alfred de Vigny, qui devient bientôt son intime — *Le Conservateur littéraire* publie son premier article, consacré aux œuvres de Byron. C'est à l'époque où il souscrit à la Société des Bonnes-Lettres, patronnée par le vicomte Louis de Bonald pour combattre les idées libérales et « rendre toutes les Muses royalistes[4] », qu'il se lie au duc de Rohan, sous-diacre au séminaire de Saint-Sulpice depuis son veuvage, lequel le présente au prêtre Hugues Félicité Robert de Lamennais, auteur du très remarqué *Essai sur l'indifférence en matière de religion*. Lamennais, qui ne s'est pas encore détaché de l'Église, milite alors activement en faveur de la politique ultraroyaliste et va entretenir avec le jeune poète, à défaut de devenir son directeur de conscience, des relations amicales. Victor rencontre à plusieurs reprises Chateaubriand qui, s'il se défend de l'avoir jamais qualifié d'« enfant sublime[5] », apprécie suffisamment le jeune ultra pour lui proposer de l'attacher à son ambassade au moment où il est nommé à Berlin.

Le 13 février 1820, l'assassinat du duc de Berry, poignardé par Étienne Louvel à sa sortie de l'Opéra de Paris, va marquer la fin de la période modérée de la seconde Restauration. Les ultras faisant porter toute la responsabilité du drame aux libéraux, des échauffourées éclatent. La droite s'empare du pouvoir. C'est le retour des lois d'exception : suspension de la liberté de la presse et de la liberté individuelle, rétablissement de la censure et interdiction des rassemblements. Acquis au régime, *Le Conservateur littéraire* ne pâtit pas de ces mesures. Victor Hugo, à qui la mort du duc de Berry a inspiré une ode enflammée (« Monarque en cheveux blancs, hâte-toi, le temps presse ; / Un Bourbon va rentrer au sein de ses aïeux ; / Viens, accours vers ce fils, l'espoir de ta vieillesse ; / Car ta main doit fermer ses yeux[6] ! »), se voit octroyer par Louis XVIII une gratification de cinq cents francs. La poésie officielle lui ouvre ses portes : il s'y engouffre. Les premières *Odes* s'en font l'écho.

LES AMANTS DÉSUNIS

Côté cœur, Victor et Adèle n'outrepassent pas les convenances et restent chastes. Mais s'ils prennent soin d'entourer leurs soupirs de la discrétion la plus absolue, ils laissent éclater leur passion dans une relation épistolaire qui va durer de janvier 1820 à octobre 1822. Victor, qui a besoin d'être rassuré en permanence — il veut être aimé exactement comme il aime —, signe *Ton mari*. Dans ses *Lettres à la fiancée* d'une grande spontanéité, destinées à n'être lues que par l'élue de son cœur, il ne fait état ni de ses succès ni de ses travaux. C'est d'amour, et d'amour seul, qu'il est ici question : déclarations ardentes, mélancolies maladives, reproches, promesses, jalousies et enfantillages, querelles et raccommodements, transports exaltés et moments d'abattement mêlés. Dans *Les Feuilles d'automne*, il évoque ces « lettres d'amour, de vertu, de jeunesse » :

J'avais donc dix-huit ans ! j'étais donc plein de songes !
L'espérance en chantant me berçait de mensonges.
         Un astre m'avait lui !
J'étais un dieu pour toi qu'en mon cœur seul je nomme !
J'étais donc cet enfant, hélas ! devant qui l'homme
         Rougit presque aujourd'hui !

Ô temps de rêverie, et de force, et de grâce !
Attendre tous les soirs une robe qui passe !
         Baiser un gant jeté !
Vouloir tout de la vie, amour, puissance et gloire !
Être pur, être fier, être sublime, et croire
         À toute pureté[7] !

Adèle, que l'éducation bourgeoise et rigoriste de ses parents incite à prendre les précautions d'usage, cache ces missives sous ses estampes, dans une boîte de carton à compartiments. Mais le 26 avril 1820, c'est le drame : alors que la jeune fille se baisse pour se chausser, une lettre tombe de son corsage. Sa mère, saisie d'un pressentiment, lui demande des comptes. Adèle avoue tout : « Je n'ai jamais trop su mentir. Je ne m'en fais pas une vertu. Ma paresse en est cause un peu. Combiner une histoire me fatigue, je m'empêtre dans les calculs, j'éprouve comme un poids, j'ai le besoin d'en finir et de dire vite ce qui est[8]. » Le scandale éclate. Dans cette famille de dévots catholiques, l'échange de billets doux heurte les consciences. Alertée par les Foucher, Sophie découvre, consternée, qu'elle a manqué de clairvoyance. Après concertation entre adultes bien-pensants, l'affaire est entendue : Victor et Adèle ont interdiction de se voir et de s'écrire. De part et d'autre, nul ne veut entendre prononcer le mot de mariage — peut-être Sophie s'y oppose-t-elle aussi en souvenir de la participation de Pierre Foucher à la condamnation de Lahorie — et les deux familles se brouillent.

Un nouveau prix de l'Académie des jeux floraux pour l'ode *Moïse sur le Nil* et la nomination de Victor maître *ès* Jeux floraux — il se prévaudra plus tard de ce titre décerné par « la seconde académie du Royaume » pour demander à être exempté du service militaire, ce qu'il obtiendra —, puis la mention au concours de poésie de l'Académie française pour le poème sur *Le Dévouement de Malesherbes*, n'adoucissent pas l'accablement du soupirant. S'il ne remédie pas à cette situation impossible, de son point de vue, tout est perdu. Il décide donc de suivre Adèle dans ses moindres déplacements. De porches en recoins, de jardins en églises, il s'embusque, la guette, fait en sorte qu'elle remarque sa présence et parvient même, lorsqu'elle se rend sans chaperon à ses cours de dessin, à lui glisser quelques mots griffonnés entre les doigts. Elle s'effarouche de désobéir ainsi à sa mère, mais leur manège se poursuit. Les éloigner ne suffit pas à éteindre leur amour.

Poussé par le besoin d'argent, Victor s'attelle à un roman fantastique, *Han d'Islande*. Ses précédents écrits n'ont pas rencontré le succès escompté et la mode est au roman gothique, initié par les auteurs anglais Horace Walpole (*The Castle of Otranto*), Ann Radcliff (*The Mysteries of Udolpho*), Matthew Gregory Lewis (*The Monk*), Charles Robert Maturin (*The Fatal Revenge*, *Melmoth the Wanderer*) et Mary Shelley (*Frankenstein, or the Modern Prometheus*). En France, leurs romans séduisent d'autant plus que Charles Nodier a consolidé la reconnaissance du genre avec le mélodrame *Le Vampire* (créé le 13 juin 1820 au Théâtre de la Porte-Saint-Martin) et le roman *Lord Ruthwen, ou les Vampires* (signé sous pseudonyme). *Han d'Islande* réunit les ingrédients nécessaires : paysages hantés par de sombres légendes, monstre sanguinaire s'abreuvant de sang humain, combat du bien et du mal, désir de vengeance, meurtres, potences, bourreaux et amants injustement séparés. Le style de l'auteur, plein de fantaisie, s'affirme. Dans sa préface à la réédition de 1833, Victor Hugo en parlera comme d'« un livre de jeune homme, et de très jeune homme[9] » :

> Il n'y a dans *Han d'Islande* qu'une chose sentie, l'amour du jeune homme ; qu'une chose observée, l'amour de la jeune fille. Tout le reste est deviné, c'est-à-dire inventé. Car l'adolescence, qui n'a ni faits, ni expérience, ni échantillons derrière elle, ne devine qu'avec l'imagination[10].

La santé de Sophie se dégradant, les Hugo déménagent, au cours de l'été 1820, au rez-de-chaussée du numéro 10 de la rue de Mézières, où Abel loue déjà un logement. Les tracasseries à propos de l'arrêt du *Conservateur littéraire* et de sa jonction avec les *Annales de la littérature et des arts* laissent place à un événement bien plus tragique : de rechute en aggravation, Sophie entre dans la phase finale de sa maladie. Rapidement, c'est l'agonie. Elle s'éteint le 27 juin 1821. Ses fils portent le cercueil à l'église Saint-Sulpice et, de là, au cimetière de Vaugirard — où a été enterré Lahorie. Pour Victor, vivre rime à présent avec souffrance et solitude. D'autant plus que les trois frères doivent faire face à une situation financière préoccupante : abandonnés à leurs propres forces, criblés de dettes, ils sont obligés de vendre les biens de leur mère. Il écrit à son père :

> Dans cette profonde douleur, c'est une consolation pour nous de pouvoir te dire qu'aucun fiel, aucune amertume contre toi n'ont empoisonné les dernières années, les derniers moments de notre mère. Aujourd'hui que tout disparaît devant cet horrible malheur, tu dois connaître son âme telle qu'elle était : elle n'a jamais parlé de toi avec colère et les sentiments profonds de respect et d'attachement que nous t'avons toujours portés, c'est elle qui les a gravés dans notre cœur. Voilà, mon cher papa, ce que cette noble mère a toujours été, même dans les plus cruels malheurs. [...] Il ne nous appartient pas, il

ne nous a jamais appartenu de mêler notre jugement dans les déplorables différends qui t'ont séparé d'elle, mais maintenant qu'il ne reste plus d'elle que sa mémoire pure et sans tache, tout le reste n'est-il pas effacé[11] ?

La réponse de Léopold est éloquente : il envoie à ses fils le faire-part de son mariage avec Catherine Thomas, célébré le 6 septembre à la mairie de Chabris, dans l'Indre.

Si Victor sombre dans les affres du désespoir, force est de constater que la mort de sa mère, au moins, l'a rendu libre d'aimer. Le 16 juillet, il entreprend de se rendre à pied à Dreux — il n'a pas les moyens de s'offrir une diligence —, où Adèle et ses parents sont en villégiature. Il fait une halte d'une journée à Versailles, chez Gaspard de Pons, et est hébergé à Houdan par le père d'Adolphe Souillard de Saint-Valry. Parvenu à destination, il confie à Alfred de Vigny :

> J'ai fait tout le voyage à pied, par un soleil ardent et des chemins sans ombre d'ombre.
> Je suis harassé, mais tout glorieux d'avoir fait vingt lieues sur mes jambes ; je regarde toutes les voitures en pitié ; si vous étiez avec moi en ce moment, jamais vous n'auriez vu plus insolent bipède. Quand je pense qu'il faut à Soumet un cabriolet pour aller du Luxembourg à la Chaussée-d'Antin, je serais tenté de me croire d'une nature supérieure à la sienne, comme animal. Cette expérience m'a prouvé qu'on peut marcher avec ses pieds[12].

Le voyage l'ayant quelque peu distrait de sa tristesse, c'est avec fermeté qu'il plaide sa cause devant Pierre Foucher. Il renouvelle sa demande en mariage, expose sa situation d'étoile montante des lettres françaises, déclare prendre la pleine responsabilité de son avenir. Ébranlé par sa détermination, impressionné par sa constance, le père d'Adèle fléchit. Pour prétendre à épouser sa fille, le jeune poète doit néanmoins obtenir le consentement de Léopold — il est encore mineur — et des revenus suffisants pour soutenir son ménage et élever des enfants. L'interdiction de se voir et de s'écrire, quant à elle, est levée. Les jeunes gens peuvent se considérer comme d'officieux fiancés.

Les retrouvailles, à Paris, avec l'oppressant logement de la rue de Mézières livrent cependant le jeune homme aux plus sombres pensées. Au mois d'octobre 1821, Victor prend ses quartiers au deuxième étage de l'immeuble en compagnie d'Eugène et de leur cousin Adolphe Trébuchet, fraîchement débarqué de province pour mener des études de droit. L'adresse est certes la même, mais l'appartement, au moins, n'est pas endeuillé par le souvenir de Sophie. Abel, parti vivre rue du Vieux-Colombier, garde un œil sur ses frères. À la fin du mois de mars 1822, Victor et Adolphe emménagent rue du Dragon, au numéro 30, dans une mansarde à deux compartiments. Eugène, avec qui la vie est devenue impossible tant il ne cache plus son animosité jalouse envers son cadet, est hébergé par Abel. Les deux cousins ont pour seule richesse deux chaises, une armoire, quelques portemanteaux et une petite table. Adolphe se destine au barreau, Victor cultive les Muses. Au quotidien de cette nouvelle vie de bohème où la moindre dépense fait l'objet de scrupuleux calculs, ils cohabitent en bonne intelligence. S'il mange chichement et vit sans faste, Victor n'hésite cependant pas à faire preuve de générosité quand son ami d'enfance Édouard Delon, mêlé à la conspiration carbonariste du général Berton, est recherché par la police : il lui offre l'asile. La fidélité en amitié, chez lui, l'emporte sur les idées politiques. Et la naïveté, sur la prudence. « Mon profond attachement aux Bourbons est connu ; mais cette circonstance même est un motif de sécurité pour vous, car elle éloigne de moi tout soupçon de cacher un homme prévenu de conspiration, crime dont j'aime d'ailleurs à croire Delon innocent[13] », écrit-il à la mère d'Édouard. Elle se sait surveillée et se garde de lui répondre. Victor découvre plus tard que le gouvernement ouvre les lettres et comprend, horrifié, qu'il a tendu un véritable guet-apens à son ami. Édouard, en sécurité en Angleterre, a été condamné par contumace.

C'est à cette époque que Léopold, avec qui Victor a progressivement renoué, lui accorde son consentement : le poète en est quitte pour reconnaître la seconde épouse de son père. Le premier pas est fait, mais sa situation matérielle éloigne chaque jour un peu plus l'existence idéale qu'il envisage auprès d'Adèle. La parution, au mois de juin, du volume *Odes et Poésies diverses*, pour lequel Abel s'est chargé des pourparlers avec l'imprimeur et le libraire, lui permet d'entreprendre les sollicitations officielles indispensables à l'octroi royal d'une pension annuelle de mille francs. Il l'obtient. Les conditions requises ayant été réunies, Pierre Foucher ne renie pas sa promesse. Le 12 octobre 1822, trois ans et demi après leur premier aveu, Victor et Adèle se marient. Victor n'a pas été porté sur les fonds baptismaux, mais Léopold atteste d'un baptême en Italie et Lamennais établit un bulletin de confession sans le confesser. Tous les obstacles sont levés. La cérémonie religieuse, célébrée par le duc de Rohan, ordonné prêtre depuis quatre mois, a lieu à l'église Saint-Sulpice : « Le prie-Dieu des mariés remplaçait la bière et le voile blanc de l'épousée le drap noir qui recouvrait la mère[14]. » Félix Biscarrat et Alfred de Vigny servent de témoins au marié. Le jeune couple s'installe à l'hôtel de Toulouse, dans deux pièces isolées mises à disposition par les parents d'Adèle. Le soir des noces, Eugène, qui alterne depuis trop longtemps les périodes de crises et de rémissions, est pris d'un furieux accès de démence. Le mariage de son frère avec la jeune femme dont il était secrètement amoureux l'a achevé. On l'emmène. Après le Val-de-Grâce et Blois, où Léopold va le recueillir, il sera confié au service psychiatrique du médecin aliéniste Jean Étienne Dominique Esquirol, puis interné en juin 1823 à Charenton, à la maison d'aliénés d'Antoine Athanase Royer-Collard, pour finalement être déclaré incurable en 1825. Léopold règle la question financière des soins. Si l'état de santé d'Eugène va permettre à Victor de se rapprocher de son père, il finira peu à peu par sortir de sa sphère d'intérêt. Abel, quant à lui, ne va pas tarder à laisser Victor tout à la gloire qu'il a contribué à faire naître.

LA MUSE FRANÇAISE

La première nuit de noces passée — Adèle confiera plus tard à Sainte-Beuve sa stupeur devant le marathon sexuel qui lui a été imposé sans délicatesse —, son bonheur assuré (son épouse est vite enceinte), Victor peut s'atteler d'arrache-pied à ses travaux. Le 8 février 1823, la *Bibliographie de la France* annonce la publication de *Han d'Islande*. Le roman est froidement reçu par une critique quasi unanime. On le trouve sauvage, sanglant, excessif. Trop choquant et trop âpre. Alphonse de Lamartine s'empresse de lui écrire : « Nous relisons vos ravissantes poésies et votre terrible *Han*. Soit dit en passant, je le trouve aussi trop terrible ; adoucissez votre palette ; l'imagination, comme la lyre, doit caresser l'esprit ; vous frappez trop fort. Je vous dis ce mot pour l'avenir, car vous en avez un et je n'en ai plus[15]... » Stendhal, collaborateur du *New Monthly Magazine*, ne l'épargne pas dans son compte rendu du mois d'avril :

> Voici le plus extraordinaire et le plus horrible produit d'une imagination déréglée qui ait jamais glacé le sang et blêmi les joues des lecteurs de romans. L'écrivain dont le cerveau « en ébullition » ou plutôt bouillonnant avec fureur a accouché de ce monstrueux avorton, est M. Hugo dont les effusions poétiques jouissent ici d'une renommée considérable[16].

Dans *La Quotidienne* du 12 mars 1823, Charles Nodier, en revanche, juge le style de l'auteur « vif, pittoresque, plein de nerfs ». L'article, quoique nuancé, semble presque inespéré dans cet océan de critiques assassines et marque le début de l'amitié entre les deux hommes. L'autre aspect positif de cette parution est relatif à l'augmentation de la pension de Victor, qui arrive à point nommé : le 16 juillet, Adèle met au monde leur premier enfant, Léopold Victor. Le nouveau-né ne survivra pas plus de trois mois.

Il est grand temps de combler le vide laissé par la disparition du *Conservateur littéraire* : Victor Hugo intègre le cercle des fondateurs de *La Muse française*, créée à l'initiative de ses amis Soumet, Guiraud et Émile Deschamps. Charismatique auteur de *Saül*, pièce vilipendée par la presse lors de sa représentation sur la scène de l'Odéon, Alexandre Soumet jouit d'un sérieux prestige auprès de la jeune école de poésie. Nombreux sont ses amis et disciples qui vont se rallier à ce nouvel organe. L'écrivain Sophie Gay, mère de Delphine de Girardin, et François René de Chateaubriand comptent également parmi ses plus illustres soutiens. Le premier numéro sort le 28 juillet 1823. Entre autres signatures, on retrouve celles, récurrentes, de Charles Nodier, Alfred de Vigny, Adolphe Souillard de Saint-Valry, Gaspard de Pons et Jules de Rességuier. Victor donne à la revue cinq critiques littéraires (sur Walter Scott, Lamennais, Voltaire, de Vigny et Byron) et deux poèmes (*La Bande noire* et *Ode à mon père*). Cette publication, novatrice au plan littéraire — au plan politique, elle s'oppose à sa concurrente libérale *Le Mercure de France du dix-neuvième siècle* —, va avoir un retentissement considérable dans le monde des lettres. Mais si le cénacle de *La Muse française*, épris de formes nouvelles, s'affranchit sans ménagement des classiques, c'est en vain que l'on cherche l'emploi, dans ses pages, du mot romantisme. Victor Hugo, lui-même, dans sa préface aux *Odes et Poésies diverses*, peine à faire la distinction entre les deux genres. Seul Charles Nodier, dans le numéro du 15 avril, entreprend d'exposer les principes du romantisme et de le défendre. Son article a pour conséquence de déchaîner les foudres académiques en la personne du secrétaire perpétuel, Louis Simon Auger. Émile Deschamps répond par un article non dénué d'humour, mais *La Muse française*, privée d'orientation nette sur le sujet, est incapable de riposter avec force. Si Hugo écrit : « On ne recommence pas les madrigaux de Dorat après les guillotines de Robespierre, et ce n'est pas au siècle de Bonaparte qu'on peut continuer Voltaire[17] », c'est Stendhal qui va se charger de défendre « ces novateurs effrénés qui prétendent follement qu'il se pourrait bien qu'on arrivât enfin, et peut-être hélas ! de nos jours, à faire des ouvrages plus intéressants et moins ennuyeux que ceux des messieurs de l'Académie[18] ». Les adversaires des deux camps s'affrontent au moment même où Soumet sollicite les suffrages de l'Académie française. La revue, comme on prend soin de le lui rappeler, fait obstacle à son élection. Pour devenir immortel, Soumet va donc mettre sa *Muse* à mort. Victor s'y oppose, mais il est isolé. La destitution de Chateaubriand, chassé du ministère des Affaires étrangères, précipite la rupture et, le 15 juin 1824, *La Muse française* cesse de paraître. La jeune école se console de sa suppression violente avec les causeries enflammées du salon de Charles Nodier, nommé bibliothécaire de l'Arsenal par le comte d'Artois, mais la trahison du clan Soumet laisse à Victor un goût amer. La révolution littéraire, néanmoins, est proche, même si les classiques s'attendent à porter l'estocade à leurs détracteurs.

En juin 1824, le ménage Hugo, plus à l'aise après la parution des *Nouvelles Odes* (le contrat du libraire Ladvocat vient de s'ajouter à la pension royale), quitte le domicile des Foucher pour emménager au numéro 90 de la rue de Vaugirard, dans l'entresol d'un atelier de menuiserie. Victor et Adèle savourent enfin leur indépendance. Elle est consacrée, le 28 août, par la naissance de Léopoldine. À cet heureux événement familial répond un deuil national : le 16 septembre, Louis XVIII passe de vie à trépas. Son frère, le comte d'Artois, monte sur le trône sous le nom de Charles X.

L'année 1825 est placée sous le signe du voyage. Au printemps, Victor se déplace à Blois, chez son père. Il est à Reims, du 24 mai au 2 juin, à l'occasion du sacre de Charles X où il a été invité, en compagnie de Charles Nodier ; puis, au mois d'août, à Chamonix et à Genève, aux frais de l'éditeur Urbain Canel, avec les Nodier et le peintre Gué. Le projet du *Voyage poétique et pittoresque au Mont-Blanc et à la vallée de Chamonix* ne verra pas le jour, mais Urbain Canel, avant de faire faillite, publie *Bug-Jargal* dans une version entièrement refondue et enrichie du simple au double. Victor Hugo, nommé au grade de chevalier de la Légion d'honneur en même temps que Lamartine (ils en ont, l'un et l'autre, fait la demande), compose inlassablement odes et ballades, accordant une large préférence à ces dernières. Si l'ode officielle *Le Sacre de Charles X* a obtenu un succès non négligeable, il se détache, petit à petit, du carcan de la tradition. La religion de la nature prend le pas sur la religion catholique et le héraut du royalisme ultra laisse place à des sentiments plus libéraux. *Les Deux Îles*, ode consacrée à la tragédie de la destinée napoléonienne, en est l'un des plus fameux exemples. À vingt-quatre ans, le poète donne des signes d'émancipation. Au point que la publication, en novembre 1826, du recueil *Odes et Ballades*, célébré en termes dithyrambiques par le jeune critique du journal *Le Globe*, Charles Augustin Sainte-Beuve, préfigure, à sa manière, la querelle à venir. La révolution littéraire sera romantique, ou ne sera pas.

L'aventure romantique
(1827-1830)

CROMWELL

L'année 1827 s'ouvre sur une provocation diplomatique orchestrée par le comte Apponyi, nouvel ambassadeur d'Autriche à Paris : à l'occasion d'une réception où se presse ce que la France compte de plus illustre, l'huissier annonce les maréchaux de Napoléon en ignorant ostensiblement leurs titres ducaux. Si l'insulte est patente, le pouvoir observe le silence. Victor Hugo réagit à cet outrage fait aux armées impériales avec l'*Ode à la colonne de la place Vendôme*, que publie le *Journal des débats* du 9 février. Il y tance « l'étranger qui nous croit sans mémoire » :

Est-ce Napoléon qu'il frappe en notre armée ?
Veut-il, de cette gloire en tant de lieux semée,
Disputer l'héritage à nos vieux généraux ?
Pour un fardeau pareil il a la main débile :
L'empire d'Alexandre et les armes d'Achille
    Ne se partagent qu'aux héros.

[...]

> À quoi pense-t-il donc, l'étranger qui nous brave ?
> N'avions-nous pas hier l'Europe pour esclave ?
> Nous, subir de son joug l'indigne talion !
> Non ! au champ du combat nous pouvons reparaître.
> On nous a mutilés ; mais le temps a peut-être
>   Fait croître l'ongle du lion[1].

La presse royaliste blêmit. Les libéraux, en revanche, acclament l'auteur, qu'ils revendiquent désormais comme l'un des leurs. À vingt-cinq ans, Victor Hugo fait la une de l'actualité littéraire et semble avoir amorcé ce qui s'apparente à un retournement politique.

Parce que les renommées s'attirent, ses relations se sont enrichies. Chez les Hugo, outre Vigny, les Deschamps et Nodier, on croise le dessinateur et lithographe Achille Devéria et son frère Eugène, le peintre Louis Boulanger, Sainte-Beuve, Alfred de Musset, Lamartine, les poètes Victor Pavie et Alphonse Rabbe, parfois aussi Prosper Mérimée. D'un cercle à l'autre, des liens se tissent : Victor fait la connaissance du sculpteur David d'Angers, d'Eugène Delacroix, de Benjamin Constant, du chansonnier Béranger et du directeur des *Débats* Louis François Bertin, qui le reçoit chez lui, aux Roches, dans la vallée de la Bièvre. Au début du printemps, la famille Hugo, à l'étroit depuis la naissance de Charles (le 3 novembre 1826), son deuxième enfant, se transporte au numéro 11 de la rue Notre-Dame-des-Champs, dans une belle maison entourée d'un jardin. L'appartement, auquel on accède par un escalier tournant, est plus spacieux. Il va permettre de recevoir confortablement les poètes et artistes membres de ce cercle sans cesse grandissant, mais un peu disparate, dont Sainte-Beuve devient vite le familier — au point de venir s'établir bientôt à quelques encablures. C'est dans ce Vaugirard populaire, proche des barrières de Montparnasse, que le poète et ses adeptes vont prendre l'habitude de se retrouver, faisant se succéder dîners dans les guinguettes et parties de campagne au cabaret champêtre de la Mère Saguet.

Après en avoir donné lecture chez Pierre Foucher, Victor Hugo publie, le 5 décembre, le drame en vers *Cromwell*. Caractères exagérés, coups de théâtre, style imagé et extrême verbosité : cette tragi-comédie d'une gaieté toute shakespearienne se caractérise par ses nombreux excès. Mais c'est son imposante *Préface*, dans laquelle l'auteur expose sa théorie de l'art dramatique, qui va mettre le feu aux poudres. Que dit-elle, en substance ?

Shakespeare, c'est le Drame ; et le drame, qui fond sous un même souffle le grotesque et le sublime, le terrible et le bouffon, la tragédie et la comédie, le drame est le caractère propre [...] de la littérature actuelle [...]. [...] le caractère du drame est le réel ; le réel résulte de la combinaison toute naturelle de deux types, le sublime et le grotesque, qui se croisent dans le drame, comme ils se croisent dans la vie et dans la création. Car la poésie vraie, la poésie complète, est dans l'harmonie des contraires. Puis, il est temps de le dire hautement, et c'est ici surtout que les exceptions confirmeraient la règle, tout ce qui est dans la nature est dans l'art. En se plaçant à ce point de vue pour juger nos petites règles conventionnelles, pour débrouiller tous ces labyrinthes scolastiques, pour résoudre tous ces problèmes mesquins que les critiques des deux siècles ont laborieusement bâtis autour de l'art, on est frappé de la promptitude avec laquelle la question du théâtre moderne se nettoie. Le drame n'a qu'à faire un pas pour briser tous ces fils d'araignée dont les milices de Lilliput ont cru l'enchaîner dans son sommeil[2].

La rupture est radicale avec les règles fondatrices du théâtre français. Défendre l'art contre la réalité brute, briser la séparation des genres, vanter l'alliance du sublime et du ridicule, refuser les canons traditionnels et la règle des unités, prôner l'utilisation d'un vers libre et changeant : pour les tenants de la tragédie classique, mais aussi pour des auteurs très en vue comme le vaudevilliste Eugène Scribe ou l'auteur de drames juste milieu Casimir Delavigne, c'en est trop. Les romantiques, en revanche, voient dans la *Préface* le manifeste d'un nouveau théâtre. L'époque a soif de changement et vient de trouver son maître en ce chantre d'une poétique nouvelle. Alfred de Vigny écrit : « *Cromwell* couvre de rides toutes les tragédies modernes de nos jours. Quand il escaladera le théâtre, il y fera une révolution et la question sera résolue[3]. » La révolution en question attendra *Hernani* — *Cromwell* ne fera pas son chemin jusqu'à la scène —, mais le retentissement de la *Préface* est considérable. D'autant plus que Victor Hugo, depuis l'*Ode à la colonne de la place Vendôme*, focalise toutes les attentions. Son verbe convainquant, son audace et sa cohérence, mêlés à son refus d'adopter les idées toutes faites, emportent la passion de la jeunesse et ses auditeurs augmentent en conséquence. L'esprit du XIXe siècle se rebiffe contre celui du XVIIIe. Pour Hugo, le temps des tâtonnements est révolu. Le combat des idées s'engage.

Puisque le champ de bataille est le théâtre — et parce qu'il est possible, en sus, d'y gagner correctement sa vie —, il reporte tous ses efforts sur l'art dramatique. Avant d'avoir à gérer une succession d'événements familiaux douloureux (mort de sa belle-mère en septembre ; décès de Léopold Hugo le 29 janvier 1828 et son enterrement à l'église des Missions étrangères ; liquidation compliquée de l'héritage paternel), il a mis en lecture *Amy Robsart* au Théâtre de l'Odéon, second Théâtre-Français depuis 1818. Il avait commencé à écrire ce drame en prose, dont le sujet est emprunté au *Château de Kenilworth* de Walter Scott, avec Alexandre Soumet, en 1822. Les deux écrivains n'étant pas parvenus à s'entendre en raison de divergences littéraires flagrantes, leur collaboration s'était interrompue et Victor avait terminé seul. Paul Foucher, le plus jeune frère d'Adèle, a accepté de lui servir de prête-nom. La pièce, pour laquelle Delacroix dessine les costumes, est reçue avec acclamations au Théâtre de l'Odéon. Lors de la première, elle est copieusement sifflée. Victor revendique aussitôt, par voie de presse, la paternité des passages les plus vilipendés. Il en est donc l'auteur ! Ses partisans accourent en nombre et les applaudissements s'opposent aux huées. Pareille agitation fait frémir le ministère de l'Intérieur. À la troisième représentation, *Amy Robsart* est interdit.

Une exécution en place de Grève a fait germer, entre-temps, l'idée du *Dernier jour d'un condamné* : « En passant devant l'Hôtel de Ville sur les deux heures, il vit préparer l'échafaud ; et l'opérateur essayait sa hache, puis, voyant qu'elle ne fonctionnait pas à son gré, il graissait les rainures et la réessayait de nouveau. Ces préparatifs faits à l'avance, de sang-froid, cyniquement, pour enlever la vie à un homme, ce défi fait à l'humanité, augmenta sa résolution de flétrir la loi de la peine de mort s'il n'eût pas élevé la voix contre la violation de la vie humaine[4]. » À la mi-octobre, emporté par son sujet, il attaque le manuscrit. Un mois plus tard, il signe un contrat avec l'éditeur Gosselin pour la réimpression de *Bug-Jargal*, *Les Orientales*, *Le Dernier Jour d'un condamné* et *Notre-Dame de Paris*, roman pour lequel il a déjà consigné quelques idées. Les sommes proposées par Gosselin étant conséquentes (trois mille francs pour *Le Dernier Jour d'un condamné* et quatre mille pour *Notre-Dame de Paris*, dont mille à remise du manuscrit), une clause engage l'écrivain, pour ses prochains ouvrages et à proposition égale, à lui donner la préférence. Gosselin s'empresse de racheter les premiers ouvrages du poète à ses précédents éditeurs. Victor Hugo, qui a toujours eu les dettes en horreur, est assuré de pourvoir à la sécurité des siens et de préserver son indépendance. En août, l'édition définitive — et augmentée — des *Odes et Ballades*, dans laquelle des vers aux sonorités nouvelles répondent aux élans légitimistes de 1822, clôt la production poétique de sa jeunesse. La tutelle paternelle s'est évanouie avec la mort de Léopold et la naissance d'un troisième enfant, le 21 octobre 1828 (baptisé Victor, il choisira de s'appeler François-Victor en 1848 pour se démarquer de son père), a renforcé ses responsabilités familiales. Il est temps pour Victor Hugo de se réinventer.

MARION DE LORME

Le 23 janvier 1829, *La Bibliographie de la France* annonce la publication du recueil de poésie lyrique *Les Orientales*. Il s'ouvre sur une préface polémique dans laquelle l'auteur, battant en brèche les règles du classicisme, confirme avec éloquence sa position de chef de l'école nouvelle. Un poète, selon lui, n'a de comptes à rendre à personne. C'est un messager libre qui ne connaît pas les limites de l'art.

> L'art n'a que faire des lisières, des menottes, des bâillons ; il vous dit : Va ! et vous lâche dans ce grand jardin de poésie, où il n'y a pas de fruit défendu. L'espace et le temps sont au poète. Que le poète aille donc où il veut, en faisant ce qui lui plaît ; c'est la loi[5].

Si Hugo prétend ironiquement que l'idée « lui a pris d'une façon assez ridicule, l'été passé, en allant voir le coucher de soleil[6] », l'orientalisme, qui s'est développé depuis le début du siècle sous l'influence des voyageurs et des archéologues, est à la mode, faisant écho au philhellénisme incarné par Lord Byron. Ses tableaux pittoresques, la nouveauté de sujets tout autant empruntés à l'histoire qu'aux légendes orientales permettent toutes les audaces. C'est sur cette base d'héroïsme et de mélancolie, de rêve et de merveilleux, d'érotisme et de sensualité, que Victor Hugo renouvelle, en toute liberté, son matériau poétique. Ses contemporains ne s'y trompent pas, qui acclament son incroyable force d'expression. Tout en déplorant avec aigreur l'évolution politique de son ami de jeunesse, dont le royalisme déclinant est de plus en plus patent, Vigny ne peut s'empêcher de louer « tous ces parfums de l'Orient réunis dans une cassolette d'or[7] ». Si Stendhal et Mérimée trouvent le recueil ennuyeux et si Charles Nodier, jaloux d'être dépossédé de son rôle de précurseur, se fend d'une critique hostile dans *La Quotidienne*, *Les Orientales* ouvre assurément la voie à la poésie moderne. Quinze jours plus tard, *La Bibliographie de la France* annonce la publication, sans nom d'auteur, du court volume de prose *Le Dernier Jour d'un condamné*. Hugo a souhaité présenter sa première prise de position contre la peine de mort comme un écrit rédigé pendant les dernières heures d'un supplicié. La plaidoirie reste très littéraire, mais cet essai de littérature sociale, sous forme de roman d'introspection, fait état d'une émotion non feinte et reflète une grande sincérité.

Le 11 février 1829, le drame romantique fait son entrée au Théâtre-Français avec *Henri III et sa cour*, d'Alexandre Dumas, suivi, le 24 octobre, par une adaptation en vers de l'*Othello* de Shakespeare, *Le More de Venise*, d'Alfred de Vigny.

Ils triomphent, mais ni l'un ni l'autre ne mettent la tragédie classique en péril. Il appartient à Victor Hugo d'incarner l'esprit du siècle et d'occuper la scène romantique : il compose *Un duel sous Richelieu* — qui s'intitulera par la suite *Marion de Lorme* —, en cinq actes et en vers, dont il donne lecture, à son domicile, devant un auditoire choisi. Sont présents Alexandre Dumas, Vigny, Sainte-Beuve, Musset, Mérimée, Soumet, les Deschamps, Abel François Villemain (professeur de littérature française à la Sorbonne et futur ministre de l'Instruction publique), le baron Taylor (commissaire royal de la Comédie-Française depuis 1825), les artistes familiers de la maison... La pièce est reçue par acclamations le 14 juillet au Théâtre-Français, mais le censeur Charles Brifaut s'acharne contre elle. Le personnage de Louis XIII, monarque décadent se laissant charmer par la courtisane Marion, impuissant pantin soumis à la toute-puissance de Richelieu, est jugé porter atteinte à la royauté de Charles X. Quinze jours plus tard, le couperet tombe : *Marion de Lorme* est interdit par le ministre de l'Intérieur, Jean Baptiste de Martignac. Le 7 août, Hugo se fait recevoir à Saint-Cloud par Charles X. En pure perte : l'interdiction n'est pas levée. Le lendemain, Charles X confie la direction du gouvernement au prince Jules de Polignac, un ultra qui déplaît jusque dans les rangs royalistes. Le 13 août, le nouveau ministre de l'Intérieur, François Régis de La Bourdonnaye, confirme à Victor Hugo la décision de son prédécesseur, mais lui offre « une *position politique* au Conseil d'État et une *place dans l'administration*[8] ». Hugo refuse.

Deux jours plus tard, il reçoit une lettre du ministre : en reconnaissance de sa fidélité au trône, Charles X a décidé de tripler sa pension et de la porter à six mille francs. Mais un auteur bafoué, quand il se nomme Victor Hugo, ne se laisse pas vulgairement corrompre. Il répond donc :

> Il est vrai pourtant encore que, vivant de ma plume, j'avais dû compter sur le produit légitime de mon drame *Marion de Lorme*. Mais puisque la représentation de cette pièce, œuvre cependant toute de conscience, d'art et de probité, paraît dangereuse, je m'incline, espérant qu'une auguste volonté pourrait changer à cet égard. J'avais demandé que ma pièce fût jouée ; je ne demande rien autre chose.
>
> Veuillez donc, Monseigneur, dire au roi que je le supplie de permettre que je reste dans la position où ses nouvelles bontés sont venues me chercher. Quoi qu'il advienne, il est inutile que je vous en renouvelle l'assurance, rien *d'hostile* ne peut venir de moi. Le roi ne doit attendre de Victor Hugo que des preuves de fidélité, de loyauté et de dévouement. Je désire, Monseigneur, que Votre Excellence veuille bien mettre cette lettre sous les yeux du roi, avec l'hommage de ma vive gratitude et de mon profond respect[9].

La presse, dans son ensemble, s'empare de ce que *Le Globe* qualifie, dans son édition du 15 août, de « Premier coup d'État littéraire ». Une telle conduite ne manque pas de panache, loin s'en faut, et son refus de toute allégeance — au prix d'une somme non négligeable — lui vaut l'estime du public. Hugo décide d'attaquer frontalement le pouvoir de la Restauration et s'attelle, dès le 29 août, à *Hernani*. L'intrigue, située dans l'Espagne de 1519, met en scène le jeune banni Hernani, que son amour pour Doña Sol oppose à celui qu'elle doit épouser, le vieux Don Ruy Gomez, et à celui qui la convoite, le roi Don Carlos, futur Charles Quint. Rivalité amoureuse, destin imposé par un ordre ancien, sens du sacrifice : en célébrant la jeunesse et la liberté, en dénonçant l'aliénation au passé mortifère, *Hernani*, sur le plan politique, va beaucoup plus loin que *Marion de Lorme*. Le 30 septembre, Hugo lit la pièce devant le même auditoire et provoque un enthousiasme encore plus grand.

EN VERS ET CONTRE TOUT

Le 5 octobre, la Comédie-Française reçoit *Hernani* par acclamations. Le censeur Brifaut, dont le jugement est réprobateur, change de tactique : « Cette pièce abonde en inconvenances de toute nature. Le roi s'exprime souvent comme un bandit, le bandit traite le roi comme un brigand. La fille d'un grand d'Espagne n'est qu'une dévergondée, sans dignité ni pudeur, etc. Toutefois, malgré tant de vices capitaux, nous sommes d'avis que, non seulement il n'y a aucun inconvénient à autoriser la représentation de cette pièce, mais qu'il est d'une sage politique de n'en pas retrancher un seul mot. Il est bon que le public voie jusqu'à quel point d'égarement peut aller l'esprit humain affranchi de toute règle et de toute bienséance[10]. » Il compte sur les séides du classicisme pour faire tomber la pièce, mais le baron Trouvé, chef de la division des Belles-Lettres au ministère de l'Intérieur, exige, malgré son rapport, des aménagements et des remaniements. Hugo défend son texte hémistiche par hémistiche. Son obstination l'emporte : la pièce est autorisée sans modifications.

Les répétitions commencent. Cette fois, l'auteur se mesure à ceux qui prétendent, se référant aux goûts du public, qu'il ne passera pas la rampe. Les sociétaires, à l'exception de Joanny, sont majoritairement hostiles à l'école nouvelle et Mademoiselle Mars, qui crée le rôle de Doña Sol à contrecœur, multiplie les réticences. Hugo fait face.

La première représentation d'*Hernani*, le 25 février 1830, a laissé un souvenir unique dans les annales du théâtre. On s'attend à une soirée orageuse : elle va l'être. Comme on ne peut compter sur le soutien des claqueurs, à la solde des classiques, la jeunesse romantique s'est embrigadée en masse pour soutenir son maître et combattre pour la bonne cause. Parmi ses recruteurs les plus actifs, on compte Théophile Gautier, Gérard de Nerval et Pétrus Borel, dit le Lycanthrope. Sur les billets au papier d'un beau rouge cochenille qui sont distribués aux jeunes chevelus sont inscrits la désignation de la place, le nom du spectateur et celui de son répondant. Au bas du billet est apposée, avec une griffe, la signature *Hierro*. Rien n'est laissé au hasard. En prévision du tumulte, les portes du théâtre sont ouvertes à deux heures de l'après-midi, forçant les troupes survoltées à attendre huit heures dans la pénombre d'une salle qui ne sera éclairée que quelques minutes avant le lever de rideau — sans compter que les toilettes restent fermées ! Membres du « petit cénacle » des Jeune-France, bousingots (républicains radicaux d'allure provocante), littérateurs, peintres, poètes, musiciens (Hector Berlioz, qui n'a pas encore achevé la composition de sa *Symphonie fantastique*, en est), sculpteurs et étudiants se déploient en pelotons organisés dans tous les endroits susceptibles d'abriter des opposants : places hautes, recoins du cintre, banquettes de derrière les galeries. Théophile Gautier arbore un flamboyant gilet rouge qui passera à la postérité. Pour tuer le temps, on converse, on fait passer chocolat, petits pains et cervelas, on chante. Enfin, le lustre descend lentement du plafond et les candélabres s'allument aux avant-scènes. La salle s'emplit. Elle est bientôt pleine à craquer.

Malgré la terreur qu'inspirait la bande d'Hugo répandue par petites escouades et facilement reconnaissable à ses ajustements excentriques et à ses airs féroces, bourdonnait dans la salle cette sourde rumeur des foules agitées qu'on ne comprime pas plus que celle de la mer. La passion qu'une salle contient se dégage toujours et se révèle par des signes irrécusables. Il suffisait de jeter un œil sur ce public pour se convaincre qu'il ne s'agissait pas là d'une représentation ordinaire ; que deux systèmes, deux armées, deux civilisations même — ce n'est pas trop dire — étaient en présence, se haïssant cordialement, comme on se hait dans les haines littéraires, ne demandant que la bataille, et prêts à fondre l'un sur l'autre. L'attitude générale était hostile, les coudes se faisaient anguleux, la querelle n'attendait pour jaillir que le moindre contact, et il n'était pas difficile de voir que ce jeune homme à longs cheveux trouvait ce monsieur à face bien rasée désastreusement crétin et ne lui cacherait pas longtemps cette opinion particulière[11].

Les trois coups retentissent. Lentement, le rideau s'enroule sur lui-même. La salle tout entière retient son souffle :

> [...] l'on vit, dans une chambre à coucher du seizième siècle, éclairée par une petite lampe, doña Josepha Duarte, vieille en noir, avec le corps de sa jupe cousu de jais, à la mode d'Isabelle la Catholique, écoutant les coups que doit frapper à la porte secrète un galant attendu par sa maîtresse :
> Serait-ce déjà lui ?... C'est bien l'escalier
> Dérobé.
>
> La querelle était déjà engagée. Ce mot rejeté sans façon à l'autre vers, cet enjambement audacieux, impertinent même, semblait un spadassin de profession, un Saltabadil, un Scoronconcolo allant donner une pichenette sur le nez du classicisme pour le provoquer en duel[12].

Sifflets et salves d'applaudissements se répondent. Le vacarme est sidérant. Dans cette France à l'aube des Trois Glorieuses, où l'usage du mot propre n'est toléré ni en prose ni en poésie, pareille nouveauté s'apparente à une pure barbarie. Le vers « Est-il minuit ? — Minuit bientôt » soulève des tempêtes : « On le trouvait trivial, familier, inconvenant ; un roi demande l'heure comme un bourgeois et on lui répond comme à un rustre : *minuit*. C'est bien fait[13]. » Dans *Le National*, les libéraux, par la voix d'Armand Carrel, s'opposent à cette liberté de l'art réclamée au même titre que la liberté dans la société, un rejet du conformisme incompatible avec les valeurs de la nouvelle élite bourgeoise. Honoré de Balzac trouve les ressorts de la pièce usés, les caractères faux et le sujet inadmissible, mais pour Alexandre

Dumas, le drame a tous les honneurs du triomphe : « il fut outrageusement attaqué, et défendu avec rage ; il eut sa parodie, parodie très-spirituelle, contre les habitudes reçues, et qui avait pour titre : *Arnali, ou la Contrainte par cor*, pièce française traduite du goth[14] ». La parodie d'Auguste de Lauzanne n'est pas isolée : les théâtres privés s'en donnent à cœur joie. À la Comédie-Française, contre toute attente, la pièce ne chute pas et fait recette. Ses représentations seront toutes aussi vivement disputées que la première, voire parfois plus, tant *Hernani* constitue une profanation sans précédent du temple classique. Les cabaleurs emmenés par les « crânes académiques » ont beau répandre leur venin, le « poison » romantique est versé : « À quoi bon avoir sifflé *Hernani* ? Empêche-t-on l'arbre de verdir en en écrasant un bourgeon[15] ? » Au lendemain de cette bataille historique, Victor Hugo fête ses vingt-huit ans.

LE BONHEUR VOILÉ

Oublions ! oublions ! Quand la jeunesse est morte,
Laissons-nous emporter par le vent qui l'emporte
    À l'horizon obscur.
Rien ne reste de nous ; notre œuvre est un problème.
L'homme, fantôme errant, passe sans laisser même
    Son ombre sur le mur[16] !

Tout à *Hernani*, il n'a rien vu venir. Ce n'est qu'une fois le triomphe consommé, dans les quelques mois qui précèdent Juillet, que Victor prend la peine de s'attarder sur l'état de son couple et de mesurer l'ampleur des dégâts. Au service constant de l'homme de génie, Adèle, qui en est à sa cinquième grossesse, s'est vraisemblablement lassée de son rôle de matrice et de nourricière. L'amitié de Sainte-Beuve, sa visite quotidienne et ses déclarations d'amoureux transi ont fini par l'émouvoir. Il n'a guère de charme, mais il a su la prendre au sérieux et lui redonner une identité propre. Le trouble est contagieux. Elle a glissé aux confidences : leur intimité n'a fait que croître. Tandis que Victor s'étonne chaque jour du fossé qui le sépare des sentiments passés, Adèle pleure l'absent. La vie conjugale devint pesante. Désarçonné de sa position de mari comblé et de père modèle, mis à mal dans sa relation avec son plus fidèle ami et fervent admirateur, il s'assombrit. Il manquait à sa poésie la méditation mélancolique et les rêveries funèbres : le poète est désormais en phase avec les questionnements métaphysiques de son siècle. S'il affecte, dans sa correspondance, une bienveillance fraternelle avec son rival, les vers des *Feuilles d'automne*, qu'il entreprend de composer dès le mois de mai, reflètent sa tristesse, son désarroi et son amertume. La crise conjugale inaugure un cycle de poèmes désenchantés : est-ce un hasard si *automne*, *crépuscule* et *ombres* se répondent ?

Début mai, changement de rive. Les Hugo abandonnent le cénacle de la rue Notre-Dame-des-Champs et les processions sans fin de ses trop bruyants partisans pour le deuxième étage d'une maison installée dans le quartier — alors mal famé — des Champs-Élysées, rue Jean Goujon, au numéro 9. Des arbres, de l'air, du gazon et plus de « Hernanistes » à l'horizon : c'est le départ d'une nouvelle existence. C'est aussi, pour celui qui incarne l'expression littéraire des temps modernes, une façon de mettre Sainte-Beuve à distance. Les apparences, du moins, sont sauves.

Le 25 juillet 1830, Charles X signe les ordonnances qui vont provoquer sa chute. La première suspend la liberté de la presse, la deuxième prononce la dissolution de la Chambre des députés, la troisième convoque les collèges électoraux et la quatrième modifie le système électoral. L'opposition dénonce le coup d'État. Les journalistes libéraux, dont Adolphe Thiers, s'insurgent à travers une protestation rédigée par quarante-quatre d'entre eux. *Le Globe*, *Le National*, *Le Temps* et *Le Journal du commerce* paraissent sans autorisation. La police, qui reçoit l'ordre de démonter les presses, se heurte à la résistance des ouvriers imprimeurs. De nombreux mandats d'arrêt sont lancés, mais le soulèvement populaire prend de l'ampleur et aux attroupements hostiles succèdent rapidement les premières bousculades. Tandis que le drapeau tricolore flotte sur les barricades, on se bat dans les quartiers de l'est et du centre de la capitale. Les affrontements font rage contre les troupes royales commandées par le général Marmont. Le 29 juillet, Paris est aux mains des insurgés. Les troupes se débandent, Marmont ordonne le repli général. Les banquiers Jacques Laffitte et Casimir Perier, chefs de file de l'opposition libérale (le premier représente le parti du Mouvement, le second, celui de la Résistance, plus ancré à droite), s'installent à l'Hôtel de Ville et nomment La Fayette à la tête de la Garde nationale. Les ordonnances sont retirées le lendemain, mais il est trop tard : les Trois Glorieuses ont mis un terme à la Restauration. Le 2 août, Charles X abdique. Le 9 août, le duc d'Orléans, issu de la branche cadette des Bourbons, se présente devant les Chambres et prête serment à la Charte révisée par les chefs libéraux. Il prend le nom de Louis-Philippe 1er, roi des Français. La monarchie de Juillet, constitutionnelle, incarne la victoire de l'ordre bourgeois sur la caste nobiliaire et sonne la fin de l'alliance du Trône et de l'Autel. Tout retour à l'Ancien Régime est impossible. La « France des notables » entre en scène. Cette révolution a une autre conséquence, décisive pour le nouveau pouvoir : elle a révélé la force politique du peuple et l'a hissée à la conscience de la classe ouvrière. Hugo l'a compris, qui écrit : « Il y a de grandes choses qui ne sont pas l'œuvre d'un homme, mais d'un peuple. Les pyramides d'Égypte sont anonymes ; les journées de juillet aussi[17]. » Les idéologies sociales en germe sous la Restauration, doctrine saint-simonienne en tête, éclosent dans la foulée. La révolte politique et morale, la lutte humanitaire et sociale vont entrer en littérature : Hugo s'apprête à faire de la défense des humbles son principal cheval de bataille. La révolte féministe, quant à elle, sera l'apanage de George Sand.

Au lendemain des Trois Glorieuses, Victor Hugo se rallie à la monarchie orléaniste : « Après juillet 1830, il nous faut la chose *république* et le mot *monarchie*[18]. » A-t-il assisté aux combats ? Rien n'est moins sûr — il n'en fait, en tout cas, pas mention dans ses carnets —, car un ouvrage ambitieux l'occupe : *Notre-Dame de Paris*, dont il reprendra sérieusement l'écriture début septembre. Las d'attendre un manuscrit fantôme, Gosselin l'a obligé, sous peine d'amende, à livrer le texte le 1er décembre. Chaque semaine de retard lui coûtera mille francs, somme à laquelle s'ajouteront, au bout de deux mois, deux mille francs supplémentaires. La besogne est donc urgente. D'autant que Gosselin, qui n'a pas eu *Hernani*, lui garde une sérieuse rancœur. La situation est à ce point tendue entre les deux hommes que les proportions extraordinaires prises par le roman ne plaideront pas en la faveur d'une augmentation des honoraires de l'écrivain. En revanche, la révolution lui permet d'obtenir le report du délai de remise au 1er février. Son épouse se souvient : « Il s'acheta une bouteille d'encre et un gros tricot de laine grise qui l'enveloppait du cou à l'orteil, mit ses habits sous clef pour n'avoir pas la tentation de sortir, et entra dans son roman comme dans une prison. Il était fort triste. Dès lors, il ne quitta plus sa table que pour manger et pour dormir[19]. » Le 28 août 1830, Adèle, dernier enfant du couple, rejoint Léopoldine, Charles et François-Victor. Tout semble accréditer la réussite pleine et entière de Victor Hugo, mais son bonheur conjugal est définitivement terni.

Le temps de la maturité
(1831-1840)

ἈΝΑΓΚΗ

> Ces majuscules grecques, noires de vétusté et assez profondément entaillées dans la pierre, je ne sais quels signes propres à la calligraphie gothique empreints dans leurs formes et dans leurs attitudes, comme pour révéler que c'était une main du moyen âge qui les avait écrites là, surtout le sens lugubre et fatal qu'elles renferment, frappèrent vivement l'auteur. Il se demanda, il chercha à deviner quelle pouvait être l'âme en peine qui n'avait pas voulu quitter ce monde sans laisser ce stigmate de crime ou de malheur au front de la vieille église. [...] C'est sur ce mot qu'on a fait ce livre[1].

Ce mot, clef de *Notre-Dame de Paris*, c'est la fatalité. Celle du destin et celle du cœur humain. Respectueux de l'ultime délai fixé par son éditeur, mais avec presque deux ans de retard sur la première échéance, Victor Hugo achève son manuscrit le 14 janvier 1831. La nécessité de livrer l'ouvrage a fait loi. Le 16 mars, *Notre-Dame de Paris* est mis en vente en deux volumes. Roman historique où une habile reconstitution d'atmosphère le dispute à des personnages tout droit issus de l'imagination de l'auteur, fresque épique dans laquelle la cathédrale occupe le premier plan, roman dramatique et roman à idées, auxquels s'ajoute une habile défense du patrimoine architectural : *Notre-Dame de Paris* est un chef-d'œuvre de style qui, substituant l'art de la digression à la sobriété classique, renouvelle l'art du roman. À l'instar d'*Hernani* et de *Marion de Lorme*, mais cette fois sur fond de « vieille reine de nos cathédrales[2] », de Cour des Miracles et de place de Grève, une triple rivalité est au centre de la narration : celle d'un sonneur difforme, d'un archidiacre austère et d'un bellâtre d'officier qui font l'assaut d'un même cœur de femme, une bohémienne accompagnée de sa chèvre. Souvenirs personnels et allusions autobiographiques abondent. La prose est prodigieuse. Le succès va aller grandissant. Claude Frollo, Quasimodo et Esmeralda seront hissés au rang de mythes. Érudit et documenté à l'extrême, *Notre-Dame de Paris* provoque, en outre, une véritable révolution du goût. Naguère voué aux gémonies, le gothique devient à la mode et l'on se presse pour admirer les portails creusés en ogive, les côtes de pierre et les escaliers en spirale du monument. L'écrivain ne cessera d'ailleurs jamais de se battre contre la mutilation et la démolition des édifices : « Il faut des monuments aux cités de l'homme, autrement où serait la différence entre la ville et la fourmilière[3] ? »

La renommée a des retombées singulières : autour de Victor Hugo, les amitiés se délient, quand elles ne se retournent pas contre lui. On n'occupe pas impunément avec talent l'ensemble du territoire littéraire sans froisser l'ego de ses pairs. Balzac nie le génie d'un concurrent — « [...] deux belles scènes, trois mots, le tout invraisemblable, deux descriptions, la belle et la bête, et un déluge de mauvais goût[4] » —, mais Lamartine, s'il trouve le roman « immoral par le manque de Providence » et y regrette l'absence de religion, ne boude pas son éloge : « C'est une œuvre colossale, une pièce antédiluvienne. [...] C'est le Shakespeare du roman, c'est l'épopée du moyen âge, c'est je ne sais quoi ; mais grand, fort, profond, immense, ténébreux comme l'édifice dont vous en avez fait le symbole[5]. » Sainte-Beuve, quant à lui, n'a pas réapparu depuis le baptême de la petite Adèle, dont il est le parrain, et se tient coi. Hugo l'a bien sollicité au moment de la parution du roman — parce qu'il met les amitiés littéraires au-dessus des tracas domestiques et qu'un article dans *Le Globe* n'aurait pas été de trop —, mais son rival a fait la sourde oreille. Adèle s'efforce de les réconcilier. Dans sa correspondance reprise avec Victor, Sainte-Beuve se laisse aller à des débordements venimeux, puis s'affaire à détourner les soupçons du jaloux, tortillant sans cesse des excuses pour l'apaiser. Le temps ne cicatrise rien et aucun n'est dupe du manège de l'autre. Sainte-Beuve ne se prive pas d'éreinter l'homme en privé, mais il lui garde son admiration littéraire et continue de publier des articles flatteurs — dont une chronique élogieuse, non signée, dans la *Revue des Deux Mondes* qui, le désignant comme chef suprême de l'école romantique, provoque l'ire d'Alfred de

Vigny. Il a, de toute façon, pris sa revanche : les deux amants se voient clandestinement.

Côté recette, *Notre-Dame de Paris* rapporte peu. Gosselin en a-t-il tiré plus d'exemplaires que prévu sans en avertir le principal intéressé ? Deux lettres anonymes l'affirment. Quoi qu'il en soit, Victor Hugo doit assurer l'avenir des siens. C'est donc au théâtre qu'il lui faut revenir. La scène va d'autant plus lui servir de tribune que la situation politique est tendue, tant l'utopie révolutionnaire a été vite décapitée. La France est en crise. Pour calmer l'hostilité d'une partie de l'opinion, Louis-Philippe a multiplié les révocations. Hugo ne mâche pas ses mots : « Nous assistons en ce moment à une averse de places qui a des effets singuliers. Cela débarbouille les uns. Cela crotte les autres. On est tout stupéfait des existences qui surgissent toutes faites dans la nuit qui suit une révolution. Il y a du champignon dans l'homme politique[6]. » La monarchie parlementaire s'acclimate mal et les tentatives d'apaisement de la colère populaire ne vont pas suffire. « La nouvelle génération a fait la révolution de 1830, l'ancienne génération prétend la féconder. Folie, impuissance ! Une révolution de vingt-cinq ans, un parlement de soixante, que peut-il résulter de l'accouplement[7] ? » La réponse est dans la rue. Pour rétablir l'autorité de l'État, Louis-Philippe appelle Casimir Perier à la présidence du Conseil le 13 mars 1831. Pour Hugo, Perier « représentait les côtés étroits de la bourgeoisie, [...] Louis-Philippe, [...] en représentait les côtés libéraux[8]. » La ligne conservatrice du nouveau gouvernement ne bougera pas avant février 1848.

Les pièces qui n'ont pas obtenu de visa de censure sous la Restauration n'étant plus interdites, *Marion de Lorme* est enfin créé, le 11 août, au Théâtre de la Porte-Saint-Martin par les deux grands acteurs romantiques de l'époque, Marie Dorval et Bocage. Membre de la Commission dramatique de la Société des auteurs et compositeurs dramatiques, extrêmement attentif au rapport des directeurs de théâtre avec l'autorité, Victor Hugo a préféré rompre, pour l'occasion, avec la Comédie-Française. Le public des Grands Boulevards, majoritairement populaire, lui paraît plus à même d'apprécier la portée du drame. Il n'a pas totalement tort. Si le succès de *Marion de Lorme* n'est pas celui d'*Hernani*, il n'est pas non plus négligeable. Hugo en profite pour changer d'éditeur et signe avec Eugène Renduel, qui publie la pièce à la fin du mois. Gosselin contre-attaque en assignant l'écrivain devant le tribunal de commerce de la Seine. Il est débouté de sa plainte.

Au printemps 1832, l'épidémie de choléra-morbus qui déferle sur Paris fait des ravages dans les quartiers les plus pauvres et met en lumière l'inégalité des citoyens devant la mort. Le climat social se détériore d'autant. Dans *Les Misérables*, Hugo écrira :

> Vers la fin d'avril, tout s'était aggravé. La fermentation devenait du bouillonnement. Depuis 1830, il y avait eu çà et là de petites émeutes partielles, vite comprimées, mais renaissantes, signe d'une vaste conflagration sous-jacente. Quelque

chose de terrible couvait. On entrevoyait les linéaments encore peu distincts et mal éclairés d'une révolution possible. La France regardait Paris ; Paris regardait le faubourg Saint-Antoine[9].

C'est dans cette atmosphère orageuse qu'il soigne son fils Charles, rentré souffrant de l'école, en le frictionnant une nuit durant avec de la flanelle chaude humectée d'esprit-de-vin. L'enfant guérit. La tante Goton, elle, n'aura pas cette chance. Casimir Perier non plus, qui décède le 16 mai. Le triumvirat qui lui succède, composé du duc de Broglie (aux Affaires étrangères), d'Adolphe Thiers (à l'Intérieur) et de François Guizot (à l'Instruction publique), prive Louis-Philippe de toute initiative personnelle et va favoriser une nouvelle opposition, placée sous le signe de l'union avec, notamment, la naissance des premières coopératives ouvrières et des unions nationales de métiers.

RETOUR AU THÉÂTRE

Le 3 juin, Victor Hugo met en train *Le roi s'amuse*, tragédie grotesque en vers dont le personnage central est un bouffon difforme et le traître, un roi débauché, François 1er, aux antipodes de l'image du roi-chevalier et du mécène humaniste à laquelle le public est habitué. Il l'achève le 23 du même mois. Il ne s'est interrompu que le 5 juin, jour de l'enterrement du général Maximilien Lamarque. Le cortège, composé de militants ouvriers, d'élèves de l'École polytechnique et de jeunes bourgeois républicains, a décidé de porter le corps au Panthéon. L'insurrection a éclaté et Hugo s'est empressé d'y assister :

> Rien n'est plus extraordinaire que le premier fourmillement d'une émeute. Tout cela éclate partout à la fois. Était-ce prévu ? oui. Était-ce préparé ? non. D'où cela sort-il ? des pavés. D'où cela tombe-t-il ? des nues. Ici l'insurrection a le caractère d'un complot ; là d'une improvisation. [...] Vers six heures du soir, le passage du Saumon* devenait champ de bataille. L'émeute était à un bout, la troupe au bout opposé. On se fusillait d'une grille à l'autre. Un observateur, un rêveur, l'auteur de ce livre, qui était allé voir le volcan de près, se trouva dans le passage pris entre deux feux. Il n'avait pour se garantir des balles que le renflement des demi-colonnes qui séparent les boutiques ; il fut près d'une demi-heure dans cette situation délicate[10].

Du 9 au 20 juillet, il travaille à *Lucrèce Borgia*, réécriture en prose de la tragédie des Atrides où l'on retrouve la thématique de l'amour filial sanctifiant la difformité — morale, cette fois, et non plus physique. La mort, à Schönbrunn, de Napoléon II, duc de Reichstadt, a deux conséquences : elle inspire au poète des vers enflammés (« Tous deux sont morts. — Seigneur, votre droite est terrible ! / Vous avez commencé par le maître invincible, / Par l'homme triomphant ; / Puis vous avez enfin complété l'ossuaire ; / Dix ans vous ont suffi pour filer le suaire / Du père et de l'enfant[11] ! ») et ouvre la voie à un nouveau prétendant, celui-là

---

* Actuelle rue Bachaumont, perpendiculaire aux rues Montorgueil et Montmartre.

même qui l'enverra en exil. Victor Hugo n'en est pas encore là. Le 8 octobre 1832, il prend ses quartiers dans le centre de Paris, à la fois historique et populaire, au numéro 6 de la place Royale (aujourd'hui place des Vosges), au deuxième étage de l'hôtel de Rohan-Guéménée (Maison de Victor Hugo à compter de 1903). Il lui en coûte mille cinq cents francs de loyer par an, mais les enfants pourront fréquenter, en temps voulu, le collège Charlemagne. Côté place, face au jardin central, se trouvent l'antichambre, le salon et la salle à manger. Côté cour, l'appartement est pourvu de cinq chambres desservies par un corridor. Une cave et trois chambres de service complètent le tableau. Le salon, aux allures seigneuriales, accueille bientôt amis et ennemis du maître. La maison n'est fermée qu'à Sainte-Beuve, qui loue une garçonnière à deux pas pour limiter les trajets d'Adèle. Victor attendra encore deux ans avant de mettre un terme définitif à leur amitié.

Le 22 novembre 1832, un an après l'insurrection des canuts de Lyon, a lieu la première du *Roi s'amuse* à la Comédie-Française. Hugo s'est peu préoccupé de la claque, mais Théophile Gautier, Pétrus Borel et le peintre Célestin Nanteuil ont répondu présent. Les huées du public l'emportent. Le fiasco est complet : la pièce chute. C'est la monarchie de François 1er qui est bafouée sur scène, mais le pouvoir y voit une allusion à la famille d'Orléans — notamment lorsque le bouffon crie aux nobles : « Vos mères aux laquais se sont prostituées ! — Vous êtes tous bâtards ! » —

et c'est au prétexte d'outrage aux mœurs que la pièce est suspendue dès le lendemain. La censure, quoique officiellement abolie, fait toujours son œuvre. Le dessinateur, lithographe, journaliste et fondateur de *La Caricature* et du *Charivari*, Charles Philippon, ne vient-il pas d'écoper de six mois de prison pour avoir exécuté la métamorphose, désormais célèbre, de Louis-Philippe en poire ? La liberté d'expression est en jeu. Tandis que Renduel publie la pièce, Hugo se retourne contre le Théâtre-Français en prenant soin d'en avertir les journaux d'opposition. Tant qu'à avoir perdu la recette des représentations, autant faire vendre le texte ! Le procès, évidemment, fait grand bruit. Il a lieu le 19 décembre devant le tribunal de commerce, qui siège alors au palais Brongniart. Après la plaidoirie de son avocat Odilon Barrot, chef du parti du Mouvement, autrement dit de la « gauche dynastique » (d'obédience orléaniste, mais opposé au parti de la Résistance), Hugo se présente à la barre et prononce un violent réquisitoire contre la monarchie de Juillet. Il le conclut ainsi :

> Pour peu que cela continue encore quelque temps, pour peu que les lois proposées soient adoptées, la confiscation de tous nos droits sera complète. Aujourd'hui on me fait prendre ma liberté de poëte par un censeur, demain on me fera prendre ma liberté de citoyen par un gendarme ; aujourd'hui on me bannit du théâtre, demain on me bannira du pays ; aujourd'hui on me bâillonne, demain on me déportera ; aujourd'hui l'état de siège est dans la littérature, demain il sera dans la cité. De liberté, de garanties, de Charte, de droit public, plus un mot. Néant. Si le gouvernement, mieux conseillé par ses propres intérêts, ne s'arrête sur cette pente pendant qu'il en est temps encore,

avant peu nous aurons tout le despotisme de 1807, moins la gloire. Nous aurons l'Empire sans l'empereur.

Je n'ai plus que quatre mots à dire, Messieurs, et je désire qu'ils soient présents à votre esprit au moment où vous délibérerez. Il n'y a eu dans ce siècle qu'un grand homme, Napoléon, et une grande chose, la liberté. Nous n'avons plus le grand homme, tâchons d'avoir la grande chose[12].

Dans son jugement du 2 janvier 1833, le tribunal se déclare incompétent. Le demandeur est condamné aux dépens, mais ses talents d'orateur — il s'y essayait pour la première fois ! — sont entrés dans la légende. La journée du 2 février est, quant à elle, placée sous les auspices de la première lecture aux artistes, au Théâtre de la Porte-Saint-Martin, de *Lucrèce Borgia*. Charles Jean Harel, le directeur, a demandé une pièce à l'auteur : il a besoin de renflouer ses caisses et souhaite profiter de la publicité occasionnée par le procès. Pressé par sa propre situation pécuniaire, Hugo n'a pas non plus de temps à perdre : dans une lettre envoyée au comte d'Argout, ministre de l'Intérieur du moment, il vient de renoncer à la pension royale de deux mille francs qu'il percevait depuis 1823 et ne peut plus compter, désormais, que sur ses seuls droits d'auteur. La maîtresse d'Harel, Mademoiselle George, reçoit le rôle de Lucrèce ; Frédérick Lemaître celui de Gennaro. Le rôle secondaire de la princesse Negroni échoit à une jeune comédienne, Juliette Gauvain (née le 10 avril 1806 à Fougères), qui a pris Juliette Drouet pour nom de scène. Louis Alexandre Piccinni, petit-fils du compositeur Niccolò Piccinni (rendu célèbre par la querelle qui opposa ses partisans à ceux de Gluck), s'affaire à la partition musicale, les acteurs déploient un zèle tout particulier à servir le texte, mais Victor n'a d'yeux que pour Juliette.

Il ne se passe pas deux mois avant qu'ils ne deviennent amants. *Les Misérables* porte trace de leur première nuit d'amour : « La nuit du 16 au 17 février fut une nuit bénie. Elle eut au-dessus de son ombre le ciel ouvert. Ce fut la nuit de noces de Marius et Cosette[13]. » Au matin, Juliette a envoyé un billet à « Monsieur Victor » : « Viens me chercher ce soir chez Mme K. Je t'aimerai jusque-là pour prendre patience. À ce soir. Oh ! ce soir ce sera tout ! Je me donnerai à toi tout entière[14]. » Il reconnaîtra deux ans plus tard : « Le 26 février 1802 je suis né à la vie, le 17 février 1833 je suis né au bonheur dans tes bras. La première date ce n'est que la vie, la seconde c'est l'amour. Aimer c'est plus que vivre[15]. » Leur liaison durera cinquante ans. Triomphant de son infortune conjugale, le mari éploré abandonne définitivement sa femme à Sainte-Beuve — lequel exploite, on s'en doute, la situation. Leur relation n'est bientôt plus un secret pour personne. Qu'il vive avec femme et enfants, qu'elle ait, de son côté, une fille (Claire, née au mois de novembre 1826) d'une relation antérieure avec le sculpteur genevois James Pradier, donne du grain à moudre à ses ennemis affamés de scandale. Après des mois de disputes et d'orages, de portes claquées et de réconciliations sur l'oreiller, durant lesquels Juliette, qui a l'habitude d'être entretenue et qui a le caractère emporté, tente de disparaître sans laisser d'adresse, les amants terribles vont parvenir à un relatif équilibre. Mais si Victor rembourse les dettes, nombreuses, de sa maîtresse et accepte de tirer un trait sur les frasques passées, sa générosité demande une contrepartie. Ils passeront un marché. Une nouvelle muse va vivre, en véritable recluse, dans l'ombre de l'homme de lettres. Juliette va renoncer à ses ambitions, abandonner les feux de la rampe (engagée comme pensionnaire à la Comédie-Française en février 1834, elle n'y jouera jamais), sa liberté et son indépendance. Esclave de l'amour, elle renonce à tout, vit de peu, accepte jusqu'à l'interdiction de sortir sans son amant. Son existence tient dans deux mots : attente et servitude. Elle lui écrit quotidiennement. En contrepartie de ce dévouement quasi mystique — c'est une copiste infatigable —, Victor fait le serment de ne jamais les abandonner, ni elle ni sa fille. Si sa fougue décline avec le temps et si ses visites se font moins fréquentes, c'est avec elle qu'il contracte l'habitude d'échapper au tumulte pour se détendre — et auprès d'elle qu'il trouve l'inspiration de dessiner. Aux courts séjours dans les environs de Paris, ils adjoignent, une fois par an, un plus long voyage. Ces interludes estivaux les mènent en Bretagne (1834), en Picardie et en Normandie (1835), en Bretagne et en Normandie (1836), en Belgique et en Normandie (1837), en Champagne (1838), en Suisse et sur les bords du Rhin (1839 et 1840). À Paris, Victor installe sa maîtresse rue des Tournelles. Et pour qu'elle reste près de lui lorsqu'il se rend en famille aux Roches, chez les Bertin, il lui choisit une chambre dans le hameau voisin des Metz. Le jeune homme si traditionaliste des débuts, qui ne jurait que par la famille et le mariage, a tourné la page :

> Mon ancienne conviction royaliste-catholique de 1820 s'est écroulée pièce à pièce depuis dix ans devant l'âge et l'expérience. Il en reste pourtant encore quelque chose dans mon esprit, mais ce n'est qu'une religieuse et poétique ruine. Je me détourne quelquefois pour la considérer avec respect, mais je n'y viens plus prier[16].

Ce double ménage convient-il à Adèle ? Il lui laisse, en tout cas, le champ libre. Les enfants, en âge de comprendre les vicissitudes de la vie adulte, s'accommodent comme ils le peuvent de ce père illustre et volage.

La première de *Lucrèce Borgia* a lieu le 2 février 1833. La presse ne fait pas état de louanges, mais le public se laisse séduire et la pièce triomphe à un point tel que Renduel la publie dans la foulée — plus tard, Giuseppe Verdi l'adaptera sous le titre de *Rigoletto*. Mademoiselle George et Frédérick Lemaître suscitent un tonnerre d'applaudissements continu :

> Ce n'était plus un succès, c'était un délire. [...] Les bouquets des mains des femmes allèrent sur le théâtre. Beaucoup qui étaient venus pour rire, en grossissant la foule, en dirent : « Ça a la beauté du drame et de l'opéra tout à la fois[17]. »

Place Royale, on se presse jusqu'à l'aube pour féliciter l'auteur. Pour quelle raison Harel décide-t-il un beau jour, sans prévenir, d'interrompre les représentations ? À Victor Hugo, qui s'insurge contre de telles pratiques et lui demande des comptes, il répond qu'il est maître en son théâtre. Leurs relations s'enveniment. Devant l'imminence d'un duel — le dramaturge annonce par lettre l'envoi de ses témoins —, Harel fait marche arrière et remet *Lucrèce Borgia* à l'affiche. Victor lui avait promis, par traité, une deuxième pièce : il ne peut plus se dédire. Drame en prose et en trois actes, *Marie Tudor* est composé du 8 août au 1er septembre. Commencées fin octobre, les répétitions avancent mal. L'hostilité est au rendez-vous. Mademoiselle George, qui tient le rôle éponyme, ne porte d'intérêt qu'au rôle promis par Dumas dans son prochain drame. Lockroy, bien moins charismatique que Frédérick Lemaître, crée péniblement le rôle de Gilbert. Tandis que Hugo est à bout de patience, Harel, plein d'aigreur, jette de l'huile sur le feu :

> Prenez garde, Monsieur, que votre pièce ne tombe.
> — Cela veut-il dire, Monsieur, que vous la ferez tomber ?
> — Prenez-le, Monsieur, comme vous l'entendrez !
> — Eh bien, Monsieur, vous ferez tomber la pièce et moi, je ferai tomber le théâtre[18] !

Le soir de la première, le 6 novembre 1833, le public est impossible à dompter. La double intrigue sentimentale offusque, qui met puissants et plébéiens sur un pied d'égalité. On trouve le drame outré. Trop d'antithèse tue. La presse déclenche ses foudres. Juliette, qui n'est pas une grande comédienne, est copieusement sifflée. Si Victor est aguerri aux chahuts, la confiance de la jeune femme se lézarde. Le lendemain, elle rend le rôle de Jane — aussitôt repris par Ida Ferrier, maîtresse d'Alexandre Dumas. Après le retrait de l'actrice, *Marie Tudor* retrouve un peu de souffle et, contre toute attente, ne tombe pas : « Cette pièce plaisait au public de boulevard, aux titis. Une fois que le public des premières représentations fut passé, elle prit son essor. Elle eut ceci de particulier qu'elle ne fut pas tourmentée, passé les premières, et suivit son cours sans encombre[19]. » *Angèle* lui succède bientôt : Harel préfère prendre moins de risques avec Alexandre Dumas, plus policé et moins subversif, pour garantir l'avenir de son théâtre. Mis en concurrence, les deux dramaturges se brouillent. Leur rivalité scinde les partisans du théâtre romantique.

Luttes aigries et querelles de coulisses font reprendre à Hugo le chemin de la Comédie-Française, placée sous la direction d'Armand François Jouslin de la Salle. Après avoir écrit une étude sur Mirabeau — l'orateur révolutionnaire n'a-t-il pas, lui aussi, été exposé à la vindicte ? —, édité un recueil d'articles de jeunesse — entièrement retouchés pour certains —, *Littérature et Philosophie mêlées*, et repris son plaidoyer contre la peine de mort avec *Claude Gueux* (publié le 6 juillet 1834 dans la *Revue de Paris*, puis en plaquette), il s'adonne à un huis clos en prose, *Angelo, tyran de Padoue*, dont il vient à bout en dix-neuf jours (du 1er au 19 février 1835). L'intrigue ne repose sur rien ou presque — Angelo a une femme, la noble Catarina, et une maîtresse, la Tisbe, qui fait passer pour son frère son amant Rodolfo. S'ensuivent une dénonciation, un quiproquo et un assassinat, mais la distribution de la pièce est surprenante. Elle met en présence deux actrices qui non seulement s'exècrent, mais jouent ici à contre-emploi : la tragédienne Mademoiselle Mars dans le rôle de la courtisane, et l'actrice de boulevard Marie Dorval, dans celui de la grande dame vertueuse. Dès la première représentation, le 28 avril 1835, Marie Dorval, irrésistible, surpasse sa rivale et emporte l'adhésion du public. Mademoiselle Mars, malgré son timbre de voix inimitable, est reléguée au second plan. Il lui est malaisé de se plaindre : Victor Hugo, fin stratège, lui avait laissé le choix de son rôle. *Angelo, tyran de Padoue* reste trois mois à l'affiche. Comme dans *Marie Tudor*, la plèbe s'y dresse contre le pouvoir. Les idées hugoliennes fermentent.

« BON APPÉTIT, MESSIEURS ! »

Après avoir accepté d'écrire, par pure amitié, le livret de l'opéra *La Esmeralda*, composé par la fille de Bertin l'Aîné d'après *Notre-Dame de Paris* — il fait un four à sa création —, Victor Hugo revient aux choses sérieuses avec *Ruy Blas*, drame historique en alexandrins écrit pour l'ouverture du Théâtre de la Renaissance. Principalement destinée à ne jouer que de la littérature nouvelle, autrement dit des drames romantiques, la salle de la rue Neuve-Ventadour, dirigée par Anténor Joly, ne bénéficie d'aucune subvention. C'est dire si l'entreprise est risquée. Hugo a posé une condition, et ce sera la seule : qu'on embauche Frédérick Lemaître. Lors de la première lecture, il surprend l'acteur rompu aux personnages de mauvais garçons en lui attribuant le rôle-titre. Le monstre sacré du boulevard du Crime connaît bientôt le texte de la pièce par cœur, au point de faire office d'assistant à la mise en scène, lors des répétitions, en prodiguant ses conseils aux acteurs. Louise Baudoin, sa maîtresse, lui donne la réplique. S'il avait laissé croire à Juliette qu'elle pourrait créer le rôle de la Reine, Hugo n'a rien fait pour l'imposer. A-t-il ou non eu connaissance de la lettre envoyée à Anténor Joly par Adèle qui, lui rappelant le désastre de *Marie Tudor*, lui demande de confier le rôle à une autre actrice dans l'intérêt même de l'ouvrage ? Nul ne sait. Cette dernière espérance perdue porte un coup terrible à Juliette.

Histoire d'une vengeance machiavélique et d'une passion romantique, l'intrigue de *Ruy Blas*, avec sa fin tragique où l'amour triomphe dans la mort, a tout du mélodrame. Le mélange des genres et l'esthétique de contrastes, chers au dramaturge, scandalise tout autant que les amours d'une reine et d'un laquais — Émile Zola, lors de la reprise de la pièce, en 1877, vitupérera l'invraisemblance de la situation. George Sand s'emporte contre une telle niaiserie, Balzac et Sainte-Beuve refusent de se rendre au théâtre. Le plus grave, pour la majorité de ses détracteurs, n'est pas que le drame pèche par abondance de didascalies, mais que le héros, imposteur malgré lui, s'érige en porte-parole de la vérité, dénonçant l'état du royaume et l'hypocrisie des gouvernants. Tout à la fois métonymie et symbole du peuple, Ruy Blas dérange. La portée politique de la pièce n'échappe à personne. L'auteur a d'ailleurs pris soin d'être explicite :

> Le royaume chancelle, la dynastie s'éteint, la loi tombe en ruine ; l'unité politique s'émiette aux tiraillements de l'intrigue ; le haut de la société s'abâtardit et dégénère ; un mortel affaissement se fait sentir à tous au dehors comme au dedans ; les grandes choses de l'État sont tombées, les petites seules sont debout, triste spectacle public [...]. Tout va être englouti, le temps presse, il faut se hâter, il faut s'enrichir, s'agrandir et profiter des circonstances. On ne songe plus qu'à soi. Chacun se fait, sans pitié pour le pays, une petite fortune particulière dans un coin de la grande infortune publique. On est courtisan, on est ministre, on se dépêche d'être heureux et puissant. On a de l'esprit, on se déprave, et l'on réussit. Les ordres de l'État, les dignités, les places, l'argent, on prend tout, on veut tout, on pille tout. On ne vit plus que par l'ambition et la cupidité. [...]
> En examinant toujours cette monarchie et cette époque, au-dessous de la noblesse ainsi partagée [...], on voit remuer dans l'ombre quelque chose de grand, de sombre et d'inconnu. C'est le peuple. Le peuple, qui a de l'avenir, et qui n'a pas de présent ; le peuple, orphelin, pauvre, intelligent et fort ; placé très bas, et aspirant très haut ; ayant sur le dos les marques de la servitude et dans le cœur les préméditations du génie ; le peuple, valet des grands seigneurs, et amoureux, dans sa misère et dans son abjection, de la seule figure qui, au milieu de cette société écroulée, représente pour lui, dans un divin rayonnement, l'autorité, la charité et la fécondité. Le peuple, ce serait Ruy Blas[20].

La narration se déroule en Espagne, sous le règne de Charles II, mais c'est bien la monarchie de Juillet qui est visée. En mai 1834, la mort de La Fayette a emporté avec elle les illusions des partisans d'une monarchie républicaine. Un an plus tard, les « lois de septembre », édictées après l'attentat du boulevard du Temple contre Louis-Philippe (le 28 juillet), ont renforcé les pouvoirs du président de la cour d'assises et du procureur général, rétabli la censure et durci l'épreuve de force. Chez les opposants au régime, Société des droits de l'homme en tête, on ne compte plus les perquisitions et les arrestations. Les émeutes, toujours renouvelées, sont sans cesse écrasées. La répression est consolidée. Ministre de l'Intérieur du second ministère Broglie, Thiers l'exerce avec une extrême brutalité. Le 8 novembre 1838, quand le rideau tombe sur la scène du Théâtre de la Renaissance, l'effervescence est à son comble. Frédérick Lemaître s'est surpassé. La presse, comme à son habitude, va s'arc-bouter contre la pièce, son « cynisme révoltant » et son « puéril entassement de scènes impossibles », mais le public exalté la porte aux nues.

> Le soir de la première représentation, la salle n'était pas terminée ; les portes des loges, posées précipitamment, grinçaient sur leurs gonds et ne fermaient pas ; les calorifères ne chauffaient pas ; le froid de novembre glaçait les spectateurs. Les femmes furent obligées de remettre leurs manteaux, leurs fourrures et leurs chapeaux, et les hommes leurs paletots. [...] La pièce dégela le public. [...]
> Un détail à noter, c'est que le parterre et les stalles applaudirent moins que les loges. Le succès, cette fois, vint plutôt du public. L'auteur avait dans la salle des amis qui ne le connaissaient plus et des amis qu'il ne connaissait pas[21].

Une autre génération a remplacé les combattants d'*Hernani* — davantage préoccupés, pour un certain nombre d'entre eux, de leurs propres œuvres. Auguste Vacquerie (1819-1895) et Paul Meurice (1818-1905), les nouveaux séides de Victor Hugo, achèvent leurs études au collège Charlemagne. Ils entrent dans l'intimité du poète et resteront, jusqu'à sa mort, ses fidèles disciples et amis.

Ruy Blas paraît le 1er décembre 1838. Hugo a cédé l'exploitation de la pièce et, pour une durée de dix ans, la propriété exclusive de son œuvre déjà publiée à l'éditeur Delloye. La somme négociée est de trois cent mille francs, dont cent quatre-vingt mille comptant. Il surveille toujours aussi scrupuleusement les dépenses de son ménage et les comptes de sa maîtresse, mais il peut, à présent, placer de l'argent pour s'assurer un revenu annuel de plus de cinq mille francs et garantir l'avenir de ses enfants. Adèle est rassurée : le capital ne quitte pas la famille. Cette manne financière ne change rien dans l'ordonnancement de son quotidien. Au salon de la place Royale, les nourritures restent purement intellectuelles, au grand dam des familiers qui en ressortent tous les soirs l'estomac vide.

LA TÉTRADE LYRIQUE

Le dramaturge a-t-il éclipsé le poète ? Nullement. Les quatre recueils lyriques publiés en 1831, 1835, 1837 et 1840, qui appartiennent, au dire de leur auteur, à la seconde période de sa pensée, se lisent comme un même journal retraçant les joies et les peines d'un homme sous la monarchie de Juillet, ses méditations et ses rêveries philosophiques, mais aussi ses doutes religieux, ses inquiétudes politiques et ses réflexions sociales. Les thèmes s'entrecroisent et se répondent, le chant spiritualiste de la communion avec la nature est omniprésent et le questionnement funèbre sur les origines et l'avenir de l'homme a pris une place prépondérante. Penser, pour le poète, revient désormais à douter : « Tout corps traîne son ombre, et tout esprit son doute[22]. » Dans cette tétrade aux accents nouveaux, Hugo donne la mesure de son originalité et de sa puissance verbale. Lorsque Renduel publie *Les Feuilles d'automne*, le 30 novembre 1831, on peut lire dans la préface : « Ce n'est point là de la poésie de tumulte et de bruit ; ce sont des vers sereins et paisibles, des vers comme tout le monde en fait ou en rêve, des vers de la famille, du foyer domestique, de la vie privée ; des vers de l'intérieur de l'âme. C'est un regard mélancolique et résigné, jeté çà et là sur ce qui est, surtout sur ce qui a été[23]. » Les observations prises à l'intimité de la vie quotidienne touchent et sa maîtrise poétique fait une forte impression sur ses contemporains, mais les vers des *Chants du crépuscule*, consacrés pour part à l'amour adultère du poète, dérangent les mauvaises langues. D'aucuns supportent mal la présence, dans un même volume, de chants à la gloire de Juliette et d'hommages rendus à la vertu d'Adèle, comme le *Date lilia* (« Offrez des lys ») qui clôt le recueil :

Oh ! qui que vous soyez, bénissez-la. C'est elle !
La sœur, visible aux yeux, de mon âme immortelle !
Mon orgueil, mon espoir, mon abri, mon recours !
Toit de mes jeunes ans qu'espèrent mes vieux jours !

C'est elle ! la vertu sur ma tête penchée ;
La figure d'albâtre en ma maison cachée ;
L'arbre qui, sur la route où je marche à pas lourds,
Verse des fruits souvent et de l'ombre toujours ;
La femme dont ma joie est le bonheur suprême ;
Qui, si nous chancelons, ses enfants ou moi-même,
Sans parole sévère et sans regard moqueur,
Les soutient de la main et me soutient du cœur ;
Celle qui, lorsqu'au mal, pensif, je m'abandonne,
Seule peut me punir et seule me pardonne ;
Qui de mes propres torts me console et m'absout ;
À qui j'ai dit : toujours ! et qui m'a dit : partout !
Elle ! tout dans un mot ! c'est dans ma froide brume
Une fleur de beauté que la bonté parfume !
D'une double nature hymen mystérieux !
La fleur est de la terre et le parfum des cieux[24] !

Sainte-Beuve ne contient plus sa fureur et déverse son fiel. Hugo, selon lui, tente de tromper son monde en faisant assaut d'hypocrisie : « On dirait qu'en finissant l'auteur a voulu jeter une poignée de lis aux yeux. Nous regrettons que l'auteur ait cru ce soin nécessaire. L'unité de son volume en souffre ; son titre de *Chants du Crépuscule* n'allait pas jusqu'à réclamer cette dualité. Le même manque de tact littéraire (au milieu de tant d'éclat et de puissance !) [...] lui a inspiré d'introduire dans la composition de son volume deux couleurs qui se heurtent, deux encens qui se repoussent. Il n'a pas vu que l'impression de tous serait qu'un objet respecté eût été mieux honoré et loué par une omission entière[25]. » Hugo a tiré depuis longtemps un trait sur son amitié avec le fondateur de la critique littéraire moderne, mais Adèle est froissée. Sainte-Beuve va trop loin. Elle juge son article indécent, foncièrement indiscret. Contrariée, elle repousse loin d'elle cet amant qui se dépense sans compter sur l'immoralité du poète. Charles Augustin a manqué de psychologie. Car, si l'amour n'existe plus entre Victor et Adèle, l'affection, du moins, perdure, qu'elle entend conserver. Leur pacte est d'ailleurs clair :

> Ne te prive de rien. Moi, je n'ai pas besoin de plaisirs ; c'est le calme qu'il me faut. Je suis bien vieille [...]. Je n'ai au monde qu'un désir : c'est que ceux que j'aime soient heureux ; le bonheur de la vie est passé pour moi ; je le cherche dans la satisfaction des autres. Il y a bien de la douceur, malgré tout, là-dedans. Ainsi tu as bien raison quand tu dis que « j'ai *le sourire indulgent* ». Mon Dieu ! tu peux faire tout au monde ; pourvu que tu sois heureux, je le serai. Ne crois pas que ce soit indifférence, mais c'est dévouement et détachement, pour moi, de la vie [...]. Jamais je n'abuserai des droits que le mariage me donne sur toi. Il est dans mes idées que tu sois aussi libre qu'un garçon, pauvre ami, toi qui t'es marié à vingt ans ! Je ne veux pas lier ta vie à une pauvre femme comme moi. Au moins, ce que tu me donneras, tu me le donneras franchement, et en toute liberté [...][26].

À trente-deux ans, Adèle reste la compagne en titre de son époux, mais accepte, comme détachée de tout, de renoncer à l'amour. Il n'a rien exigé : c'est elle qui le décide. George Sand, fort heureusement, donne à la même époque une tout autre vision de l'émancipation et des libertés féminines.

Les deux recueils suivants, *Les Voix intérieures* et *Les Rayons et les Ombres*, abordent les questions métaphysiques avec plus de sérénité pour l'un, plus d'ampleur pour l'autre. Et parce que beaucoup, autour de lui, cherchent à discréditer sa gloire, le poète a créé son double, une figure dans laquelle il se personnifie et s'incarne, Olympio. Gustave Planche lui reproche, pour l'occasion, de faire de « l'autothéisme ». En 1840, *Les Rayons et les Ombres* couronne la tétrade lyrique. Hugo revient sur l'idéal du poète précédemment évoqué dans *Les Voix intérieures* : « [...] c'est à lui qu'il appartient d'élever, lorsqu'ils le méritent, les événements politiques à la dignité d'événements historiques[27] ». Sa puissance est faite d'indépendance, il ne doit accepter ni chaîne ni engagement et refuser les dogmes : « La liberté serait dans ses idées comme dans ses actions. Il serait libre dans sa bienveillance pour ceux qui travaillent, dans son aversion pour ceux qui nuisent, dans son amour pour ceux qui servent, dans sa pitié pour ceux qui souffrent[28]. » Il définit précisément sa fonction : faire office de guide et s'adresser au peuple. Ses objectifs n'ont pas changé. La lyre reste civilisatrice.

Peuples ! écoutez le poète !
Écoutez le rêveur sacré !
Dans votre nuit, sans lui complète,
Lui seul a le front éclairé !
Des temps futurs perçant les ombres,
Lui seul distingue en leurs flancs sombres
Le germe qui n'est pas éclos.
Homme, il est doux comme une femme.
Dieu parle à voix basse à son âme
Comme aux forêts et comme aux flots[29] !

En 1840, Victor Hugo a trente-huit ans. Il a été promu officier de la Légion d'honneur depuis trois ans (le 3 juillet 1837) et a perdu son camarade d'enfance et d'adolescence, son frère Eugène, décédé le 20 février 1837 à l'asile de Charenton — « [...] ils avaient eu les mêmes jeux, les mêmes maîtres, les mêmes aspirations vers la poésie, le même instinct des besoins nouveaux ; ils ne s'étaient pas quittés un seul jour jusqu'à la mort de leur mère : la destinée les sépara tout à coup, et jeta l'un dans le bruit et dans la lumière, l'autre dans l'isolement et dans la nuit[30]. » Les amis de jeunesse se sont éloignés ou ont tourné à l'hostilité et il s'est affranchi du loyalisme conjugal : il a une épouse honoraire, Adèle, et une maîtresse en titre, Juliette. Physiquement, il s'est empâté. Ayant accédé à la gloire littéraire, membre actif de la Société des auteurs et compositeurs dramatiques et de la Société des gens de lettres (il remplace Balzac à la présidence en janvier 1840), il a ébranlé la citadelle classique, dépouillé les conventions et révolutionné la notion du beau, en théâtre comme en poésie. Il est au premier rang de la défense des droits d'auteur et ne manque pas de rappeler les directeurs des théâtres à l'ordre — il a ainsi gagné un procès retentissant contre la Comédie-Française, l'ayant accusée d'exercer une censure officieuse sur ses pièces en ne les reprenant pas. Au début de l'année 1838, il a été nommé, par le ministre de l'Instruction publique, Narcisse Achille de Salvandy, au Comité historique des monuments et des arts. Sa mue idéologique a été radicale. S'il a acquiescé au renvoi des Bourbons, il n'est pas encore républicain, mais sa volonté de s'impliquer plus encore dans la vie politique est patente. Il lutte activement contre la peine de mort : en 1839, il a réussi à faire gracier Armand Barbès, l'un des chefs — avec Auguste Blanqui et Martin Bernard — de l'insurrection organisée par la Société des saisons. Le temps du combat pour les libertés publiques est venu : il a déjà prouvé à l'opinion qu'il était capable de tonner contre le pouvoir. Pour s'attaquer avec force à la question sociale et prendre fait et cause pour les classes laborieuses, il lui faut conquérir une nouvelle tribune. L'orateur doit compléter l'écrivain.

Splendeurs et misères
(1840-1851)

L'HOMME EN HABIT VERT

Les tribunes convoitées sont au nombre de deux : la Chambre des députés et la Chambre des pairs. Le suffrage censitaire étroit empêche Victor Hugo d'accéder à la première. L'abaissement du cens, fixé à deux cents francs, continue d'exclure les classes populaires et la petite bourgeoisie de la participation aux élections législatives. S'ajoute à cela le manque de fortune nécessaire à briguer un mandat de député. L'élite intellectuelle, à l'évidence, n'appartient pas à l'élite sociale. Reste donc la pairie, dont l'hérédité a été supprimée par la loi du 29 décembre 1831. Pour pouvoir être nommé, encore faut-il appartenir à l'une des antichambres dans lesquelles le roi peut choisir. L'Académie française est la seule où il lui est possible de postuler. De la place Royale au quai Conti, il n'y a qu'un fleuve à traverser, mais il lui faudra frapper cinq fois à la porte du palais Mazarin avant d'endosser l'habit vert. Après trois tentatives malheureuses — lui seront successivement préférés le poète et auteur de vaudevilles Emmanuel Mercier Dupaty, le journaliste et historien François Auguste Mignet et le physiologiste Marie Jean Pierre Flourens — et une élection nulle, il est enfin élu le 7 janvier 1841, au premier tour de scrutin, par dix-sept voix contre quinze à Arsène Ancelot — dont l'épouse, Virginie, tient l'un des salons littéraires les plus en vue de Paris. Chateaubriand, Victor Cousin, Lamartine, Pierre Antoine Lebrun, Mathieu Molé, Nodier, Pierre Paul Royer-Collard, Salvandy, Soumet, Thiers et Abel François Villemain lui ont donné leur voix. Ses ennemis de toujours Charles Brifaut et Casimir Delavigne, les classiques Baour-Lormian, François Xavier Joseph Droz, Flourens, Jay et de Jouy, les vaudevillistes Dupaty et Scribe lui ont refusé la leur. Favorable à Hugo, François Guizot, retenu à la Chambre, est arrivé à l'Académie après la clôture du scrutin. Alexandre Guiraud, lui, était absent. Chateaubriand est formel : Hugo ne doit son élection à personne, son talent a tout fait et il s'est mis, lui-même, sa couronne sur la tête.

Successeur, au quatorzième fauteuil, du poète et auteur dramatique Népomucène Lemercier, un ardent opposant à l'école romantique, il est reçu le 3 juin par Salvandy. Une foule dense assiège la salle. Elle est rapidement pleine à craquer. Du duc et de la duchesse d'Orléans aux Hugo réunis au grand complet, Juliette comprise, en passant par les élégantes, les gens de lettres, les journalistes et le tout-venant, nul ne veut rater l'événement. Chacun, surtout, tient à s'y montrer. Le discours de réception prononcé par le nouvel immortel, pâle et grave pour l'occasion, en surprend plus d'un. À commencer par ceux, nombreux, qui s'attendaient à une savoureuse diatribe contre les tenants du parti classique. Victor Hugo a pris de l'avance : il est passé à l'étape suivante. Après avoir brossé un condensé de la légende napoléonienne, il enchaîne sur un panégyrique de son prédécesseur Lemercier — en ne choisissant que des exemples pouvant se rapporter à sa propre histoire — et louange tout autant la France du présent, sa tradition historique et son expansion libérale, que la branche cadette de la monarchie. Il rend ensuite hommage à l'Académie, rappelle le devoir de l'écrivain et termine par une apologie de Malesherbes, « qui fut tout à la fois un grand lettré, un grand magistrat, un grand ministre et un grand citoyen[1] ». Non sans omettre de préciser : « Seulement il est venu trop tôt. Il était plutôt l'homme qui ferme les révolutions que l'homme qui les ouvre[2]. » Les initiés ne s'y trompent pas : le discours a tout du politique. Dans un article publié dans le numéro du 15 juin de la *Revue des Deux Mondes*, Claude Magnin résume ce qui court sur bien des lèvres : « C'est un premier pas vers la tribune, une candidature à l'une de nos deux Chambres, peut-être à toutes les deux, mieux encore : un programme de ministère […]. » Alphonse Karr renchérit :

C'est par l'individualité que charme un poëte ; vous étiez un tout, — pourquoi devenir une partie ? […]
Ce n'était vraiment pas la peine de se faire Victor Hugo pour devenir l'un des quarante.

Mon pauvre Victor, — vous voici donc enfin l'égal de M. Flourens ! tout le monde dit maintenant que vous voulez devenir député, c'est-à-dire un des quatre cent cinquante.

De succès en succès, — si on vous laisse faire, vous arriverez à être l'un des trente-trois millions qui composent la nation française[3].

Sainte-Beuve remarque que le récipiendaire a l'air de succéder non à Lemercier, mais à Napoléon, et Balzac le juge tout simplement ridicule. *La Presse* dresse la comparaison avec la cérémonie du retour des cendres de l'Empereur, survenue trois semaines auparavant, en donnant à lire, dans son édition du 4 juin, un quatrain anonyme intitulé « Le Poète et l'Empereur » :

Plein de gloire, en dépit de cent rivaux perfides
Tous deux, en même temps, ils ont atteint le but :
Lorsque Napoléon repose aux Invalides,
Victor Hugo peut bien entrer à l'Institut.

Sous la coupole, après les applaudissements, la réponse au vitriol de Salvandy — qui ne fait l'éloge que de ses œuvres de jeunesse — a tout d'un rappel à l'ordre : « Les anciens, pour triompher, s'entouraient des images de leurs ancêtres. Napoléon, Sieyès, Malesherbes ne sont pas vos ancêtres, Monsieur. Vous en avez de non moins illustres : Jean-Baptiste Rousseau, Clément Marot, Pindare, le Psalmiste. Ici, nous ne connaissons pas de plus belle généalogie. [...] Poète, cette grande mémoire de Malesherbes n'est pas votre étoile conductrice. Ce n'est pas à sa lumière que vous avez marché dans la vie. Ce n'est pas son inspiration qui rayonne dans vos écrits. Les modèles que les lettres vous demandent d'accepter, à ce jour solennel où elles vous couronnent, c'est Corneille, Shakespeare, le Dante ; ce sont tous les maîtres de l'art, sous quelque ciel et sous quelque règle qu'ils aient vécu[4]. » En d'autres termes, Hugo n'a rien d'un penseur politique et serait bien inspiré de restreindre ses ambitions à sa seule carrière littéraire. L'entendra-t-il ? Pas de cette oreille, assurément. L'important est qu'il soit dans la place : l'enjeu valait bien quelques coups d'étrivière.

Honneurs académiques obligent, il soigne son allure de futur homme d'État, abandonne cheveux en bataille, bretelles et habits rapiécés. N'est-il pas devenu un homme à la mode ? Autour de lui, on s'empresse. Les invitations pleuvent. Ses admirateurs se ramassent à la pelle et les occasions, tant d'élargir ses relations que de nouer de nouvelles aventures, abondent. Il va toutes les saisir. Après lui avoir écrit : « Vous voilà donc un homme assis, en attendant que vous soyez un homme rassis [...][5] », Juliette, toujours plus esseulée, raille le nouveau mondain : « Toto se serre comme une grisette ; Toto se frise comme un garçon tailleur ; Toto a l'air d'une poupée modèle ; Toto est ridicule ; Toto est un académicien[6] ! » S'il court sans déplaisir dîners et réceptions, une autre tâche l'occupe, qui consiste à s'opposer aux aberrations perpétrées contre la langue française que cautionnent ses pairs. Les séances de travail de l'Académie, auxquelles il se montre particulièrement assidu, lui valent de fréquentes escarmouches avec

Victor Cousin. L'une d'elles est particulièrement édifiante :

CHARLES NODIER. — L'Académie, cédant à l'usage, a supprimé universellement la consonne double dans les verbes où cette consonne suppléait euphoniquement le *d* du radical *ad*.
MOI. — J'avoue ma profonde ignorance. Je ne me doutais pas que l'usage eût fait cette suppression et que l'Académie l'eût sanctionnée. Ainsi on ne devrait plus écrire *atteindre*, *approuver*, *appeler*, *appréhender*, etc., mais *ateindre*, *aprouver*, *apeler*, *apréhender*. Si l'Académie et l'usage décrètent une pareille orthographe, je déclare que je n'obéirai ni à l'usage ni à l'Académie.
M. VICTOR COUSIN. — Je ferai observer à M. Hugo que les altérations dont il se plaint viennent du mouvement de la langue, qui n'est autre chose que la décadence.
MOI. — M. Cousin m'ayant adressé une observation personnelle, je lui ferai observer à mon tour que son opinion n'est, à mes yeux, qu'une opinion, et rien de plus. J'ajoute que, selon moi, *mouvement de la langue et décadence* sont deux. Rien de plus distinct que ces deux faits. Le mouvement ne prouve en aucune façon la décadence. La langue, depuis le jour de sa première formation, est en mouvement ; peut-on dire qu'elle est en décadence ? Le mouvement, c'est la vie ; la décadence, c'est la mort.
M. COUSIN. — La décadence de la langue française a commencé en 1789.
MOI. — À quelle heure, s'il vous plaît[7] ?

Ses obligations d'académicien ne le détournent cependant ni de l'attention portée à la défense de la propriété littéraire — il intente un procès pour plagiat à l'éditeur et au traducteur du livret italien de la *Lucrèce Borgia* de Donizetti, qu'il gagne le 4 août 1841 après avoir plaidé aux côtés de son avocat Paillard de Villeneuve — ni de son écritoire. En 1841, il travaille au *Rhin*, fleuve « que tout regard effleure et qu'aucun esprit n'approfondit » et qui laisse entrevoir « le passé et l'avenir de l'Europe ». Deux raisons l'y conduisent : la problématique des relations franco-allemandes lui permet de montrer son attachement à la sphère des affaires publiques et il espère, en outre, pouvoir resserrer davantage son intimité avec l'héritier du trône en caressant la fibre patriotique de son épouse, princesse allemande. Il écrit dans la préface : « L'Allemagne, il ne le cache pas, est une des terres qu'il aime et une des nations qu'il admire. Il a presque un sentiment filial pour cette noble et sainte patrie de tous les penseurs. S'il n'était pas français, il voudrait être allemand[8]. » *Le Rhin* paraît en janvier 1842, en deux volumes, chez Delloye. « Ce livre vous fait politique, lui écrit Lamartine. Le roi vous fera pair et nous vous ferons ministre. Mais qu'importe tout cela à celui que la nature a fait Hugo[9]. » Balzac, pour une fois, parle de chef-d'œuvre. La profession de foi européenne d'Hugo a tout lieu de plaire à la duchesse d'Orléans, mais les savants calculs de l'auteur sont déjoués le 13 juillet, quand le duc d'Orléans saute de son attelage aux chevaux emportés et se fracasse le crâne sur les pavés.

À ce sujet, quand on médite l'histoire des cent cinquante dernières années, une remarque vient à l'esprit. Louis XIV a régné, son fils n'a pas régné ; Louis XV a régné, son fils n'a pas régné ; Louis XVI a régné, son fils n'a pas régné ; Napoléon a régné, son fils n'a pas régné ; Charles X a régné, son fils n'a pas régné ; Louis-Philippe règne, son fils ne régnera pas. Fait extraordinaire ! Six fois de suite la prévoyance humaine désigne dans tout un peuple une tête qui devra régner, et c'est précisément celle-là qui ne règne pas. Six fois de suite la prévoyance humaine est en défaut. Le fait persiste avec une redoutable et mystérieuse obstination[10].

Apprécié pour ses aspirations libérales et ses sentiments patriotiques, le prince héritier jouissait d'une grande popularité. Sa mort foudroie l'opinion : ses conséquences politiques sont graves. Louis-Philippe a soixante-dix ans et son successeur en titre n'en a pas encore quatre. La gauche dynastique, qui vient de perdre ses espoirs, demande la régence pour la duchesse d'Orléans, réputée libérale. Guizot soutient le plus proche parent du roi mineur, le duc de Nemours, réputé conservateur. Chargé des condoléances officielles de l'Institut, Hugo sait trouver les mots qui toucheront Louis-Philippe — et qui le rappelleront, plus tard, à son bon souvenir.

Que pensent les Hugo, en privé, de la vie publique toujours plus absorbante de Victor ? Fidèle à elle-même, Adèle veille à entretenir les relations de la coqueluche du Tout-Paris et s'occupe des vacances familiales d'été à Saint-Prix, près de Montmorency. Juliette se morfond : sa soif d'amour n'est plus récompensée. François-Victor se remet d'une grave maladie pulmonaire et Charles se désole d'être le fils obscur d'un père en pleine lumière. Léopoldine, devenue une gracieuse jeune fille, fréquente les Vacquerie à Villequier. Elle a d'autres préoccupations : elle est amoureuse. Les deux frères, Auguste et Charles, rivalisent d'attentions, mais Auguste, davantage confit en dévotion devant Hugo père, laisse le champ libre à son aîné. Au point qu'il presse leurs parents de faire une situation à son frère lorsqu'il apprend que Léopoldine a été demandée en mariage par un tiers. Au mois de juillet, il remet à Victor la demande en mariage rédigée par Vacquerie père au nom de Charles. Adèle, en coulisses, œuvre pour le bonheur de sa fille, tandis que Victor découvre une réalité à laquelle il est resté totalement étranger. Auguste est un familier de la place Royale et les deux familles se fréquentent, mais... Léopoldine et Charles ? Tout à ses devoirs mondains, le forçat des lettres n'en a rien soupçonné. S'il donne son consentement officiel, aucune date n'est fixée. Charles, après tout, n'a pas encore de situation. Victor retarde les échéances. Possessif, il n'est pas pressé de marier sa fille préférée. Est-ce un pressentiment ? Il est surtout occupé par une pièce nouvelle dont il a trouvé l'inspiration sur les bords du Rhin, *Les Burgraves*, à laquelle il s'est attelé à la demande de François Buloz, commissaire du roi près la Comédie-Française depuis 1838. Le mariage peut bien attendre la fin de la rédaction.

ADIEUX À LA SCÈNE

Présenté le 23 novembre 1842 aux sociétaires du Théâtre-Français, le drame épique en vers *Les Burgraves* est reçu par treize voix contre une. Puisant aux sources de l'épopée, paré des accessoires du mélodrame, parsemé de nombreux éléments autobiographiques, il abonde en bizarreries et s'apprête à défier la tyrannie des habitudes. L'ancrage du sujet dans l'Allemagne médiévale, sa gravité — la lutte de quatre générations successives d'une même famille de burgraves, autrement dit les barons tout-puissants du Rhin, et de l'empereur Frédéric 1er de Hohenstaufen, dit Frédéric Barberousse —, la puissance poétique du texte, son lyrisme épars et ses apostrophes contre la déchéance politique et morale promettent une création d'autant plus disputée que le drame romantique, passé de mode, est entré dans sa phase de déclin. Sous l'impulsion de Mademoiselle Rachel, adulée par le public, la tragédie classique a de nouveau le vent en poupe. L'inquiétude quant à la réception de la pièce est donc sérieusement de mise. Le 7 mars, la première, à défaut d'être ouvertement hostile, est glaciale, comme le constate Adèle : « La première représentation réussit froidement. L'opposition se manifesta dès la seconde. Les ricanements et les sifflets, sans atteindre jamais les disputes d'*Hernani*, troublèrent la pièce tous les soirs. Il y eut des disputes et des collisions[11]. » Le désastre s'aggrave au fur et à mesure des représentations, au point que Juliette, à son tour, laisse éclater sa fureur : « La représentation d'hier m'a rendue malade de colère. Rien ne fait plus de mal que de garder son indignation en dedans de soi quand on serait si heureux de la répandre sur ceux qui la causent en horions abondants et en coups de pied dans le ventre. Je crois, pourtant, que si j'étais sûre du courage des acteurs et de leur probité, je serais moins tourmentée et moins malheureuse de ces ignobles cabales, mais on sent qu'il n'y a chez la plupart d'entre eux que couardise et lâcheté. [...] Du reste, les amis, s'il y en avait dans la salle, ont été des plus froids et des plus insignifiants[12]. » L'échec est d'autant plus mémorable que la première et plate tragédie de François Ponsard, *Lucrèce*, taxée d'esprit nouveau, triomphe à l'Odéon. Les parodies rencontrent, elles aussi, un franc succès : les *Barbus-Graves*, les *Hures-Graves* et les *Buses-Graves* font de meilleures recettes que l'original. Alfred de Vigny a beau lui écrire : « Laissez passer la cabale, mon cher Victor. Les Burgraves ne peuvent tomber, c'est une œuvre immortelle[13] », le dramaturge est excédé devant tant d'incompréhension et de haines ranimées. La trente-troisième et dernière représentation des *Burgraves* clôt sa vie théâtrale. Le Napoléon des lettres a eu son Waterloo : il ne reviendra plus à la scène — et laissera définitivement de côté *Les Jumeaux*, pièce naguère abandonnée au profit de l'une de ses pérégrinations estivales. Il n'en a, de toute façon, plus besoin, ni pour vivre ni pour s'exprimer. Côté écriture, il va se consacrer au roman, à la poésie lyrique et à la poésie philosophique. Il justifiera en décembre 1846 son retrait de la création théâtrale :

Un des motifs qui font que je ne donne plus de pièces de théâtre est celui-ci : dans ces moments-là, je voyais les nudités de la bêtise publique, et cela m'était désagréable[14].

À bout d'arguments, Victor a fini par céder devant l'insistance conjuguée des Vacquerie et de sa propre famille. Le beau-frère de Charles, du reste, s'est porté garant de son avenir. Reculer encore une fois ne servirait donc à rien. Les bans sont publiés le 22 janvier 1843. Le 14 février, les jeunes gens se marient civilement. Le lendemain, ils s'unissent à l'église Saint-Paul-Saint-Louis. La mariée a choisi pour témoins ceux qui l'entouraient à sa première communion : son oncle Abel et Louis Boulanger. La cérémonie se clôt par un dîner de famille place Royale, au cours duquel le père de la mariée fait ostensiblement grise mine. Il note dans son carnet : « Ce bonheur désolant de marier sa fille[15]. » Il avouera dans *Les Misérables* la profondeur de l'abîme devant lequel il se trouve :

Aussi, quand il vit que c'était décidément fini, qu'elle lui échappait, qu'elle glissait de ses mains, qu'elle se dérobait, que c'était du nuage, que c'était de l'eau, quand il eut devant les yeux cette évidence écrasante : un autre est le but de son cœur, un autre est le souhait de sa vie ; il y a le bien-aimé, je ne suis que le père ; je n'existe plus ; quand il ne put plus douter, quand il se dit : « Elle s'en va hors de moi ! » la douleur qu'il éprouva dépassa le possible. Avoir fait tout ce qu'il avait fait pour en venir là ! et, quoi donc ! n'être rien ! Alors, comme nous venons de le dire, il eut de la tête aux pieds un frémissement de révolte. Il sentit jusque dans la racine de ses cheveux l'immense réveil de l'égoïsme, et le moi hurla dans l'abîme de cet homme[16].

On comprend aisément pourquoi Léopoldine et Charles prennent précipitamment la route du Havre, le 19 février au matin, sans en avertir personne. Seuls et libres, enfin ! À la découverte de cette presque fuite, privée d'adieux, Adèle s'enferme et pleure. Victor reste maussade. Il l'était tout autant deux jours auparavant, alors qu'il célébrait avec Juliette le dixième anniversaire de leur étreinte initiale. Il est loyal, mais il n'aime plus. Néanmoins, si le sentiment de céder à une sorte de routine, comme s'il répétait une ancienne promenade, l'a emporté sur les élans des premiers temps, il continue de rester fidèle à leur rituel. Cette fois, Juliette l'a passé à adoucir son chagrin de père abandonné. La passion, chez elle, n'est toujours pas fanée.

L'été venu, Victor n'accorde une visite que d'une seule journée à sa famille, le 9 juillet. Le lendemain, il embarque à l'aube pour Honfleur et regagne Paris. Il est déjà convenu qu'il partira avec Juliette. Il s'est installé les deux étés précédents à Saint-Prix et il n'a pas le cœur de la priver, pour la troisième fois consécutive, de son petit bonheur annuel. Il faut son voyage à la recluse. Pris entre les litanies de sa maîtresse et les supplications de sa fille, il a cédé à la première. Léopoldine ne le fera pas fléchir. Tout juste lui promet-il de revenir auprès d'elle après ses quelques semaines d'escapade. Des journées qui séparent son départ du Havre de celui de la capitale, il ne soufflera mot. A-t-il affaire avec Léonie d'Aunet, l'épouse du peintre d'histoire François Thérèse Auguste Biard ? Les circonstances précises de leur rencontre et la date du début de leur liaison ne sont pas établies — quoique le premier poème dédié à la jeune femme date du 29 décembre 1843. Victor a-t-il voulu profiter de l'appartement de la place Royale, abandonné à son seul usage ? Ses désirs sans cesse aiguisés réclament d'autres conquêtes, mais sa liaison avec Léonie dépasse l'aventure d'un soir. Peut-être ne souhaite-t-il donc pas briser l'enchantement de la nouveauté par une trop longue rupture.

Le 18 juillet, Victor et Juliette mettent le cap sur le Sud-Ouest et l'Espagne. À Étampes, Orléans, Blois, Tours, Poitiers et Angoulême succèdent les paysages de la Biscaye et des Pyrénées. Pour Victor Hugo, le plaisir du voyage est intimement lié à celui de l'étude. Tout est occasion de notes, de dessins, de réflexions. Ils rentrent par Auch, Agen, Périgueux, l'île d'Oléron qu'ils trouvent sinistre, et Rochefort. La Normandie n'est plus très loin. Juliette emmagasine pour l'année à venir les moindres détails de cette vraie solitude à deux. Victor se prépare à retrouver Léopoldine et sa vie de province. Rien n'augure qu'il ne la reverra plus. Le 4 septembre, à deux heures de l'après-midi, Léopoldine embarque dans un canot de course avec Charles et deux membres de la famille de celui-ci, son oncle paternel Pierre Vacquerie et son jeune cousin Artus. Parce qu'il fait grand beau, ils ont décidé de rentrer du Havre à Villequier par l'estuaire de la Seine. En raison de sa coque extrêmement légère, l'embarcation a été lestée avec des pierres, mais la navigation s'avère plus malaisée que prévu. Un coup de vent inattendu et la promenade vire au cauchemar. Le frêle esquif chavire. Les quatre passagers n'ont pas le temps de comprendre ce qui leur arrive qu'ils sont emportés par le courant à la hauteur du lieu-dit « Le dos d'âne ». Charles, bon nageur, s'efforce désespérément d'arracher Léopoldine à la mort. Elle est restée sous l'eau, cramponnée au canot renversé. À bout de forces, il plonge une dernière fois pour ne plus reparaître. Pierre et Artus ont déjà disparu. Les cadavres sont rapportés à Mme Vacquerie dans la nuit. Elle est anéantie : sa famille, amputée depuis peu d'années de quatre de ses membres, vient encore de se réduire brutalement. Il revient à Auguste, sous le choc de la mort des siens, la pénible tâche de réveiller Adèle pour l'informer de la mort de sa fille. Victor, évidemment, n'est pas joignable — il somnole, cette nuit-là, dans une diligence qui fait route vers Agen — et c'est en son absence qu'a lieu l'inhumation des noyés, le 6 septembre, au petit cimetière de Villequier. Léopoldine et Charles ont été réunis dans un même cercueil. Cédant aux instances d'Auguste, Adèle et les enfants ont regagné Paris sans assister aux obsèques. Après s'être précipité à leur rencontre, Louis Boulanger, à la demande d'Adèle, se rend aussitôt au Havre pour exécuter le dessin de la chambre dans laquelle le couple a vécu ses courtes épousailles. Restée seule avec sa douleur, Adèle attend courageusement le retour de Victor.

Le 9 septembre, Victor et Juliette sont à Rochefort. Pour tuer l'attente des quatre heures qui les séparent du départ de la prochaine diligence pour La Rochelle, ils entrent au café de l'Europe. On leur apporte de la bière et un journal, *Le Siècle*. Victor le déplie. Le récit du drame s'y étale en toutes lettres. Dans son journal, Juliette consigne : « Je venais de le voir souriant et heureux, et en moins d'une seconde, sans transition, je le retrouvais foudroyé, ses pauvres lèvres étaient blanches, ses beaux yeux regardaient sans voir. Sa pauvre main était serrée contre son cœur comme pour l'empêcher de sortir de sa poitrine[17]. » Elle s'empare à son tour du quotidien. « Mon pauvre bien-aimé me supplie de l'œil de retenir les larmes qui me suffoquent, puis il s'assied de l'autre côté de la table et il me dit qu'il ne faut pas attirer l'attention des gens qui nous entourent et, avec un courage surhumain, il m'aide à sortir de ce café maudit[18]. » Sa douleur est sans fond, mais il n'en laisse rien paraître. Comment ne pas chercher à sauvegarder les apparences, alors qu'il voyage sous une fausse identité avec sa maîtresse ? Cinq jours se sont écoulés depuis la mort tragique de Léopoldine. Le compte rendu journalistique, confus, reprend celui d'un quotidien local et ne permet pas de se faire une idée claire de l'identité de la plus jeune victime. François-Victor fait-il partie des noyés ? Hugo attendra avant de connaître la vérité. Une seule idée l'obsède : rentrer au plus vite. Le trajet lui semble interminable. Il atteint Paris le 12 septembre. Il n'y aura plus d'autre voyage avec Juliette pendant de longues années, tout juste de petites excursions occasionnelles. Le remords d'avoir abandonné Léopoldine est trop grand.

Longtemps endeuillée, la maison de la place Royale reçoit chaque jour condoléances et marques de sympathie. Alphonse Karr écrit : « Je ne sais rien de si grand, de si majestueux, de si imposant qu'une douleur pareille[19] », mais Sainte-Beuve ne donne aucun signe de vie. Sa rancune l'emporte sur le geste de réconciliation que facilite pourtant la situation et qu'imposent les usages. Il refuse d'entrer chez les Hugo par « cette large blessure[20] ». Selon lui, si Adèle a besoin de ses services, c'est à elle de prendre les devants. Son cas, décidément, est bien singulier.

Le désespoir plonge Hugo dans le silence. Replié dans un immense chagrin, il reste muet. Son effervescence créatrice se tarit. Dix années s'écouleront avant la publication de *Châtiments*. Il attendra trois ans avant de pouvoir écrire « À Villequier » (écrit le 24 octobre 1846, il sera daté du 4 septembre 1847 dans *Les Contemplations*) :

Hélas ! vers le passé tournant un œil d'envie,
Sans que rien ici-bas puisse m'en consoler,
Je regarde toujours ce moment de ma vie
Où je l'ai vue ouvrir son aile et s'envoler !

Je verrai cet instant jusqu'à ce que je meure,
    L'instant, pleurs superflus !
Où je criai : L'enfant que j'avais tout à l'heure,
    Quoi donc ! je ne l'ai plus !

[...]

Quand on a vu, seize ans, de cet autre soi-même
Croître la grâce aimable et la douce raison,
Lorsqu'on a reconnu que cet enfant qu'on aime
Fait le jour dans notre âme et dans notre maison,

Que c'est la seule joie ici-bas qui persiste
   De tout ce qu'on rêva,
Considérez que c'est une chose bien triste
   De le voir qui s'en va[21] !

PAIR ET IMPAIRS

Dévasté, il s'étourdit en s'acquittant de ses tâches officielles. « Hugo, depuis quelque temps, touche bien des tombeaux[22] », remarque Alfred de Vigny. Il est, en effet, présent aux funérailles de Casimir Delavigne, le 20 décembre 1843, où il prononce un discours ; à celles de Charles Nodier, le 27 janvier 1844, où il tient les cordons du poêle en compagnie de Charles Guillaume Étienne, de Droz et de Lebrun. Il ne fait défaut à aucune séance de l'Académie. Son attitude est celle d'un immortel modèle, grave et réservé. Le 16 janvier 1845, il lui échoit de recevoir l'un de ses ardents détracteurs, l'orléaniste Marc Girardin, dit Saint-Marc-Girardin, critique au *Journal des débats* et collaborateur de la *Revue des Deux Mondes*. Onze jours plus tard, il répond au discours de réception de Sainte-Beuve. L'assistance s'attend à une volée de bois vert, mais Hugo évite les écueils de la controverse privée : « Peu d'hommes ont donné plus de gages que vous aux lettres et aux graves labeurs de l'intelligence[23]. » Sainte-Beuve en sera le premier étonné et lui exprimera sa reconnaissance par lettre. Hugo n'agit pas par mansuétude. Une image soignée aide à parcourir la distance qui sépare l'Académie de la Chambre des pairs. Ce faisant, il s'efforce de dépoussiérer les rangs d'une institution qui en a grandement besoin. Ne considère-t-il pas que « le prétendu dictionnaire historique de la langue que fait en ce moment l'Académie est le chef-d'œuvre de la puérilité sénile[24] » ? S'il intrigue en pure perte en faveur de Balzac, d'Émile Deschamps et de Dumas, il contribuera à l'élection d'Alfred de Vigny. Au début du mois d'avril, Alphonse Karr dénonce avec une rare violence le *Livre d'amour* dont Sainte-Beuve a fait tirer quelques exemplaires hors commerce et dans lequel il entache publiquement la réputation d'Adèle en étalant leur liaison. Fidèle lecteur des *Guêpes*, Hugo ne peut l'ignorer. Éprouve-t-il le regret d'avoir fait relier les deux discours académiques pour Adèle, y adjoignant une dédicace de son cru ainsi que la lettre de remerciement du récipiendaire ? Il n'y aura simplement jamais de réconciliation avec le félon. Quoi qu'il en soit, Hugo a mieux à faire. Car, s'il a reporté son affection sur sa famille depuis la mort de Léopoldine, jongler avec son triple ménage lui demande presque plus d'attention que tout le reste. D'autant que Juliette et Léonie ne suffisent pas à apaiser sa fringale sexuelle, et qu'un véritable essaim de comédiennes, d'aventurières férues de lettres, de courtisanes, de grisettes et de chambrières prennent d'assaut la deuxième issue de la maison, dont l'escalier dessert directement son bureau. Le travail est un remède à la douleur, le sexe en est un autre. Il ira jusqu'à disputer à son propre fils Charles les faveurs de l'actrice Alice Ozy — qui, contre toute attente, cédera non à la jeunesse, mais au génie.

Le 13 avril 1845, une ordonnance royale élève le vicomte Victor Hugo, membre titulaire de l'Institut, à la dignité de pair de France. La presse républicaine ne ménage pas ses sarcasmes. Quinze jours plus tard, il prête serment à la Chambre : il peut enfin suspendre l'habit doré dans sa garde-robe. Il s'en est fallu de peu pour que sa nomination ne soit compromise. Début juillet, le commissaire de police du quartier Vendôme, accompagné de François Thérèse Auguste Biard, se fait ouvrir une chambre garnie du passage Saint-Roch. Hugo est pris en flagrant délit d'adultère avec Léonie. La loi ne plaisante pas. Le mari trompé, non plus. L'affaire, vite ébruitée, fait le tour de Paris. On ne parle plus que de la frivolité du nouveau pair de France. Quelle idée saugrenue, aussi, de se laisser attraper comme un vulgaire débutant ! Sa qualité de pair lui permet d'échapper à l'incarcération, mais la jeune femme est écrouée à la prison Saint-Lazare. Comment réagissent la maîtresse délaissée et l'épouse légitime devant pareil scandale ? Depuis le mois de février, Juliette s'est installée dans le petit rez-de-chaussée avec jardin de la rue Saint-Anastase que lui loue son amant. Il a défait les liens de la servitude amoureuse et elle a dû réapprendre à sortir seule dans les rues, ce qui lui déplaît : « Il m'est impossible d'être plus triste que je ne le suis quand je marche seule dans les rues[25]. » Mais si elle pressent qu'elle doit cette liberté retrouvée à l'éloignement de Victor, elle refuse d'accorder le moindre crédit aux bruits qui circulent : « Je ne comprends pas vraiment les gens qui inventent des histoires aussi peu vraisemblables que celle-là. Il faut que le goût du mensonge soit bien fort pour ne reculer devant aucune invraisemblance[26]. » Crédule Juliette ! Elle est bien la seule. Au moment où la France entière se passionne pour ce croustillant vaudeville, Adèle, fidèle à sa grandeur d'âme, fait acte de solidarité conjugale et s'efforce d'étouffer le scandale. Elle poussera l'abnégation jusqu'à visiter Léonie et la fréquenter après sa libération — et ce, malgré les effusions retrouvées des deux amants. Décédé fin mars, son dévot de père aura au moins échappé à ce dernier affront. À l'approche du procès de sa maîtresse, Victor s'efforce d'obtenir le plus de discrétion possible de la part des journaux. Léonie purgera une peine de trois mois, dont une partie au couvent des Dames Saint-Michel, de sinistre réputation. La Chambre des pairs va-t-elle, de son côté, juger l'un de ses membres et le destituer ? Louis-Philippe intervient en faveur de l'ami intime de la famille royale. Peintre officiel de la monarchie de Juillet, Biard retire aussitôt sa plainte. Hugo peut conserver sa médaille de pair, mais il est prié, pour un temps, de se faire oublier. Il s'enferme pour écrire. Le 17 novembre, il met en œuvre un nouveau roman, celui-là même pour lequel il collectionne brouillons et notes depuis plusieurs années. D'abord intitulé *Jean Tréjean*, puis *Les Misères*, l'œuvre deviendra, pour finir, *Les Misérables*.

Victor Hugo va attendre le 14 février 1846 pour faire ses débuts d'orateur à la Chambre. Il s'y prend avec tact. Ses deux premières interventions concernent deux projets de loi, l'un, relatif aux dessins et modèles de fabrique, l'autre, aux marques de fabrique. La noble assemblée est soulagée : on l'attendait sur des sujets bien plus politiques que la propriété des œuvres d'art ! Elle va vite déchanter. Plaidant la paix européenne, il réclame une intervention morale de la France en faveur de la Pologne dans le conflit qui l'oppose à l'Autriche et à la Russie. Il appelle à la défense et à la consolidation du littoral, prend le parti du prince proscrit Jérôme Bonaparte — ancien roi de Westphalie et dernier frère vivant de l'Empereur —, qui demande l'autorisation de rentrer en France avec sa famille, et appuie l'expérience réformatrice de Pie IX, successeur de Grégoire XVI. Parce qu'il a « sur les peines irréparables des idées arrêtées et complètes depuis dix-huit années[27] », il fait appel à la clémence dans les procès de l'ancien garde du domaine de la Couronne Pierre Lecomte et de l'artisan Joseph Henri, accusés d'attentat contre le roi : il vote contre la peine de mort pour le premier et contre la peine infamante des travaux forcés pour le second. Si les discours de Victor Hugo sont, pour l'essentiel, froidement accueillis, un profond silence se fait à l'appel de son nom. Il ne se rallie pas la majorité de la Chambre, mais il est écouté.

Est-il pour autant heureux ? L'ombre de Léopoldine n'est jamais loin. En 1847, Victor Hugo a quarante-cinq ans. Il s'est rapproché de Juliette à l'occasion de la mort de sa fille Claire, survenue le 21 juin 1846. Indifférent à la menace d'un nouveau scandale — qui n'aura pas lieu —, il conduit le deuil avec James Pradier. Il a connu le bonheur de voir Charles bachelier et François-Victor obtenir le quatrième accessit de discours français et le deuxième accessit de vers latins au concours général. Il a vécu plusieurs mois dans la terreur de les perdre, eux tout autant qu'Adèle, tous trois ayant manqué succomber à la typhoïde. Au mois de septembre 1846, il est retourné, pour la première fois, à Villequier. Une fois sur place, il s'est empressé de laisser sa famille pour rejoindre Juliette, alors à Caudebec, et cette dernière pour retrouver Léonie, restée à Paris. Il a tenu l'un des cordons du poêle aux funérailles de son ancien confrère de la *Muse française* Alexandre Guiraud, il s'est incliné sur le cercueil de Frédéric Soulié au nom des auteurs dramatiques et a assisté à l'enterrement de celle qui créa pour *Hernani* le rôle de Doña Sol. Il note : « Mademoiselle Mars est morte ; dans son mois[28]. » La commission ministérielle spéciale pour la réforme du Théâtre-Français, à laquelle il a été nommé, lui paraît bien futile : « La Commission instituée pour restaurer le Théâtre-Français fait des théories, se perd dans les nuages, assemble des hypothèses, combine des imaginations et ignore absolument la matière. Moi, je leur rappelle les faits et je tâche de les faire redescendre à la pratique. Je leur disais aujourd'hui : — "Messieurs, je me fais l'effet d'un avoué dans une assemblée de poètes"[29]. » Il ne manque aucune occasion de s'instruire — pendant un an, il s'essaie à un *Journal de ce que j'apprends chaque jour*, et consigne dans *Choses vues* des « Faits contemporains ». Il a visité la Conciergerie et la prison des condamnés de la Roquette, assiste aux spectacles des Tuileries, fréquente académiciens, hommes politiques et membres de la famille royale. Le flagrant délit d'adultère, vite oublié, n'a pas entaché sa gloire. Il reste, à tout point de vue, indépassable. Les événements politiques qui s'en viennent vont l'ancrer définitivement sur le devant de la scène.

UNE RÉPUBLIQUE DE PASSAGE

En 1846, les mauvaises récoltes dans la plupart des départements français ont provoqué la hausse du prix du pain, tandis que la maladie de la pomme de terre entraînait la raréfaction d'un élément essentiel de l'alimentation populaire. Le coût de la vie a augmenté et les salaires ont diminué. Dans le Paris du centre et des faubourgs, la faim rôde. L'agitation rurale et les révoltes ouvrières engendrent la peur sociale. Si Karl Marx a été expulsé par la police de Guizot en 1845, les doctrines socialistes gagnent du terrain. La haute bourgeoisie n'est pas épargnée et s'inquiète, elle aussi, des difficultés de trésorerie du pays. L'achat de blé russe a aggravé le déficit budgétaire, l'argent liquide manque et une crise du crédit se fait jour. Les milieux d'affaires rejettent la responsabilité de la crise industrielle et boursière sur le gouvernement. Privée du soutien des classes dirigeantes, la monarchie de Juillet s'affaiblit. L'esprit républicain progresse. À la fin du mois de septembre, les hostilités sont relancées au faubourg Saint-Antoine. La troupe réprime les troubles, mais l'émeute gronde. De nombreux scandales, en outre, tiennent le pays en haleine. Ils accroissent la défiance de la population envers des gouvernants peu fiables, et son exaspération face à une société dépravée. La publication, presque simultanée, de trois histoires de la Révolution française (écrites par Jules Michelet, Louis Blanc et Alphonse de Lamartine) ajoute à la fermentation des esprits en réveillant le passé. La réforme électorale est la goutte d'eau qui fait déborder le vase. Elle va être la cause immédiate de l'effondrement de la monarchie orléaniste.

À l'Assemblée nationale, quelques modérés ont élevé la voix par l'intermédiaire du député de l'opposition libérale Prosper Duvergier de Hauranne, qui a déposé un projet de loi relatif à l'abaissement du cens électoral. Les élections de 1846 ayant apporté au gouvernement une majorité considérable, Guizot traite les réformistes avec dédain. Sa réaction déplaît. Le camp de l'opposition abandonne la lutte parlementaire pour en appeler à l'opinion. Le chef de la gauche dynastique (Odilon Barrot), les conservateurs progressistes (Adolphe Thiers, Charles de Rémusat) et les radicaux (Étienne Arago, Alexandre Auguste Ledru-

Rollin) promeuvent une « campagne des banquets » dans les principales villes. Odilon Barrot règle leur discipline — seuls ceux qui peuvent s'acquitter d'une cotisation élevée y ont accès —, mais les toasts portés par les orateurs, peu à peu, se radicalisent au point que la direction du mouvement lui échappe. Arago, Ledru-Rollin, Ferdinand Flocon et Charles Delescluze réclament le suffrage universel. Les banquets deviennent prétexte à des manifestations populaires. Quand le gouvernement interdit celui qui était prévu le 22 février 1848 dans la capitale, la plupart des chefs de l'opposition se soumettent. La bourgeoisie exige la réforme, mais ne souhaite pas ébranler la monarchie. Lamartine ne fait pas chorus avec elle : il se joindra aux manifestants. L'opposition dynastique et l'opposition républicaine font officiellement scission. C'est alors que les classes laborieuses entrent en scène.

Poussé par le marquis de Boissy à interpeller la Chambre des pairs sur la gravité des événements qui s'annoncent, Victor Hugo choisit de demander son avis au comte Pierre Daru : « [...] il me faut l'appui de l'espèce de côté gauche que nous avons ici. Si Daru et ses amis me promettent leur concours, je me lève et je prends la parole sur-le-champ. [...] Mieux vaut encore ne pas se lever que se lever seul. Je suis d'avis qu'en politique il faut toujours se risquer et ne jamais se compromettre. J'aime le danger, mais je hais le ridicule[30]. » Persuadé que tout va se résoudre par une émeute insignifiante, Daru lui refuse son appui. Hugo se tait. Le 22 février, des cortèges se forment spontanément sur les

Grands Boulevards, place de la Concorde et place de la Madeleine. On crie : « Vive la réforme ! », « À bas Guizot ! ». Il y a évidemment des barricades, des charges et quelques escarmouches, mais le soir venu, le silence descend sur la ville. Sous le nom de plume de Daniel Stern, Marie de Flavigny, comtesse d'Agoult, témoigne : « Les ouvriers sont rentrés chez eux, les lumières s'éteignent. À peine quelques rares piétons passent-ils de loin en loin dans les rues désertes. On pourrait croire la sédition apaisée ; mais, néanmoins, personne ne reprend confiance. Après un pareil tumulte, un calme si morne a quelque chose d'effrayant[31]. » Au lendemain de cette nuit muette, Paris se hérisse de barricades. Que fait la Garde nationale ? Elle croise la baïonnette pour défendre les insurgés. Sa défection fait douter Louis-Philippe de l'issue de la crise et le pousse à sacrifier Guizot, qu'il remplace par Thiers. Aux Tuileries, on respire. Tout danger semble écarté. Hugo déclare quant à lui :

Le cabinet est gravement coupable. Il a oublié que, dans un temps comme le nôtre, il y a des abîmes à droite et à gauche et qu'il ne faut pas gouverner trop près du bord. Il se dit : Ce n'est qu'une émeute, et il s'en applaudit presque. Il s'en croit raffermi ; il tombait hier, le voilà debout aujourd'hui. Mais d'abord qui est-ce qui sait la fin d'une émeute ? C'est vrai, les émeutes rajeunissent les cabinets, mais les révolutions renversent les dynasties. [...] Le sang va couler[32].

Le sang coule, en effet. Dans la soirée, une foule compacte marche sur le ministère des Affaires étrangères du boulevard des Capucines. Elle n'est pas hostile et n'a d'autre dessein que de conspuer l'ancien ministre, mais les soldats ouvrent le feu sans sommation. Placés sur un chariot, les cadavres sont promenés dans les rues. La capitale s'embrase dans un même cri : « Vengeance ! » Daniel Stern note : « Que signifie ce cortège funèbre, qui semble conduit par les Euménides populaires ? [...] L'Enfer de Dante a seul de ces scènes d'une épouvante muette. Le peuple est un poëte éternel, à qui la nature et la passion inspirent spontanément des beautés pathétiques dont l'art ne reproduit qu'à grand'peine les effets grandioses[33]. » L'insurrection fait des progrès d'heure en heure. Au petit matin, l'émeute s'est transformée en révolution. « Il a été fait à Paris dans la nuit du 24 février 1574 barricades[34] », écrit Victor Hugo. Il ne l'apprendra, en fait, que le lendemain : en cette nuit d'émeute où le tocsin sonne, il soupe chez Alice Ozy.

Les combats sont acharnés, au point que Louis-Philippe confie au maréchal Robert Bugeaud le commandement général de Paris. Mal lui en prend. Son nom est associé, non à la sanglante conquête militaire de l'Algérie — qui se déroule dans une relative indifférence —, mais au massacre de la rue Transnonain perpétré au printemps 1834. Dans les rues, la poudre répond à la poudre. Au plus fort de la mêlée, Louis-Philippe renvoie Bugeaud, remplace Thiers par Barrot et abdique en faveur de son petit-fils, le comte de Paris. Aussitôt fait, il s'empresse, comme Charles X, de gagner l'Angleterre. Pendant que la duchesse d'Orléans tente de se faire accorder la régence au Palais-

Bourbon, Victor Hugo, place de la Bastille, plaide la cause de la régence auprès du peuple. À l'Assemblée, les républicains envahissent la salle des séances et exigent la République. Chez les députés, l'affolement règne. La duchesse s'enfuit. Hugo, lui, est hué. En cette révolution de 1848, le poète politique adulé par la classe ouvrière, c'est Lamartine. Ce même Lamartine, justement, qui se trouve à l'Hôtel de Ville pour former un gouvernement provisoire avec Ledru-Rollin, Arago et Louis Blanc. Dès le départ, il s'est déclaré en faveur de la République. Il nomme Hugo maire de son arrondissement (alors le huitième). Hugo décline le poste, mais accepte d'en assurer l'intérim pendant une huitaine. Le 25 février, la IIe République est proclamée.

La pairie et les titres de noblesse n'ayant pas survécu à l'insurrection, voilà Victor Hugo redevenu simple citoyen. Les bouleversements politiques l'absorbent. Le gouvernement provisoire rejette le drapeau rouge au profit du tricolore, supprime la peine de mort politique, abroge les mesures de répression prises par Guizot, abolit l'esclavage dans les colonies françaises. Hugo rend hommage à Lamartine, « homme lumineux d'une révolution sombre », mais il s'inquiète :

> L'État chancelle, le pays est ébranlé, la vieille grandeur séculaire de la France s'écroule ; les lois, les mœurs, les idées, les intérêts, les esprits, les volontés, les autorités, les consciences tout vacille et penche à la fois. Vous affirmez que vous sauverez tout ? Affirmer n'est pas affermir.
>
> Vous êtes inquiets, troublés, effrayés. Vous allez à tâtons. Vous sentez que vous êtes dans la nuit. Vous ne voyez rien

devant vous et vous ne savez même pas, hélas, de quelle nature est cette nuit. Vous vous demandez, avec un doute plein de terreur, si c'est vous qui êtes sans yeux ou si c'est le monde qui est sans soleil. Question terrible. Chacun se la pose. Personne ne répond[35].

Pour les élections à la Constituante, le gouvernement provisoire n'a pas poussé la logique de la démocratie jusqu'à faire voter les femmes, mais tout mâle âgé d'au moins vingt et un ans est appelé aux urnes. Les modérés l'emportent : le socialisme inquiète. Les libéraux de l'opposition dynastique ont retrouvé leur mandat. Si les quelque soixante mille voix réunies par Victor Hugo ne lui permettent pas d'être élu, elles lui assurent l'appui des conservateurs aux élections partielles du mois de juin. Totalisant cette fois plus de quatre-vingt mille voix, il sera le septième des onze députés élus à Paris. Le 10 juin, le nouveau représentant du peuple siège pour la première fois à l'Assemblée. Il va s'asseoir sur les bancs élevés de la droite. Il n'a pas encore imposé sa puissante originalité, mais sa décision est prise :

Défendre la société, défendre le peuple, régler le mouvement des idées, modérer le mouvement des esprits, dégager le progrès vrai des hideuses étreintes du faux progrès, protéger la liberté, contenir la réaction, sauver la France, ce qui est la même chose que sauver la civilisation, voilà pour moi désormais le but, le devoir, la loi, la préoccupation unique. Voilà ce qui remplira ma vie, tristement mais utilement et noblement, je l'espère. Je dis adieu aux pures joies de l'art, de la famille, de la poésie, de la nature. [...]
Je ne suis rien, mais l'adhésion des générations nouvelles fait peut-être de moi quelque chose. À terre, je ne suis qu'une

barre de fer ; prenez-moi dans vos mains, et je serai un levier[36].

Voilà Juliette prévenue, qui espérait sa défaite électorale. Copiste sans travail — Victor a remisé son *Jean Tréjean* aux calendes —, l'amoureuse délaissée n'a plus que ses mots pour se plaindre :

> Avec tout cela, baisez-moi, vous, et tâchez d'assister régulièrement aux séances de *ma chambre*. Vous êtes mon représentant à mon unanimité et je vous prie de fonctionner régulièrement et de faire honneur à la confiance dont je vous ai investi.
> Ne laissez pas passer l'heure du pardon si vous ne voulez pas entendre sonner l'heure de la justice.
> Vous voyez que je suis à la hauteur de la situation et que les républicains de la veille n'ont rien à m'apprendre. J'en remontrerais même à ceux du lendemain, si je voulais, mais je ne veux pas. Je veux que vous me baisiez à mort voilà tout. Ça n'est pas bien malin, il me semble. Essayez et vous verrez[37].

Partisan de la paix sociale, Victor s'investit dans son mandat. Quand les barricades refleurissent les 23, 24 et 25 juin dans les rues de Paris — les ouvriers protestent contre la violation des engagements démocratiques et sociaux —, deux conceptions de la République s'affrontent. Hugo joue le rôle d'agent conciliateur du gouvernement pour rétablir l'ordre. Si Paris a le pavé indiscipliné, ce qu'il n'apprécie pas, il condamne l'effusion de sang du général Eugène Cavaignac que suivent rafles, exécutions sommaires et déportations en Algérie. Séparé des siens pendant l'insurrection, il apprend que son appartement a été envahi par les insurgés. Sa famille est en sûreté, mais Adèle ne veut plus entendre parler de la place Royale — qui, du reste, a été débaptisée au profit de son ancien nom de place des Vosges. Les Hugo logent donc provisoirement 5 rue d'Isly avant d'emménager rue de La Tour d'Auvergne, au numéro 37, dans un appartement trouvé par Léonie non loin de son domicile de la rue Laferrière. Juliette se rapproche en s'installant cité Rodier.

Si les journées de Juin ont presque éclipsé la mort de Chateaubriand (survenue le 8 juillet), elles n'ont pas entravé la préparation du premier numéro du journal *L'Événement*, qui sort le 1ᵉʳ août. Victor Hugo se défend d'y écrire, mais les principaux rédacteurs en sont ses deux fils et ses amis Paul Meurice et Auguste Vacquerie. Léonie d'Aunet, sous le pseudonyme de Thérèse de Blaru, tient la chronique de la mode et des salons. Adèle signe quelques articles sous les noms de Cécile L. et de Marie Foucher, et l'on croise, entre autres, les signatures de Théophile Gautier, Dumas père et Dumas fils, Gérard de Nerval, Alphonse Karr ou Champfleury. Une entreprise familiale, somme toute. Au point que nul n'accorde crédit à la non-ingérence d'Hugo, en dépit de ses déclarations : sa griffe semble apposée partout.

Ses opinions politiques, malgré tout, restent complexes. Dévoué au peuple, il n'est pas encore républicain. Il conserve de nombreux préjugés contre la révolution, mais exècre l'état de siège et Cavaignac. Ses réactions en surprennent plus d'un et les élus, de droite comme de gauche, se méfient. Est-il sans étiquette, bonapartiste, orléaniste, républicain « du lendemain » ?

La pensée hugolienne, toujours en mouvement, n'est pas facile à cerner. Trop d'indépendance rend suspect. En novembre 1848, *L'Événement* emboîte le pas à *La Presse* d'Émile de Girardin et soutient la candidature de Louis Napoléon Bonaparte, neveu de l'Empereur. Le 10 décembre, il est élu président de la République, au suffrage universel et à une très large majorité. La droite jubile. Dans les premiers temps de son élection, le prince-président approche Hugo. Il s'en écarte assez vite : les deux hommes n'ont pas les mêmes ambitions. Hugo, d'ailleurs, va progressivement se déporter vers la gauche. Il a mûri lentement, mais sûrement. Quand l'Assemblée législative, qui remplace la Constituante, ouvre ses portes le 28 mai 1849, sa mue est achevée. Il a été élu à Paris sur les listes du parti de l'ordre — au dixième rang — et donc de la majorité, mais son discours enflammé contre la misère, qui apostrophe les députés, scandalise son camp : « Messieurs, songez-y, c'est l'anarchie qui ouvre les abîmes, mais c'est la misère qui les creuse. (*C'est vrai ! c'est vrai !*) Vous avez fait des lois contre l'anarchie, faites maintenant des lois contre la misère[38] ! »

Trois mois plus tard, il leur demande d'empêcher le gouvernement clérical romain, rétabli par un corps expéditionnaire français contre les patriotes de Giuseppe Mazzini, d'étrangler la liberté et les droits de l'homme :

[...] La confiscation loi de l'état, le droit d'asile en vigueur, les juifs parqués et enfermés tous les soirs comme au quinzième siècle, une confusion inouïe, le clergé mêlé à tout ! Les curés font des rapports de police. Les comptables des deniers publics, c'est leur règle, ne doivent pas de compte au trésor, *mais à Dieu seul*. (*Longs éclats de rire.*) Je continue. (*Parlez ! parlez !*)

Deux censures pèsent sur la pensée, la censure politique et la censure cléricale ; l'une garrotte l'opinion, l'autre bâillonne la conscience. (*Profonde sensation.*) On vient de rétablir l'inquisition. Je sais bien qu'on me dira que l'inquisition n'est plus qu'un nom ; mais c'est un nom horrible et je m'en défie, car à l'ombre d'un mauvais nom il ne peut y avoir que de mauvaises choses ! (*Explosion d'applaudissements.*) [...]

Il faut que la papauté arbore ce double drapeau cher à l'Italie : *Sécularisation* et *nationalité* !

Il faut que la papauté, je ne dis pas prépare dès à présent, mais du moins ne se comporte pas de façon à repousser à jamais les hautes destinées qui l'attendent le jour, le jour inévitable de l'affranchissement et de l'unité de l'Italie. (*Explosion de bravos.*) Il faut enfin qu'elle se garde de son pire ennemi ; or, son pire ennemi, ce n'est pas l'esprit révolutionnaire, c'est l'esprit clérical. L'esprit révolutionnaire ne peut que la rudoyer, l'esprit clérical peut la tuer. (*Rumeurs à droite. — Bravos à gauche*[39].)

La droite le conspue. La gauche l'applaudit. Il a choisi son destin.

Dès lors, *L'Événement* fait volte-face et attaque le pouvoir. Passé à l'opposition, Hugo vote avec elle : contre la loi Falloux sur la liberté de l'enseignement, contre la loi de déportation, contre la loi de mutilation du suffrage électoral. Comme ses qualités oratoires ne sont pas ordinaires — ce sont celles d'un poète coutumier des images fortes, des citations et des métaphores, d'un fin lettré aux reparties surprenantes —, la droite prend sa singularité pour cible. Pour celui qui a affronté les cabaleurs du Théâtre-Français, les laquais du « parti prêtre » font piètre figure. Il ne se démonte pas. Le 17 juillet 1851, à l'occasion du débat sur la révision de la Constitution — destinée à permettre la réélection du prince-président —, il s'oppose à l'empire en formation :

> Quoi ! parce que, après dix ans d'une gloire immense, d'une gloire presque fabuleuse à force de grandeur, il a, à son tour, laissé tomber d'épuisement ce spectre et ce glaive qui avaient accompli tant de choses colossales, vous venez, vous, vous voulez, vous, les ramasser après lui, comme il les a ramassés, lui, Napoléon, après Charlemagne, et prendre dans vos petites mains ce sceptre des titans, cette épée des géants ! Pour quoi faire ? (*Longs applaudissements.*) Quoi ! après Auguste, Augustule ! Quoi ! parce que nous avons eu Napoléon le Grand, il faut que nous ayons Napoléon le Petit ! (*La gauche applaudit, la droite crie. La séance est interrompue pendant plusieurs minutes. Tumulte inexprimable*[40].)

Sa réputation passe les frontières. En août 1849, profitant du congrès des Amis de la paix dont il a assuré la présidence, il a noué des relations politiques extra-hexagonales. Elles vont s'intensifier. L'entrée en vigueur du timbre-poste (depuis le 1er janvier) tombe à point nommé.

Les événements se précipitent. Au mois de juillet 1851, Charles a été condamné à six mois de prison ferme. À la mi-septembre, François-Victor et Paul Meurice écopent de neuf mois : ils le rejoindront le 18 novembre. *L'Événement* est suspendu. Son dernier numéro paraît le 18 septembre. Auguste Vacquerie le remplace, dès le lendemain, par *L'Avènement du peuple* — qui est saisi le 1er décembre. À son tour, il est condamné à six mois de prison. Victor visite fils et amis tous les jours. La Conciergerie ressemble rapidement au dernier salon à la mode des républicains parisiens, mais autour de lui, l'étau se resserre. Des conflits personnels s'en mêlent. En juin, Léonie d'Aunet a appris à Juliette, par voie épistolaire, qu'elle est la maîtresse de Victor depuis sept ans, et que leur liaison est à ce point respectable qu'elle est reçue chez lui, en famille. Elle lui a adressé, en guise de preuve, les lettres enflammées de son amant — qui ressemblent, à s'y méprendre, à celles qu'il envoie à Juliette. Juliette est frappée de stupeur. En un clin d'œil, sa vie entière se lézarde. Elle parle de rompre. Victor ne nie rien. Il plaide sa cause en toute sincérité et se voit contraint, pour regagner la confiance de sa copiste — il a repris, après trois ans et sept mois d'interruption, la rédaction des *Misères* —, de l'emmener en excursion à Melun et à Fontainebleau. Son répit est de courte durée : elle exige une mise à l'épreuve du trio de quatre mois, au terme de laquelle Victor devra se prononcer pour l'une ou l'autre de ses maîtresses. Il accepte. Le destin de la nation lui imposera sa décision.

Victor Hugo pressent l'imminence d'un coup d'État, mais la date fatidique du 2 décembre le prend au dépourvu : il ne s'y attendait pas de sitôt. Par chance, il ne fait pas partie des opposants surpris au saut du lit par la police. Les représentants républicains restés en liberté se réunissent clandestinement et élisent un comité de Résistance qui appelle à la levée du peuple et à la résistance armée. Il rassemble Victor Hugo, Victor

Schoelcher, Lazare Hippolyte Carnot, Michel de Bourges, Noël François Alfred Madier de Montjau, Jules Favre et Paul de Flotte. Ils haranguent les passants, provoquent des rassemblements. Bientôt, circule la nouvelle de la mort du député Jean Baptiste Alphonse Victor Baudin, tué par le feu des soldats. Les barricades se dressent en nombre dans le centre et les faubourgs ouvriers. La répression est immédiate. La troupe, déterminée, fusille sur place et mitraille à tout va. Le pavé se couvre de sang et de cadavres. Rue Tiquetonne, la dépouille encore chaude d'un enfant bouleverse Hugo. Boulevard Bonne Nouvelle, on dénombre plus de quatre cents tués. Cette boucherie aura raison de l'insurrection.

Les opposants sont traqués. Victor évite soigneusement son domicile, qu'il sait en butte à de fréquentes perquisitions policières. Juliette, intrépide, l'aide à trouver des asiles plus sûrs. Il est poursuivi, recherché. Le ministre de l'Intérieur Morny aurait dit au préfet de police Maupas : « Si vous prenez Victor Hugo, faites-en ce que vous voudrez. » Des menaces d'assassinat circulent. Sa tête serait mise à prix : Alexandre Dumas père et le comédien Bocage font en sorte de lui faire parvenir la nouvelle. Il doit partir.

Le 11 décembre, à huit heures du soir, Victor Hugo monte dans un train à destination de Bruxelles. Il a sur lui le passeport fourni par un certain Jacques Firmin Lanvin, compositeur d'imprimerie à livres, dont il a revêtu la tenue. Paletot usé et casquette d'ouvrier vissée sur le crâne, sandwich en poche, il passe la frontière sans encombre. Juliette le rejoint quelques jours plus tard, apportant avec elle la précieuse malle aux manuscrits. Rue de La Tour d'Auvergne, Adèle a pour mission de veiller sur ce qui est resté à sa garde. Et de consigner Léonie à Paris, contre vents et marée.

Il est temps pour le représentant du peuple de s'effacer devant le proscrit.

DEUXIÈME PARTIE
Pendant l'exil (1851-1870)

Le vengeur
(1851-1853)

DE LA GRAND-PLACE À *NAPOLÉON LE PETIT*

Victor Hugo est à peine descendu du train qu'il endosse son nouveau rôle. La proscription lui convient à merveille, qui flatte sa conscience. On le trouve grand, courageux, dévoué à ses idées. Il représente la Constitution, la République, la démocratie. Il est dans son élément et se sent, plus que jamais, investi d'une mission. Accueilli par Laure Krafft, amie de longue date de Juliette, il va loger successivement à l'hôtel de la Porte-Verte, 31 rue de la Violette, et sur la Grand-Place, au numéro 16, puis au 27. Tous les jours, il travaille, reçoit et dîne à table d'hôte. Ses commensaux sont des opposants en exil, au nombre desquels figurent Victor Schoelcher, Émile de Girardin, Alexandre Dumas et son collaborateur Noël Parfait, l'éditeur Pierre Jules Hetzel. Charles, aussi, qui le rejoint aussitôt libéré et qui contraste par son existence indolente et dissolue. Victor se pare de l'humilité et de la pauvreté qui siéent à la stature d'un banni : « Je mène une vie de religieux. J'ai un lit grand comme la main. Deux chaises de paille. Une chambre sans feu. Ma dépense en bloc est de trois francs cinq sous par jour, tout compris[1]. » Il ne fait qu'un repas par jour. Non qu'il ait brusquement perdu ses deniers : le gouvernement ne s'est pas abaissé à les saisir. Adèle, d'ailleurs, a pu toucher les droits de son époux à la Société des auteurs et percevoir son traitement d'académicien. Il laisse croire qu'il est ruiné alors qu'elle vient de lui faire passer trois cent mille francs en rentes françaises qu'il s'est hâté de transformer en actions de la Banque royale de Belgique. Cultiverait-il la nostalgie de sa jeunesse bohème ? Il reste tout simplement prudent. L'avenir étant une inconnue, il évite soigneusement d'entamer son capital. Au point qu'il oblige famille et maîtresse à réduire leurs dépenses. Il écrit à Adèle :

> Nous sommes pauvres et il faut passer dignement un défilé qui peut finir vite, mais qui peut être long. J'use mes vieux souliers, j'use mes vieux habits, c'est tout simple. Toi, tu supportes les privations, les souffrances même, souvent l'extrême gêne ; c'est moins simple puisque tu es femme et mère, mais tu le fais avec bonheur et grandeur[2].

Avec Victor Hugo, il y a toujours deux poids, deux mesures. Ce savant discours ne l'empêche pas de se montrer extrêmement généreux envers Léonie. Après tout, nul n'est à l'abri des contradictions. Il a fait son choix et sait leur amour sans lendemain, pense-t-il la dédommager de la sorte ? C'est oublier le caractère passionné de la jeune femme. Adèle va devoir user, à maintes reprises, de toute sa finesse de négociatrice pour venir à bout de son dessein de le rejoindre. Si Victor Hugo est à l'aise dans sa posture d'exilé, Adèle l'est tout autant dans son statut d'amie loyale et de confidente. Elle répond de tout, informe, met en sûreté et rassure son époux : « Travaille en paix et sois calme[3]. » Autour d'elle, on se presse, on propose, on s'enquiert. Il lui échoit un rôle de première importance : elle met d'autant plus d'ardeur à l'incarner. À Bruxelles, de son côté, Juliette s'attend à voir levés tous les obstacles. Elle va enfin vivre sa liaison au grand jour. N'a-t-elle pas prouvé qu'elle était prête à risquer sa vie pour sauver celle de son amant ? Elle descend du train bercée d'illusions. Tout de suite, Victor pose les limites de leur liaison : les convenances. Il lui assigne sa place : dans l'ombre. L'exil n'ôte pas le souci de l'étiquette. Juliette ne connaîtra pas la douceur d'un toit partagé, même si Victor écrit à Adèle, indignée du voisinage de sa maîtresse : « [...] sans elle, j'étais pris et perdu au plus fort des journées. C'est un dévouement absolu, complet, de vingt ans, qui ne s'est jamais démenti[4]. » Adèle n'y reviendra plus. Et si Juliette récrimine à bon droit, la force de l'habitude l'emporte et elle reprend, docilement, son activité de copiste. Le proscrit, en effet, ne chôme pas, qui doit soulager sa colère. Mêlant à son expérience les témoignages d'autres exilés, il a entrepris de rédiger son récit du Deux-Décembre (qui deviendra *Histoire d'un crime* et sera publié ultérieurement, en 1877), mais la matière lui manque pour l'achever. Il se lance dans l'écriture d'un court et virulent pamphlet, *Napoléon le Petit*, où éclate l'ampleur de sa haine et de son mépris :

> Oh ! inspirez-moi, cherchez-moi, donnez-moi, inventez-moi un moyen, quel qu'il soit, au poignard près, dont je ne veux pas, — un Brutus à cet homme ! fi donc ! il ne mérite même pas Louvel ! — trouvez-moi un moyen quelconque de jeter bas cet homme et de délivrer ma patrie ! de jeter bas cet homme ! cet homme de ruse, cet homme de mensonge, cet homme de succès, cet homme de malheur ! Un moyen, le premier venu, plume, épée, pavé, émeute, par le peuple, par le soldat ; oui, quel qu'il soit, pourvu qu'il soit loyal et au grand jour, je le prends, nous le prenons tous, nous, proscrits, s'il peut rétablir la liberté, délivrer la République, relever notre pays de la honte, et faire rentrer dans sa poussière, dans son oubli, dans son cloaque, ce ruffian impérial, ce prince vide-gousset, ce bohémien des rois, ce traître, ce maître, cet écuyer de Franconi ! ce gouvernement radieux, inébranlable, satisfait, couronné de son crime heureux, qui va et vient et se promène paisiblement à travers Paris frémissant, et qui a tout pour lui, tout, la Bourse, la boutique, la magistrature, toutes les influences, toutes les cautions, toutes les invocations, depuis le Nom de Dieu du soldat jusqu'au Te Deum du prêtre[5] !

Ce n'est évidemment pas là faire sa cour au pouvoir. Hugo a tout lieu de croire que les coryphées du trône napoléonien s'en prendront à sa famille et que la Belgique le priera d'aller voir ailleurs. Il voit juste. La surveillance des proscrits de la Grand-Place, d'ailleurs, s'accroît. Avant de mettre sous presse *Napoléon le Petit*, il doit s'enquérir d'un autre refuge. Londres est évidemment la destination idéale, qu'ont ralliée Louis Blanc, Ledru-Rollin, Giuseppe Mazzini et l'homme politique hongrois Lajos Kossuth. Mais le pamphlétaire y perdrait l'isolement auquel il aspire.

En outre, il ne parle pas anglais. L'île anglo-normande de Jersey, à dix-sept lieues des côtes françaises, semble plus indiquée. Bien qu'elle ait été désannexée plus de onze cents ans auparavant et qu'elle se soit défendue contre Du Guesclin qui voulait la reprendre, les Jersiais parlent français. À ceci près qu'ils emploient, comme le remarque Henri Rochefort, « un langage archaïque et solennel qui vous reporte au siècle de Louis XIV et aux poésies de Racine[6] » et qui, du reste, ne manque pas de pittoresque. De plus, l'île a la réputation, aux beaux jours, d'être une terre paradisiaque où camélias et cactus poussent en plein champ. Et sa capitale Saint-Hélier, au plan phonétique, se rapproche étrangement de Sainte-Hélène. Est-ce un complet hasard ? Sa décision est prise. Il presse sa famille de l'y attendre au plus vite. Adèle acquiesce, mais elle est réaliste : emporter le mobilier n'est pas envisageable. Elle évoque les frais d'emballage et de route, surdimensionnés, et, surtout, rappelle que leur installation n'est pas définitive. Ils doivent pouvoir lever le pied d'une heure à l'autre. Victor Hugo cède à la justesse de la démonstration. Il lui faut se résoudre à se séparer des meubles anciens, des objets familiers, des objets d'art et de curiosité, des reliques et des souvenirs du temps d'autrefois. Il n'en est plus à un sacrifice près. L'annonce de la vente aux enchères publique fait sensation et bouleverse ses proches. Jules Janin s'afflige de voir disparaître en un jour, au bruit du marteau du commissaire-priseur, les trésors chinés durant vingt années :

Quand donc le bruit se fit, dans Paris, que la maison de M. Victor Hugo, chassé de France, serait mise à l'encan, et que son lit même était offert « au plus offrant et dernier enchérisseur » il y eut, parmi nous, une douleur incroyable. Il nous semblait que nous allions, nous-mêmes, assister à notre propre dégradation [...].

À quoi bon ces richesses du poëte amoureux de la forme et de la couleur ? Cela sert, quand l'heure arrive de l'exil éternel, à grossir la liste et la vente, cela sert de texte à l'aboyeur ! Chers ornements, douces parures du toit domestique ! Voilà que l'affiche est placardée aux murailles, que le catalogue est distribué aux *amateurs*, et que ce musée est livré à qui veut le prendre. — Ah ! c'était bien la peine, ami, d'être à ce point curieux et amoureux des belles choses[7] !

Présent le 9 juin, au deuxième jour de la vente, Théophile Gautier immortalise, à son tour, l'événement :

C'est comme une nénie de séparation éternelle, comme l'adieu d'un voyage sans retour. À quoi bon des meubles à celui qui n'a plus de foyer, et qui va errer de rivage en rivage sur la terre étrangère, suivi du petit groupe de la famille, hélas ! déjà diminuée par la mort. Pourquoi conserver cette maison veuve où le maître ne rentrera plus ? Que ferait d'un lit, d'une table, d'un fauteuil le poëte qui n'a plus que le monde pour patrie ?

Fatales nécessités, sur lesquelles nous devons nous taire, et qu'il ne nous appartient pas de discuter, mais qu'il nous est permis au moins de déplorer, car nous avons été le disciple, l'admirateur, et nous sommes toujours l'ami du grand homme ainsi frappé[8].

Du réveille-matin à la batterie de cuisine en passant par le *Ronsard* offert par Sainte-Beuve, tout est pesé, discuté, vendu au détail : pendules en marqueterie de Boulle, bronzes, porcelaines de Saxe, de Chine, du Japon, faïences anciennes, verreries de Venise, terres cuites, bustes en marbre, médaillons en bronze, tableaux, dessins, livres, tentures, tapis et tapisseries. Pendant que ses amis font de leur mieux pour pousser les enchères, le proscrit gagne en image : on admire celui qui se ruine pour défendre sa cause. Le temps de récupérer la recette, mère et fille embarquent au Havre pour Jersey, le 29 juillet, en compagnie du fidèle Vacquerie. Victor prépare ses malles. Le 31, il embarque à Anvers avec Charles. Sur les quais, proscrits français et libéraux belges sont venus le saluer une dernière fois. Juliette voyage sur le même bateau, mais incognito, comme une étrangère. Après Londres et Southampton, ils accostent le 5 août au port de Saint-Hélier, où insulaires et proscrits acclament le grand homme. Les Hugo s'installent en famille à l'hôtel de la Pomme d'or. Juliette prend une chambre à l'hôtel du Commerce avant de louer un petit appartement dans le cottage de Nelson Hall. Hormis le changement de décor, côté double ménage, rien ne bouge.

Napoléon le Petit paraît le 5 août à Londres, et deux jours plus tard chez Pierre Jules Hetzel. Son effet est à ce point retentissant que le gouvernement belge met tout en œuvre pour protéger, à l'avenir, l'Empire voisin : il promulgue la loi connue sous le nom de son promoteur, la loi Faider, destinée à bâillonner l'opposition. Vaine censure ! Elle n'empêchera ni *Châtiments* de paraître ni *Napoléon le Petit* d'être réimprimé et traduit dans toutes les langues. On s'arrache *Napoleon the Little*, *Napoleon el Pequeño*. En France, le petit opuscule circule sous le manteau et donne du fil à retordre aux douaniers. Il passe les frontières dans des malles à double fond, sous les vêtements, dans des bourriches de denrées alimentaires. C'est l'article de contrebande le plus prisé de la saison. Le frisson de braver amendes et arrestations rend sa lecture encore plus délectable. *Napoléon le Petit* atteindra, dans le monde, le million d'exemplaires vendus.

MARINE TERRACE ET *CHÂTIMENTS*

Victor impose à sa famille la location d'un garni : une maison isolée surplombée par une terrasse avec vue sur le large. Badigeonnée de frais, Marine Terrace, « lourd cube à angles droits [...] avait la forme d'un tombeau[9] ». Il aurait préféré un endroit plus sauvage, mais les deux Adèle n'ont pas voulu trop s'éloigner du bourg.

Le 7 novembre 1852, un sénatus-consulte révise la Constitution et rétablit la dignité impériale en faveur de Louis Napoléon Bonaparte. Par sept millions huit cent mille oui contre deux cent cinquante mille non et deux millions d'abstentionnistes, la nation approuve cette restauration. Le 2 décembre, le prince-président prend le nom de Napoléon III. À la IIe République succède le second Empire. Napoléon III fait une offre aux proscrits : ceux qui acceptent de faire amende honorable et de s'engager, par écrit, à ne chercher en aucune manière à nuire à l'Empire sont autorisés à rentrer en France. Beaucoup plient, dont Hetzel. Victor Hugo s'arc-boute :

> J'accepte l'âpre exil, n'eût-il ni fin ni terme ;
> Sans chercher à savoir et sans considérer
> Si quelqu'un a plié qu'on aurait cru plus ferme,
> Et si plusieurs s'en vont qui devraient demeurer.
>
> Si l'on n'est plus que mille, eh bien, j'en suis ! Si même
> Ils ne sont plus que cent, je brave encor Sylla ;
> S'il en demeure dix, je serai le dixième ;
> Et s'il n'en reste qu'un, je serai celui-là[10] !

L'air jersiais n'apaise pas sa fureur, loin s'en faut. L'indignation l'inspire. Au pamphlet en prose succède son pendant en vers : il échafaude un recueil de poèmes satiriques à l'inspiration jumelle de *Napoléon le Petit*. Il hésite quant au titre, jette sur le papier *Le Chant du vengeur*, *Les Vengeresses*, *Rimes vengeresses*. En définitive, il optera pour *Châtiments*, sans article. Il y oppose les figures de l'oncle et du neveu, du héros et du criminel, du conquérant victorieux et de l'homme d'État filou, développe les thèmes de la répression et des massacres, de la violation du serment, de l'ignominie du second Empire et de sa chute annoncée : « Ce trône a trois degrés : parjure, meurtre et vol[11]. » Le matériau prend de l'ampleur. Il l'organise, peaufine sa structure. Aux sept livres qui le divisent, il donne des titres parodiques : « La société est sauvée », « L'ordre est rétabli », « La famille est restaurée », « La religion est glorifiée », « L'autorité est sacrée », « La stabilité est assurée », « Les sauveurs se sauveront ». La violence du ton se mêle à la beauté du langage. Il passe sans coup férir du lyrisme à l'invective, de l'épopée à la chanson, des jeux de mots aux sarcasmes cinglants. Tour à tour cru et injurieux, grave et chargé d'émotion, il multiplie les registres pour mieux vouer aux gémonies l'assassin de décembre et ses méprisables laquais.

> Sa grandeur éblouit l'histoire.
> Quinze ans, il fut
> Le dieu que traînait la victoire
> Sur un affût ;
> L'Europe sous la loi guerrière
> Se débattit. —
> Toi, son singe, marche derrière,
> Petit, petit.
>
> Napoléon dans la bataille,
> Grave et serein,
> Guidait à travers la mitraille
> L'aigle d'airain.
> Il entra sur le pont d'Arcole,
> Il en sortit. —
> Voici de l'or, viens, pille et vole,
> Petit, petit.
>
> [...]
>
> Il passait les monts et les plaines,
> Tenant en main
> La palme, la foudre et les rênes
> Du genre humain ;
> Il était ivre de sa gloire
> Qui retentit. —
> Voici du sang, accours, viens boire,
> Petit, petit.
>
> Quand il tomba, lâchant le monde,
> L'immense mer

> Ouvrit à sa chute profonde
> Son gouffre amer ;
> Il y plongea, sinistre archange,
> Et s'engloutit. —
> Toi, tu te noieras dans la fange,
> Petit, petit[12].

Après de nombreux déboires occasionnés par la multiplication des éditeurs et des intermédiaires, *Châtiments* est disponible, enfin, le 21 novembre 1853. Deux versions circulent, l'intégrale et l'expurgée. Le poète a frappé fort, mais les ventes ne suivent pas. Si la République conserve des partisans dans la presse, cette dernière est muselée depuis le décret du 17 février 1852 qui lui a retiré sa liberté. La presse boulevardière et mondaine, depuis, s'est développée au détriment de sa consœur littéraire. Ostensiblement, on ignore le poète. Ses droits d'auteur s'en ressentiront, mais il a commencé sa propre guerre de conquête en s'attachant un nouvel auditoire : le peuple. Napoléon III, décidément, n'est pas un fin stratège. Edmond et Jules de Goncourt ne manquent pas de le souligner : « […] l'éloignement est excellent pour la gloire et le retentissement d'un homme vivant : Voltaire à Ferney, Hugo à Jersey, deux solitudes qui riment […][13]. »

Depuis son port d'attache anglo-normand, Victor Hugo continue de correspondre sans relâche avec les républicains, les idéalistes, les opposants de tout bord, les proscrits. Dès son arrivée, gendarmes et indicateurs ont décuplé. La police impériale le surveille étroitement. Un cortège de mouchards l'espionne. Il redouble de prudence. Les échanges épistolaires deviennent complexes. L'envoi d'une simple lettre à destination de la France a tout du parcours du combattant. Il doit ruser :

> Aujourd'hui, 17 mars, j'ai écrit à Jules Janin, à Paris. Pour que la lettre lui parvînt en dépit de la police du sieur Bonaparte, voici ce qu'il a fallu faire : j'ai mis à la poste une lettre adressée à M. Savoye, représentant proscrit, 52, Milton street, Dorset square, à Londres. Dans cette lettre il y avait une lettre que M. Savoye était prié de mettre à la poste, adressée à *M. Flaubert, à Croisset, près Rouen*. Dans cette lettre une troisième lettre adressée à Mme Louise Colet, 90, rue de Sèvres, à Paris, que M. Flaubert était prié de jeter à la poste. Dans la lettre à Mme Colet était la lettre à Janin, rue Vaugirard, 20[14].

À quoi ressemble le quotidien en terre de Jersey, pour ceux qui n'ont pas la force de travail du maître ? Privée de l'agitation parisienne, Mme Hugo a mis un livre en chantier, *Victor Hugo raconté par un témoin de sa vie* : « Madame Hugo écrit la vie de son mari. Personne ne l'eût écrite comme elle », s'enthousiasme Auguste Vacquerie. « Elle a assisté à tout ce qu'il a fait, a tout ce qu'il a dit, à tout ce qu'il a pensé. Elle fait un livre vrai dans les deux sens, renseigné et sincère, qui sera le complément naturel de l'œuvre de Victor Hugo. Car la grande explication de l'œuvre, c'est la vie[15]. » Quand elle n'écrit pas son *Journal de l'exil*, n'apprend la composition musicale ou ne parfait sa connaissance de la langue anglaise, Adèle, la fille, enchaîne accès de tristesse et crises de mélancolie. Elle sacrifie bien aux activités collectives du jardin, compartimenté en autant de carrés qu'il y a d'amateurs de jardinage, mais l'absence de véritable distraction pèse à la jeune

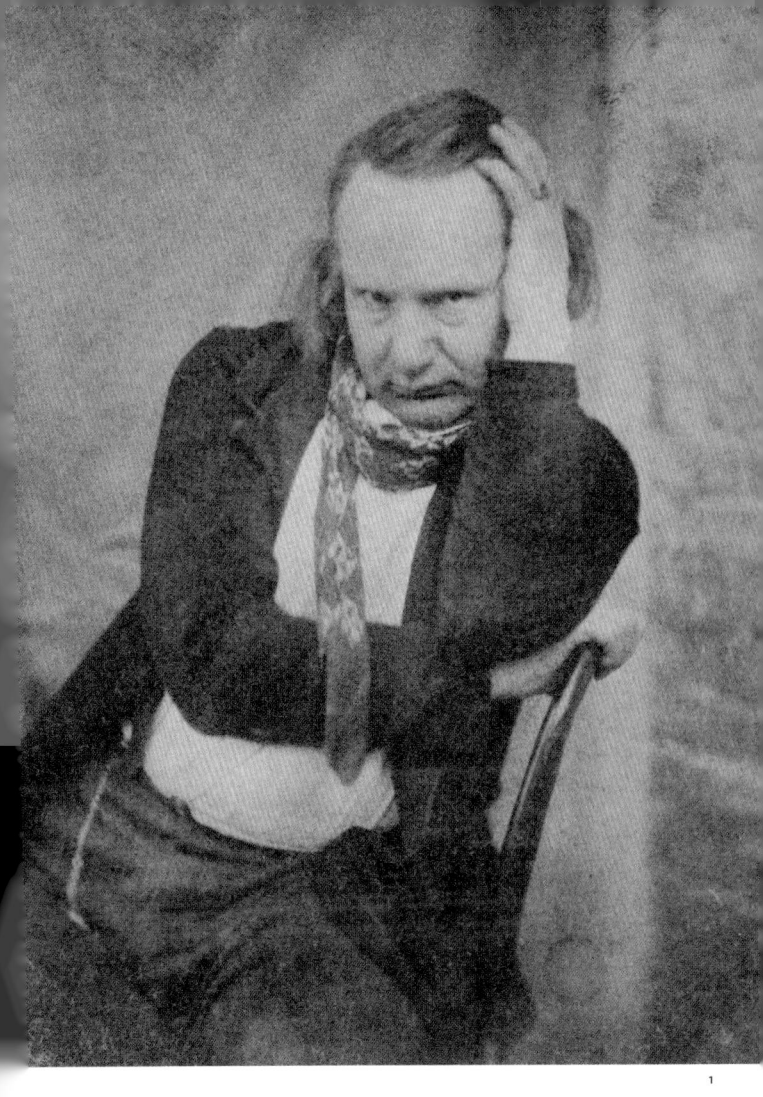

1 Victor Hugo accoudé au dossier d'une chaise, par Charles Hugo, 1853-1855. Collection privée.

« Préférer la consigne à la conscience ? Non ! »

2 Madame Victor Hugo lisant *Châtiments* à la porte de la serre de Marine Terrace, par Auguste Vacquerie, 1853-1855. Musée d'Orsay, Paris.

3 Victor Hugo de profil, par François-Victor Hugo, Charles Hugo ou Auguste Vacquerie, avant le 22 avril 1853. Collection privée.

4 *Mademoiselle Juliette*, par Léon Noël, 1832. Lithographie. Maison de Victor Hugo, Paris.

« *Les ministres actuels sont des carreaux de vitres. On voit le président au travers.* »

5 Charles et François-Victor Hugo, par Auguste Vacquerie, 1853 (?).
Musée d'Orsay, Paris.

6 *Léopoldine au livre d'heures*, par Auguste de Châtillon, 1835.
Huile sur toile.
Maison de Victor Hugo, Paris.

7 Adèle à l'ombrelle, par Charles Hugo, 1853-1854.
Musée d'Orsay, Paris.

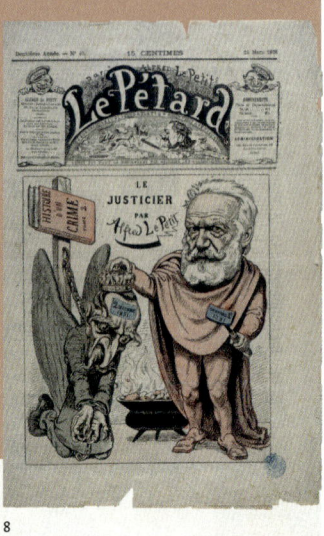

8 « Le justicier », par Alfred Le Petit, *Le Pétard*, deuxième année, n° 40, 24 mars 1878. Lithographie. Maison de Victor Hugo, Paris.

9 Dessin de Victor Hugo dans « Album spirite ». Bibliothèque nationale de France, Paris.

10 Marine Terrace, par Charles Hugo, 1853-1854. Musée d'Orsay, Paris.

11 Victor Hugo sur le balcon du premier étage de Hauteville House, par Arsène Garnier, 1868. Maison de Victor Hugo, Paris.

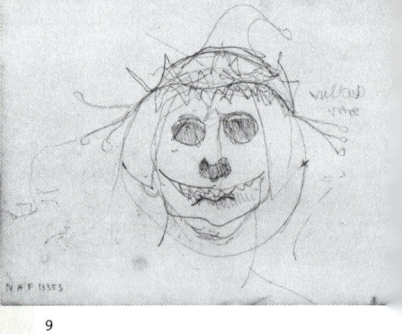

« *L'esprit souffle où il veut. L'honneur va où il doit.* »

12 Paul Meurice,
par Auguste Vacquerie, 1854 (?).
Collection privée.

13 Victor Hugo dans le rocher
des Proscrits, par Charles Hugo, 1853.
Collection privée.

14 Autoportrait en cape,
dans l'embrasure de la porte
de la serre de Marine Terrace,
par Auguste Vacquerie, 1853-1854.
Collection privée.

« *La dernière raison des rois, le boulet.*
La dernière raison des peuples, le pavé. »

15 « Ecce », dessin de Victor Hugo, Jersey, 1854.
Musée du Louvre, Paris.

16 « Le Phare d'Eddystone », dessin de Victor Hugo, 1866.
Maison de Victor Hugo, Paris.

17 « Ma destinée », dessin de Victor Hugo, 1867.
Maison de Victor Hugo, Paris.

L'esprit humain, c'est l'infini possible.

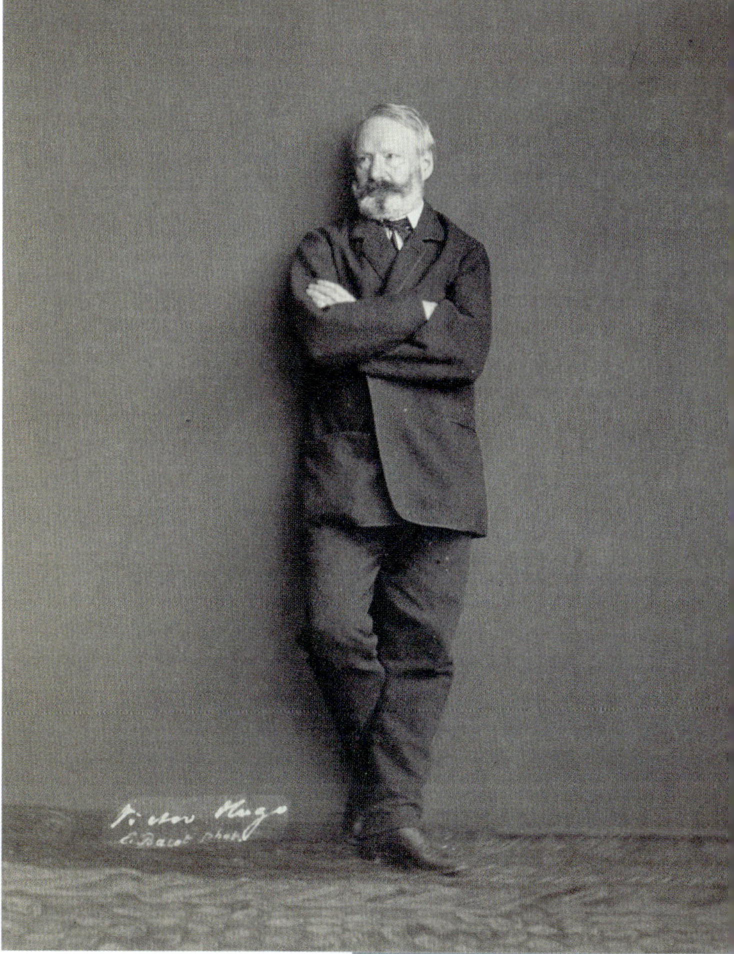

18

19

18 Victor Hugo debout,
bras croisés, adossé au mur,
par Edmond Bacot, 1862.
Musée Carnavalet, Paris.

19 « Vue de Paris »,
dessin de Victor Hugo.
Maison de Victor Hugo, Paris.

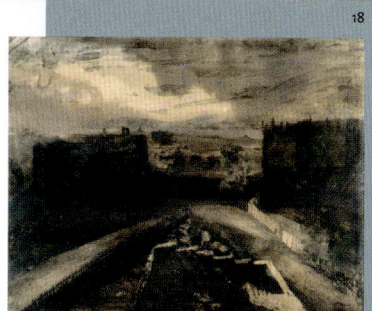

20 *Victor Hugo,* par Charles Gallot, 12 avril 1885.
Maison de Victor Hugo, Paris.

fille fragile de vingt-deux ans. D'autant qu'elle laisse à son père et à ses frères les passes d'armes, les parties de steeple-chase et de billard, plus mouvementées. Heureusement, il y a la musique, introduite chez les Hugo par la cantatrice Augustine Allix et le compositeur et violoniste virtuose hongrois Édouard Réményi : « La musique oubliée à la Place Royale, dédaignée rue de La Tour-d'Auvergne, était reçue maintenant à bras ouverts à Marine-Terrace. La musique exilée venait trouver les exilés[16]. » Mais l'imagination d'Adèle ne trouve son vrai point d'ancrage qu'avec l'arrivée de l'officier royaliste anglais Albert Andrew Pinson, qui va déclencher chez elle, à son corps défendant, une passion disproportionnée. Charles, que caractérise une désespérante mollesse, écrit sans sérieux ni rigueur et s'initie à la photographie. Après avoir perfectionné sa technique à Caen, il capture paysages et portraits de famille. Auguste Vacquerie, entre la composition de deux drames, l'accompagne dans sa chasse aux daguerréotypes. À sa sortie de prison, François-Victor a tenté de se rebeller en faisant la sourde oreille aux instances paternelles. L'élégant est resté à Paris, entretenu par sa maîtresse Anaïs Liévenne, une actrice des Variétés. Leur liaison, très officielle, a été vue d'un mauvais œil par l'illustre banni : elle entachait la réputation familiale. Adèle et Vacquerie ont été contraints de faire l'aller et retour pour arracher le fautif à sa débauche, et Victor d'acheter le départ d'Anaïs — qui avait suivi son amoureux sur l'île. À présent, il ne reste plus à François-Victor, pour tromper son affliction, qu'à s'atteler à un ouvrage sur Jersey. Marine Terrace n'est plus une maison, mais un scriptorium. L'écriture, chez les Hugo, est un virus singulièrement contagieux. Les visiteurs du continent, heureusement, apportent de temps à autre un peu de fraîcheur et d'animation.

LA LÉGENDE DES SPECTRES

Le 6 septembre 1853, Delphine de Girardin, que Victor Hugo a connue du temps de *La Muse française* et du salon de Charles Nodier, débarque au port de Saint-Hélier pour dix jours. Celle qui nomme Louis Bonaparte *Boustrapa* — elle est bien plus virulente, dans sa critique du pouvoir, que son opportuniste d'époux — vit déjà avec la maladie qui l'emportera deux ans plus tard. Outre les nouvelles de la capitale, elle apporte la mode très en vogue du spiritisme, dont elle est une adepte convaincue. Auguste Vacquerie en fera le récit dix ans après dans *Les Miettes de l'Histoire* :

> Elle voulait absolument qu'on crût avec elle. Le jour même de son arrivée, on eut de la peine à lui faire attendre la fin du dîner ; elle se leva de table dès le dessert et entraîna un des convives dans le *parlour*, où ils tourmentèrent une table qui resta muette. Elle rejeta la faute sur la table dont la forme carrée contrarierait le fluide. Le lendemain, elle acheta elle-même, dans un magasin de jouets d'enfants, une petite table ronde à un seul pied terminé par trois griffes, qu'elle mit sur la grande[17].

Aux premières tentatives, la table ronde, à son tour, reste silencieuse. Victor Hugo n'est guère intéressé et les autres participants, Auguste Vacquerie en tête, n'accordent pas grand crédit au phénomène. Delphine de Girardin s'obstine. Les esprits ont leur heure, dit-elle. Ils savent se faire désirer et n'obéissent pas au quart de tour. L'avant-veille de son départ, après des soirs d'insuccès répétés, elle obtient de ses hôtes la grâce d'un dernier essai. Par amitié, Victor, cette fois, y participe. Un esprit se présente, qui dit s'appeler Âme soror. Ses réponses inclinent l'assistance à penser qu'il s'agit de Léopoldine. Parce que personne n'aurait eu le cœur ni le front d'une telle provocation — c'est le dixième anniversaire de sa mort —, la défiance générale s'évanouit :

> Une mystification était déjà bien difficile à admettre, mais une infamie ! Le soupçon se serait méprisé lui-même. Le frère questionna la sœur qui sortait de la mort pour consoler l'exil ; la mère pleurait, une inexprimable émotion étreignait toutes les poitrines ; je sentais distinctement la présence de celle qu'avait arrachée le dur coup de vent. Où était-elle ? nous aimait-elle toujours ? était-elle heureuse ? Elle répondait à toutes les questions, ou répondait qu'il lui était interdit de répondre. La nuit s'écoulait, et nous restions là, l'âme clouée sur l'invisible apparition. Enfin, elle nous dit : Adieu ! et la table ne bougea plus[18].

Le départ de Delphine de Girardin ne met pas un terme à l'affolant jeu de société de Marine Terrace. Victor, désormais, assiste aux séances spirites avec le plus grand intérêt. L'irrationnel l'intrigue, auquel il accorde un crédit certain. Ses implications psychiques le fascinent. Le contexte géographique, il est vrai, se prête d'autant plus à frapper les imaginaires que Marine Terrace passe pour une maison hantée par la Dame blanche. « On causait couramment avec la table ; le bruit de la mer se mêlait à ces dialogues dont le mystère s'augmente de l'hiver, de la nuit, de la tempête, de l'isolement. Ce n'étaient plus des mots que répondait la table, mais des phrases et des pages[19]. » Cette vie passée parmi les fantômes a le don d'exaspérer Juliette qui y voit, d'emblée, autant d'occasions perdues de retrouvailles. Elle se défie des obsessions collectives. Sa position quant aux « tables cancanières » est tranchée :

> Quel que soit mon peu de sympathie et d'affinité avec les *esprits*, pour peu que ton commerce avec l'autre monde continue, je serai forcée de me joindre à eux pour avoir la chance de te voir quelquefois. [...]
> Je m'explique mal, mais je sens que ce passe-temps a quelque chose de dangereux pour la raison, s'il est sérieux, comme je n'en doute pas de ta part, et d'impie, pour peu qu'il s'y mêle la moindre supercherie.
> Quant à moi, je ne veux pas me livrer à cette curiosité téméraire. J'ai d'ailleurs assez d'autres tablatures ici-bas sans aller en chercher parmi les spectres[20].

Elle a au moins raison sur un point : le poète ne prend pas les séances spirites pour de simples distractions. Le phénomène est une source d'interrogations multiples et il s'y consacre avec la passion de l'étude. En 1864, il écrira d'ailleurs, dans *William Shakespeare* :

> [...] la table, tournante ou parlante, a été fort raillée. Parlons net, cette raillerie est sans portée. Remplacer l'examen par la moquerie, c'est commode, mais peu scientifique. Quant à nous, nous estimons que le devoir étroit de la science est de sonder tous les phénomènes ; la science est ignorante et n'a pas le droit de rire ; un savant qui rit du possible est bien près d'être un idiot. [...]
>
> Mission de la science : tout étudier et tout sonder. Tous, qui que nous soyons, nous sommes les créanciers de l'examen ; nous sommes ses débiteurs aussi. On nous le doit et nous le devons. Éluder un phénomène, lui refuser le paiement d'attention auquel il a droit, l'éconduire, le mettre à la porte, lui tourner le dos en riant, c'est faire banqueroute à la vérité, c'est laisser protester la signature de la science. Le phénomène du trépied antique et de la table moderne a droit comme un autre à l'observation. Ajoutons ceci, qu'abandonner les phénomènes à la crédulité, c'est faire une trahison à la raison humaine[21].

En dehors de lui, les expérimentateurs les plus assidus sont Mme Hugo, Charles et François-Victor, Auguste Vacquerie, le général Le Flô, d'obédience orléaniste, le journaliste républicain Théophile Guérin, le socialiste et futur communard Jules Allix, qu'accompagne sa sœur Augustine, sans compter les exilés de passage. Charles se découvre excellent médium. La table annonce la présence de poètes et d'auteurs dramatiques — Anacréon, Apulée, Chénier, Dante, Eschyle, Molière, Racine, Rousseau, Sapho, Shakespeare, Walter Scott — ou d'hommes célèbres — Galilée, Luther, Machiavel —, mais ce sont souvent des êtres imaginaires qui répondent à leur place : le lion d'Androclès, l'ânesse de Balaam, la colombe de l'Arche, l'Idée, la Comédie, la Tragédie, le Drame, le Roman, la Poésie, la Critique, la Civilisation et, parmi les plus récurrents, l'Ombre du Sépulcre. Le rituel des réponses est immuable : un coup pour oui ou pour A, deux coups pour non ou pour B, trois coups pour C, et ainsi de suite. Autant dire que les nuits sont courtes. Parce qu'ils s'expriment souvent en vers, les esprits formulent, un jour, la requête d'être questionnés de la sorte. Victor Hugo se lance :

Les Rois et vous, là-haut, changez-vous d'enveloppe ?
Louis Quatorze au ciel n'est-il pas ton valet ?
François Premier est-il le fou de Triboulet,
    Et Crésus le valet d'Ésope ?

L'Ombre du Sépulcre lui répond :

Le ciel ne punit pas par de telles grimaces,
Et ne travestit pas en fou François Premier.
L'enfer n'est pas un bal de grotesques paillasses,
Dont le noir Châtiment serait le costumier[22].

Chez les Hugo, l'au-delà est cultivé et a le sens de la repartie. Les esprits ébauchent des sujets de romans, engagent à modifier certains vers, complètent des épigrammes, font preuve d'une imagination féconde et d'opinions politiques qui varient selon la composition de la table. Ils dictent des réflexions étonnantes et dessinent au moyen d'une seconde table dont le troisième pied est assorti d'un crayon. En présence d'aussi illustres invités, on ne s'ennuie guère à Marine Terrace. Le style du poète, évidemment, est fréquemment reconnaissable. À ceci près qu'il ne fait pas forcément cercle autour de la table ni ne la touche — il reconnaît n'avoir aucun fluide —, voire même est carrément absent. De plus, il lui arrive rarement de prendre les questions en charge. En retrait, il écoute attentivement et écrit, au fur et à mesure, les procès-verbaux des séances dont il s'est fait le secrétaire. Répondrait-on à sa place ? S'il reconnaît l'existence de forces inconnues et de facultés mentales encore inexpliquées, l'astronome Camille Flammarion écarte l'hypothèse de la fraude. Les communications dictées par la table sont d'une trop grande élévation de pensée, d'une langue trop admirable pour provenir d'un participant quelconque. Le caractère des fils Hugo, jugés trop apathiques, ne s'y prête pas. Vacquerie a du talent, mais seul Victor est capable d'improviser lettre par lettre des réponses aussi splendides. L'explication de Flammarion est la suivante : « [...] la réunion des personnes assemblées pour faire ces évocations crée, momentanément, une personnalité psychique qui les résume. [...] Ici, l'esprit dominant et agissant est évidemment celui de Victor Hugo. Il y a dans ces manifestations un reflet de lui-même. Sa pensée s'extériorise et agit à distance sur le cerveau du médium (Charles Hugo), qui produit les lettres et les mots, par la pression des mains[23]. » Si le moi subliminal de Victor Hugo dicte les réponses, il arrive pourtant qu'elles ne lui conviennent pas, voire l'irritent. C'est ainsi qu'un soir, vexé, il quitte la pièce après que l'Ombre du Sépulcre lui a répondu avec outrecuidance :

Esprit qui veux savoir le secret des ténèbres
Et qui, tenant en main le terrestre flambeau,
Viens, furtif, à tâtons, dans nos ombres funèbres,

Crocheter l'immense tombeau !
Rentre dans ton silence, et souffle tes chandelles !
Rentre dans cette nuit dont quelquefois tu sors :
L'œil vivant ne lit pas les choses éternelles
Par-dessus l'épaule des morts[24] !

Les séances, qui vont durer près de deux ans, foisonneront d'épisodes singuliers. Telle cette soirée au cours de laquelle quelqu'un appela Lord Byron, et où la table répondit : « Je suis là ; mais je ne puis parler français. » Walter Scott survint, qui dicta les vers suivants : « *Vex not the bard, his lyre is broken, / His last song sung, his last word spoken**. » Charles Hugo ne maîtrisant pas un traître mot d'anglais, le lieutenant Pinson se chargea de la traduction. Les participants s'interrogèrent : devaient-ils admettre la visite d'un esprit étranger ? L'envers du visible cessera d'être tourmenté en juillet 1855, après que Jules Allix, ayant sombré dans un accès de folie, a été interné pour plusieurs mois à l'hospice de Saint-Hélier. Les rencontres nocturnes avec les esprits, parfois, viennent à bout des nerfs les plus solides.

S'il appréhende avec beaucoup de prudence, mais en rôdeur curieux, ce phénomène qu'il considère comme un mystère, Victor Hugo restera marqué par l'aventure spirite. Elle l'incline à tourner et retourner la question de l'inconnu : « Qui nous dit que ce qui nous semble chimérique et monstrueux n'existe pas dans les profondeurs de l'infini et ne compose pas quelque part une réalité

---

* « Ne contrariez pas le poète, sa lyre est brisée, / Son dernier poème est chanté, sa dernière parole prononcée. »

vivante ? Nos rêves dans le sommeil sont des apparitions du possible[25]. » À Marine Terrace, il est vrai que ses nuits, désormais, sont perturbées : sa chambre se remplit de bruits et de glissements inquiétants, des coups sont frappés à l'intérieur des murs, ses papiers sont remués par des mains invisibles, des sons inexplicables se font entendre. Les esprits le poursuivent jusque dans son sommeil. Puisqu'ils parlent, peut-être vont-ils se montrer ? C'est en vain qu'il les guette. L'œuvre de l'exil va porter la trace de ces multiples expériences. Les thèmes de l'ombre et de l'opacité de l'univers, leur part d'inquiétude et leur statut métaphysique vont largement s'y déployer.

Ombres et lumières
(1853-1855)

MÉDITATIONS JERSIAISES

Passé la belle saison, le soir tombe vite, sur l'île de Jersey. La tristesse et l'hiver emplissent les cœurs. On imagine sans grand mal l'atmosphère singulière créée par cette maison toute de froidure drapée, battue par les vents, assourdie par le rugissement incessant de l'océan, dont l'animation vespérale consiste, pour l'essentiel, en l'écoute d'un guéridon loquace par une assistance tétanisée. Les visites des vivants sont rares, la solitude et l'isolement enveloppent le proscrit. Rendu à la poésie pure, Victor Hugo entre dans une nouvelle phase d'inspiration. Sa colère déversée, le révolté est devenu songeur, méditatif. Quand il ne se baigne ni n'arpente l'île en tout sens, à pied comme à cheval, on le retrouve immobile, perché sur un rocher, le visage tendu vers le large. Il interroge l'élément liquide, les ténèbres, les abîmes : « Je vis, je suis, je contemple. Dieu à un pôle, la nature à l'autre, l'humanité au milieu. Chaque jour m'apporte un nouveau firmament d'idées. L'infini du rêve se déroule devant mon esprit, et je passe en revue les constellations de la pensée[1]. » Quelque chose, en lui, a basculé. La hantise de l'invisible, la préoccupation de la mort, du devoir-mourir et de la finitude humaine, celle du mystère de l'Être et de l'au-delà ne le quittent plus. Entre les tables mouvantes, les nuits passées dans l'effroi d'une chambre peuplée de faits étranges et les deuils qui l'affligent — le décès de son oncle Louis en janvier 1854, celui de son frère Abel en février 1855, découvert dans un journal comme par une triste ironie du sort, ceux de Gérard de Nerval et de Delphine de Girardin, en janvier et en juin 1855 —, son horizon s'est obscurci. Un questionnement l'alimente :

> Tout s'est-il envolé ? Je suis seul, je suis las ;
>   J'appelle sans qu'on me réponde ;
> Ô vents ! ô flots ! ne suis-je aussi qu'un souffle, hélas !
>   Hélas ! ne suis-je aussi qu'une onde ?
>
> Ne verrai-je plus rien de tout ce que j'aimais ?
>   Au dedans de moi le soir tombe.
> Ô terre, dont la brume efface les sommets,
>   Suis-je le spectre, et toi la tombe[2] ?

Il scrute la plénitude du noir, médite sur l'impossibilité dans laquelle se trouve l'homme de la percer. Le territoire des ténèbres, le néant, les rapports avec le divin, la complexité du sentiment de Dieu, la conception de l'univers, l'origine et le destin du mal sont source d'interrogations renouvelées. Son esprit ne peut demeurer au repos. La pensée hugolienne se pare d'une inquiétude métaphysique nouvelle.

Un spectre m'attendait dans un grand angle d'ombre,
Et m'a dit :
        — Le muet habite dans le sombre.
L'infini rêve, avec un visage irrité.
L'homme parle et dispute avec l'obscurité,
Et la larme de l'œil rit du bruit de la bouche.
Tout ce qui vous emporte est rapide et farouche.
Sais-tu pourquoi tu vis ? sais-tu pourquoi tu meurs ?
Les vivants orageux passent dans les rumeurs,
Chiffres tumultueux, flots de l'océan Nombre.
Vous n'avez rien à vous qu'un souffle dans de l'ombre ;
L'homme est à peine né, qu'il est déjà passé,
Et c'est avoir fini que d'avoir commencé[3].

L'ombre appartient au domaine de la vision et de l'impalpable, elle est réalité tangible et abstraction, phénomène et symbole. Plus que jamais, elle stimule l'inspiration du poète. Car si ses mystères sont impénétrables à l'intelligence, si son emprise est inaltérable, son observation n'est jamais vaine : elle donne à voir. Pour Victor Hugo, le monde lumineux n'est pas celui que l'homme aperçoit, c'est le monde invisible. Dès lors, l'ombre devient, en quelque sorte, le négatif de la vision. *Les Contemplations*, tel est le titre qu'il place en tête de ce volume tourmenté. Aux vers inédits éparpillés dans les malles, il oppose ceux, plus récents, de l'exil. Ce recueil, qui « doit être lu comme on lirait le livre d'un mort[4] », répartit quelque onze mille vers en deux parties, « Autrefois » et « Aujourd'hui ». Couvrant chacune treize années (1830-1843 et 1843-1856), elles sont symétriques dans leur architecture : trois livres les subdivisent de part et d'autre. Dans sa préface, Hugo explicite son parti pris : « Ce sont [...] toutes les impressions, tous les souvenirs, toutes les réalités, tous les fantômes vagues, riants ou funèbres, que peut contenir une conscience, revenus et rappelés, rayon à rayon, soupir à soupir, et mêlés dans la même nuée sombre. C'est l'existence humaine sortant de l'énigme du berceau et aboutissant à l'énigme du cercueil ; c'est un esprit qui marche de lueur en lueur en laissant derrière lui la jeunesse, l'amour, l'illusion, le combat, le désespoir, et qui s'arrête éperdu "au bord de l'infini". Cela commence par un sourire, continue par un sanglot, et finit par un bruit du clairon de l'abîme[5]. » Il écrit à Jules Janin : « C'est un sombre livre, serein pourtant. Là aussi vous reverrez toute la vie passée. Ce livre pourrait être divisé en quatre parties qui auraient pour titres — *ma jeunesse morte,* — *mon cœur mort,* — *ma fille morte,* — *ma patrie morte.* — Hélas[6] ! »

À la fraîcheur des poèmes de la première partie, aux pièces légères inspirées par l'enfance, l'amour et la nature s'opposent, dans la seconde, le face-à-face avec l'opacité et l'angoisse de la tombe. La gravité succède à la sensualité. Le parcours s'assombrit. Les poèmes s'intitulent *Mors*, *Dolorosæ*, *Pleurs dans la nuit*, *Cadaver*, *Horror*, *Dolor*, *Ce que c'est que la mort*, *Ce que dit la bouche d'ombre*. D'un cortège d'images envoûtantes s'élancent des sentences énigmatiques et quelques-uns des plus célèbres oxymores hugoliens. Descendu dans les profondeurs, le poète est devenu le regardeur des ténèbres.

Ô GOUFFRE ! l'âme plonge et rapporte le doute.
Nous entendons sur nous les heures, goutte à goutte,
    Tomber comme l'eau sur les plombs ;
L'homme est brumeux, le monde est noir, le ciel est sombre ;
Les formes de la nuit vont et viennent dans l'ombre ;
    Et nous, pâles, nous contemplons.

Nous contemplons l'obscur, l'inconnu, l'invisible.
Nous sondons le réel, l'idéal, le possible,
    L'être, spectre toujours présent.
Nous regardons trembler l'ombre indéterminée.
Nous sommes accoudés sur notre destinée,
    L'œil fixe et l'esprit frémissant.

Nous épions des bruits dans ces vides funèbres ;
Nous écoutons le souffle, errant dans les ténèbres,
    Dont frissonne l'obscurité ;
Et, par moments, perdus dans les nuits insondables,
Nous voyons s'éclairer de lueurs formidables
    La vitre de l'éternité[7].

Parallèlement aux *Contemplations*, il esquisse, entre 1853 et 1856, la majeure partie de ses deux grands poèmes théologiques et philosophiques, *La Fin de Satan* et *Dieu* — qui ne paraîtront respectivement qu'en 1886 et 1891, à titre posthume. Il les liera, au plan de l'inspiration, à *La Légende des siècles* : « L'auteur [...] a esquissé dans la solitude une sorte de poëme d'une certaine étendue où se réverbère le problème unique, l'Être, sous sa triple face : l'Humanité, le Mal, l'Infini ; le progressif, le relatif, l'absolu ; en ce qu'on pourrait appeler trois chants, *La Légende des siècles*, *La Fin de Satan*, *Dieu*[8]. »

Ce foisonnement poétique a son équivalent graphique. Plume, encres brune et noire, lavis, frottis de fusain, crayon de graphite, rehauts de gouache servent des dessins en contraste d'ombre et de lumière. La répartition entre le clair et l'obscur y est le plus souvent inégale, tant la pleine lumière n'émerge jamais de ces fonds sombres. Ici, les masses noires règnent et se fondent, les contours sont dilués. L'obscurité y est vertigineuse. Les ténèbres pénètrent avec violence papier vergé ou cartonné. L'œuvre dessinée relaye la noirceur de l'œuvre poétique. Hugo dessinateur s'empare de tous les champs d'expérimentation : travail à partir de photographies ou sur des supports imprégnés d'humidité, collages, papiers découpés, pochoirs, emploi de dentelles, pliures, empreintes, frottages et grattages. Infatigablement, il cherche de nouveaux processus créateurs, donne libre cours à sa fantaisie pour mieux rendre le terrible sentiment d'oppression de l'exil.

DU POÉTIQUE AU POLITIQUE

Pareille créativité ne le détourne pas de l'actualité politique, dont il suit attentivement la trajectoire à travers une profusion de journaux et d'imprimés en provenance du monde entier. Il écrit et prononce des discours sur la tombe des exilés — « [...] la brèche de l'exil commence à s'encombrer de cadavres[9] » —, à l'occasion de l'anniversaire de la révolution de 1848 ou de celui de la révolution polonaise et fustige, autant qu'il le peut, « cette apparente intimité entre Fontenoy et Waterloo d'où il semble qu'il soit sorti une espèce d'Anglo-France[10] » — le 24 mai 1853, la France et l'Angleterre ont conclu une alliance pour défendre l'Empire ottoman en cas d'agression russe. Il dénonce, ce faisant, l'aberration de la guerre de Crimée, déclenchée le 27 mars 1854 à l'occasion de la déclaration de guerre franco-anglaise à la Russie :

> La guerre d'orient [...], c'est le fait même du Deux-Décembre arrivé pas à pas, et de transformation en transformation, à sa conséquence logique, l'embrasement de l'Europe. [...] Il y a trois ans, il se nommait coup d'état et il assassinait Baudin ; aujourd'hui il se nomme guerre d'orient, et il exécute Saint-Arnaud. La balle qui, dans la nuit du 4, sur l'ordre de Lourmel, tua Dussoubs devant la barricade Montorgueil, ricoche dans les ténèbres et revient fusiller Lourmel en Crimée. [...] Ce sont les coups sinistres de l'éclair ; c'est l'ombre qui frappe ; c'est Dieu[11].

S'il reste le plus possible en retrait de ses compagnons d'exil et ne participe que de loin aux activités de leur cercle fermé, il prend parti, en octobre 1853, dans l'affaire qui les oppose à Julien Damascène Hubert, un mouchard à la solde du gouvernement français, traître dans la proscription même. Hostile à la violence, il empêche son exécution : « Qu'avons-nous à faire ? Publier les faits, prendre la France, l'Europe, la conscience publique, la probité universelle à témoin. Faire dire au monde entier : C'est infâme ! [...] Touchez cet homme, blessez-le, frappez-le seulement, et demain l'opinion qui est pour vous se tourne contre vous. La loi anglaise vous cite à la barre. De juges, c'est vous qui devenez accusés[12]. » Il obtient qu'il soit écroué pour dettes, conscient que le gouvernement français ne mettra pas la main au portefeuille pour récupérer un indicateur. En janvier 1854, il s'adresse publiquement aux habitants de Guernesey pour défendre le criminel John Charles Tapner, un autochtone condamné à mort, et proteste contre le retour de pratiques barbares : « Peuple de Guernesey, rien n'est petit quand il s'agit de l'inviolabilité humaine. Le monde civilisé vous demande la vie de cet homme[13]. » Son plaidoyer émeut la population. Les journaux anglais reproduisent sa demande qu'appuient de nombreux rassemblements et une adresse à la reine au bas de laquelle six cents signatures ont été apposées. Le condamné y gagne d'être trois fois sursitaire, mais il n'échappe cependant pas au gibet — au contraire d'un nommé Julien, providentiellement sauvé de la pendaison, à Québec, par la publication de cette même lettre. Le bruit s'étant répandu d'un entretien préalable à l'exécution du condamné entre l'ambassadeur de France et Lord Palmerston, Hugo se plaît à croire à une possible ingérence de Napoléon III. Il écrit la lettre *À Lord Palmerston*, qui sera publiée dans *La Nation* de Bruxelles et, en ce qui concerne la presse des îles anglo-normandes, dans le journal des proscrits, *L'Homme*, et *La Gazette de Guernesey*. Hugo entre dans le collimateur de la presse anglaise. Le ton de sa lettre choque tout autant que sa manière d'interpeller un lord :

> Nous habitons, vous et moi, l'infiniment petit. Je ne suis qu'un proscrit et vous n'êtes qu'un ministre. Je suis de la cendre, vous êtes de la poussière. D'atome à atome on peut se parler. [...]
> Continuez. C'est bien. Qu'on voie les hommes du vieux monde à l'œuvre. Puisque le passé s'obstine, regardons-le. Voyons successivement toutes ses figures : à Tunis, c'est le pal ; chez le czar, c'est le knout ; chez le pape, c'est le garrot ; en France, c'est la guillotine ; en Angleterre, c'est le gibet ; en Asie et en Amérique, c'est le marché d'esclaves. Ah ! tout cela s'évanouira ! Nous les anarchistes, nous les démagogues, nous les buveurs de sang, nous vous le déclarons, à vous les conservateurs et les sauveurs, la liberté humaine est auguste, l'intelligence humaine est sainte, la vie humaine est sacrée, l'âme humaine est divine. Pendez maintenant[14] !

Son engagement n'est pas sans porter à conséquence. À la Chambre des communes, Sir Robert Peel condamne la « querelle personnelle » de Victor Hugo avec Napoléon III et prend soin de dénoncer ses moindres actes, discours et publications. De son rocher sur l'océan, le proscrit dérange. L'alliance anglo-française ne néglige aucun front.

> Pour les Anglais, je suis *shocking, excentric, improper*. Je mets ma cravate sans correction. Je me fais raser chez le barbier du coin, ce qui, au XVIIe siècle, à Valladolid, m'eût donné l'air d'un grand d'Espagne et, au XIXe en Angleterre, me donne l'air d'un *workman* ; je heurte le *cant* ; j'attaque la peine de mort, ce qui n'est pas respectable, je dis « *Monsieur* » à un lord, ce qui est impie ; je ne suis point catholique, point anglican, point luthérien, point calviniste, point juif, point méthodiste, point wesleyen, point mormon : donc athée. De plus, Français, ce qui est

odieux ; républicain, ce qui est abominable ; proscrit, ce qui est repoussant ; vaincu, ce qui est infâme ; poète, pour couronner la chose. De là, peu de popularité [...][15].

À l'automne 1855, le républicain Félix Pyat, réfugié à Londres, s'insurge dans une lettre ouverte contre la visite de la reine Victoria à Napoléon III. Pour avoir reproduit sa virulente apostrophe dans le numéro de *L'Homme* du 10 octobre, son rédacteur en chef, Charles Ribeyrolles, son administrateur, le colonel Pianciani et le dénommé Thomas sont expulsés de Jersey. La répression contre les opposants est montée d'un cran depuis l'attentat manqué du 28 avril 1855 contre l'Empereur par le réfugié italien Pianori. Si Victor Hugo n'avait pas apporté sa caution à la *Lettre à la Reine d'Angleterre*, qu'il jugeait d'une maladresse excessive, il fait, par principe, acte de solidarité avec les susnommés dont il condamne l'expulsion. Le 17 octobre 1855, il écrit : « Le coup d'état vient de faire son entrée dans les libertés anglaises. L'Angleterre en est arrivée à ce point, proscrire les proscrits. Encore un pas, et l'Angleterre sera une annexe de l'empire français, et Jersey sera un canton de l'arrondissement de Coutances[16]. » Il termine ce réquisitoire contre Napoléon III, son régime né de la violence et ses thuriféraires par un vibrant : « Et maintenant expulsez-nous [17] ! ». Trente-cinq proscrits, dont Charles et François-Victor, signent au bas de la déclaration. La réaction des autorités ne se fait pas longtemps attendre : les trente-six signataires sont expulsés. Le 27 octobre, à dix heures du matin, le connétable de Saint-Clément, accompagné de deux officiers, se présente à Marine Terrace. Il est chargé par le gouverneur de Jersey de signifier à Victor Hugo et à ses deux fils qu'ils ne peuvent plus séjourner dans l'île, en vertu d'une décision de la couronne, et ont jusqu'au 2 novembre pour la quitter. Après avoir sermonné l'homme de loi à sa manière, Victor Hugo le raccompagne sur ces mots : « Maintenant, monsieur le connétable, vous pouvez vous retirer. Vous allez rendre compte de l'exécution de votre mandat à votre supérieur, le lieutenant-gouverneur, qui en rendra compte à son supérieur, le gouvernement anglais, qui en rendra compte à son supérieur, M. Bonaparte[18]. »

Le 31 octobre, Victor Hugo fait ses adieux à Marine Terrace. Il s'est attaché à sa vie jersiaise, mais accepte la tête haute ce nouveau coup du sort : « Sacrifie-toi ! laisse-toi chasser, laisse-toi exiler comme Voltaire à Ferney, comme d'Aubigné à Genève, comme Dante à Vérone, comme Juvénal à Syène, comme Tacite à Méthymne, comme Eschyle à Gela, comme Jean à Pathmos, comme Élie à Oreb, comme Thucydide en Thrace, comme Isaïe à Asiongaber[19] ! » En Grande-Bretagne, l'indignation est générale. Protestations et meetings se succèdent à Newcastle, à Londres, à Glasgow, contre les mesures arbitraires du gouvernement anglais. Les murs se placardent d'affiches. Victor Hugo y est sensible, qui remercie publiquement cette solidarité des peuples libres contre « l'alliance pleine de cendre du présent cabinet anglais et de l'empire bonapartiste » :

[...] c'est un essai de nuit qui vient d'être fait à Jersey ; c'est une invasion des ténèbres ; c'est une attaque à main armée du despotisme contre la vieille constitution libre de la Grande-Bretagne ; c'est un coup d'état qui vient d'être insolemment lancé par l'empire en pleine Angleterre. L'acte d'expulsion a été accompli le 2 novembre ; c'est un anachronisme ; il aurait dû avoir lieu le 2 décembre[20].

Sur le quai du port de Saint-Hélier, les adieux au poète procurent une étrange sensation de déjà-vu. Le proscrit prend ses nouveaux quartiers à deux heures de mer de là, en l'île de Guernesey. Il y accoste en compagnie de François-Victor et des journalistes Théophile Guérin et Hennet de Kesler. Libre comme l'air, il a, pour seul bagage ou presque, son imposante malle aux manuscrits. Charles attendra le 2 novembre pour faire la traversée. Les deux Adèle et Auguste Vacquerie, qui ne sont pas frappés par la mesure d'expulsion, s'occupent, une fois de plus, d'organiser le déménagement et la mise en ordre, avant le rendu des clefs, de Marine Terrace. Ils voyageront avec leurs deux domestiques et quelque quarante colis. Accompagnée de sa cuisinière Suzanne Blanchard — qui la suit depuis le début de l'exil —, Juliette, quant à elle, a rallié Guernesey le même jour que Victor. Elle n'a pas idée de la durée de ce nouvel exil. À l'instar du poète, elle y restera quinze ans.

Le troisième exil
(1856-1858)

EXILIUM VITA EST

Les terres de l'exil se suivent et ne se ressemblent pas. De dimensions plus réduites, l'île de Guernesey se révèle également plus rude, plus escarpée que celle de Jersey. On y dénombre plus d'oiseaux que de voitures et la langue usitée se compose d'une sorte de patois anglaisé que les novices mettent un certain temps à intégrer : « À Saint-Pierre-Port, on n'est pas horloger, on est montrier ; on n'est pas commissaire-priseur, on est encanteur ; on n'est pas badigeonneur, on est picturier ; on n'est pas maçon, on est plâtreur ; on n'est pas pédicure, on est chiropodiste ; on n'est pas cuisinier, on est couque ; on ne frappe pas à la porte, on *tape à l'hû*[1]. » D'emblée, l'aspect sauvage de Guernesey, « gracieuse d'un côté, [...] de l'autre terrible[2] », le climat de pluie et de brouillard qui enveloppe le jour de son arrivée emportent l'adhésion de Victor : il sait que sa songerie féconde va aisément pouvoir s'en emparer.

Que sa force de travail, de toute évidence, en sera décuplée. Sa famille, à coup sûr, aura plus de difficulté à s'adapter, mais sa condition d'exilé, sa célébrité, sa mission et sa personnalité ne souffrent pas la contradiction. Tombé à son tour sous le charme, Auguste Vacquerie écrit à son neveu :

> Nous habitons la capitale de l'île, Saint-Pierre-Port ; imagine-toi Caudebec sur les épaules d'Honfleur. Une église gothique, des rues vieilles, étroites, irrégulières, fantasques, amusantes, coupées d'escaliers, grimpant et dégringolant, les maisons les unes sur les autres afin que toutes voient la mer. Et un port tout petit, où les navires se tassent, où les vergues des goëlettes risquent toujours d'éborgner les fenêtres du quai, où ces immenses oiseaux nichent dans les croisées. J'aime les petits ports ! la mer y est plus grande, et on l'a dans le creux de la main. [...] Barques de pêche, sloops, bricks, trois-mâts, bateaux à vapeur, se croisent devant moi presque comme à Villequier ; c'est vivant comme la Seine et c'est grand comme la Manche ; c'est un fleuve et c'est l'océan ; une rue de la mer[3] !

Guernesey a d'autant plus d'attrait que la population, qui met chapeau bas lorsque débarque le poète, accueille les nouveaux arrivants avec cordialité. Les autorités y semblent également moins promptes à la répression que celles de l'île voisine. Dans un premier temps, Victor Hugo prend une chambre, avec son fils cadet, à l'hôtel de l'Europe qui borde le Quay, face au port. En prévision de l'arrivée des siens, il s'empresse de louer une maison située un peu à l'écart du centre, 20 rue Hauteville. La toponymie ne ment pas : la rue serpente effectivement vers les hauteurs. S'il a laissé derrière lui la terrasse de Jersey et son long mur où sautaient les lames, ce nid d'aigle de deux étages et une mansarde, son petit jardin en pente et, surtout, sa vue magnifiquement dégagée rivalisent aisément avec Marine Terrace. Au point que le logis recueille les suffrages enthousiastes des deux Adèle et de Vacquerie, débarqués le 9 novembre au matin avec les domestiques. Le temps de menus travaux qu'accompagnent quelques frais d'ameublement indispensables, et le clan Hugo s'installe au grand complet :

> Dans chaque chambre le nécessaire : un lit, une table pour écrire, un lavabo. C'est mon père qui a tout loué. Il a acheté la batterie de cuisine et en galant homme de ménage a seulement donné du superflu aux femmes et à la salle à manger où nous nous tenons habituellement. J'ai un lit de plumes et un meuble à compartiments, une grande armoire que je partage avec ma mère. La salle à manger a un merveilleux et robuste coucou qui sans se fatiguer donne l'heure tous les jours avec un fracas dont serait envieux un réveille-matin. Le canapé de la serre de Marine-Terrace s'étale et fait vis-à-vis aux fenêtres avec deux succursales de coussins et de sièges ; un fauteuil rouge, une énorme table, une cheminée de marbre blanc sur laquelle est suspendue la glace à cadre doré, qui ornait le petit salon de Marine-Terrace. Des Delacroix s'accrochent au mur ; pour leur tenir compagnie on a suspendu près d'eux un portrait d'un coin de la terrasse, et celui de la chambre à coucher que mon père occupait à Marine-Terrace[4].

Dans sa modeste chambre du Crown Hôtel, Juliette, qui n'est pas entourée du même confort, attendra encore un peu avant de durablement s'installer. Petit à petit, les proscrits se réorganisent. Chez les Hugo, l'ordonnancement du quotidien n'a guère été malmené par la transhumance. Mme Hugo confie à sa sœur Julie : « On traîne jusqu'à midi à causer, à discuter. Je me plonge après dans le ménage pendant que tout le monde est à ses affaires : Toto à son *Shakespeare* et aux nouvelles, Charles à sa littérature ; en ce moment, il fait un roman ; Adèle à son journal et à sa musique ; Auguste à son chat et à sa pensée[5]. » Tout aussi désireux d'obvier à la morosité grandissante des uns et des autres qu'attentif à adoucir l'hiver qui s'annonce, Victor prend l'initiative d'instaurer un soupçon de changement dans leur mode de vie. Son épouse s'en félicite :

> Mon mari a trouvé cette vie un peu trop austère, il a inauguré un *petit thé* tous les soirs avec des *beurrées*. C'est assez gai, en effet ; ces messieurs font leur tour après le dîner, mon mari ses *mille pas* et à neuf heures la gourmandise les ramène. Nous avons conservé notre intimité. Guérin demeure juste en face de chez nous, Kesler à deux pas, ainsi que monsieur et madame Duverdier ; il y a un va-et-vient le soir. Pour diversion, nous avons toujours notre dîner du samedi, et un thé chez madame Duverdier, le jeudi[6].

Qu'advient-il des *Contemplations*, dont les épreuves ont été corrigées entre deux îles ? Noël Parfait pour Pierre Jules Hetzel à Bruxelles, Paul Meurice pour Michel Lévy et Charles Pagnerre à Paris, se sont occupés avec zèle des révisions, puis de la publicité du recueil. Lorsque paraît ce dernier, le 23 avril 1856, le succès littéraire est immédiat, au point que le premier tirage s'épuise en un clin d'œil. Si la presse religieuse se déchaîne, *Les Contemplations* est l'événement littéraire du printemps. À Paris, où il est interdit de faire représenter ses pièces de théâtre comme de citer son nom dans les journaux, la victoire de Victor Hugo est entière. Les marques d'amitié affluent de la capitale française. De Louis Boulanger à Alexandre Dumas — « Votre beau livre n'ajoute rien à ma tendresse et à mon dévouement, mais il grandit mon admiration à la hauteur de votre génie[7] » —, de Jules Michelet à George Sand de qui le poète se rapproche, tous lui présentent leurs respectueux éloges. Le triomphe rafraîchit le souvenir du proscrit. Il entraîne un regain de popularité, mais aussi d'imposants droits d'auteur aussitôt transmis par Pierre Jules Hetzel. Ce sont les premières réelles rentrées d'argent de Victor Hugo depuis le début de l'exil.

Guernesey autorisant les étrangers, au contraire de Jersey, à acheter de la terre, Victor Hugo, le 10 mai, autrement dit moins d'un mois après la publication du recueil, fait l'acquisition d'une grande et blanche demeure à trois étages surplombant l'océan. Elle a été bâtie autour de 1800 par un corsaire anglais et ne manque ni d'espace — chaque étage totalise quelque cent cinquante mètres carrés — ni de cachet. Le déménagement, cette fois, n'aura pas à souffrir d'une trop grande distance : elle est située au numéro 38 de la même rue. Si la façade, côté rue, est sombre et guère engageante, la maison, de l'autre côté, est orientée au sud et s'ouvre de plain-pied sur un imposant jardin où terrasses et serres débordent déjà de fruits, de fleurs et de légumes. Il y a des caves, des buanderies, des celliers, tous les communs nécessaires, une basse-cour et « toutes sortes de petits logis pour les animaux[8] ». À cinquante-quatre ans, après avoir été chassé de France, de Belgique et de Jersey, le proscrit peut enfin s'enorgueillir d'avoir un chez-lui. Il songe à le baptiser Liberty House, opte en définitive pour Hauteville House. Ayant acquis droit de cité, et donc de citoyenneté, il n'a plus à redouter l'application de l'*alien bill*, cette loi anglaise qui autorise l'expulsion sans jugement des étrangers. Il est vrai qu'elle n'existe qu'en temps de guerre et qu'il faudrait au gouvernement anglais un vote du Parlement pour la rétablir, mais personne ne saurait être trop prudent en ces temps incertains. Dans leur ensemble, les proscrits vivent dans la hantise de cette épée de Damoclès. S'il en est désormais affranchi, Hugo apprend, non sans agacement, qu'il est tenu de se soumettre à une coutume féodale, le droit de « poulage », redevance annuelle de deux poules dont il doit s'acquitter à la Saint-Martin auprès du mandataire de la reine d'Angleterre — et qu'il lui est, fort heureusement, permis de convertir en un versement de trois shillings et six pence. Ce statut inespéré de *landlord*, qui traduit, de sa part, une volonté ferme d'enracinement, désespère Mme Hugo et Adèle, dont les silences s'accroissent à mesure que son avenir lui échappe. Hauteville House, à leurs yeux, n'est rien moins que la consécration de l'exil. Victor Hugo ne fait pas vraiment cas de leurs opinions. Sa position est tranchée : son sacrifice exige l'obéissance aveugle de son entourage. Il ne comprend d'ailleurs pas, ou ne cherche pas à comprendre, pourquoi sa fille — qu'il traite d'égoïste ! — s'accommode aussi mal du rocher guernesiais. Et pour cause : il dépense à lui seul plus d'énergie que tous les membres de sa famille réunis. Parallèlement à ses travaux d'écriture, il s'est lancé dans une activité inédite qui le captive : la conception et la décoration d'Hauteville House. Le génie hugolien, inépuisable, éclate aussi là où on ne l'attend pas.

HUGO HOUSE

Passé le porche gothique de l'entrée, le rez-de-chaussée de la maison se divise entre un espace privé — la chambre d'Auguste Vacquerie — et des pièces de réception : une salle à manger, un salon dit « des tapisseries », un atelier-fumoir avec un cabinet noir dédié au développement photographique et une salle de billard qui, une fois en activité, ressemblera à s'y méprendre à l'arrière-salle d'un café parisien. Au premier étage se trouve l'appartement des deux Adèle : deux chambres séparées d'un cabinet de toilette et un double salon, tendu, d'un côté, de damas rouge — le salon rouge — et, de l'autre, de damas bleu — le salon bleu, qui communique, en outre, avec un jardin d'hiver donnant sur la mer. Le deuxième étage a été alloué aux chambres de Charles et de François-Victor, ainsi qu'à la chambre d'amis, également appelée chambre de Garibaldi. Le troisième étage, quant à lui, est réservé au seul usage de Victor Hugo. Il a à sa disposition une antichambre, une chambre à coucher, un débarras et une terrasse, sans oublier le *look-out*, un belvédère au plafond de verre dont trois murs sont équipés de verrières et qui deviendra son cabinet de travail — l'utilisation de grandes surfaces vitrées est alors totalement novatrice dans l'architecture bourgeoise. Il y écrira debout, sur une humble tablette qui se soulève afin de devenir écritoire, face au spectacle de l'océan. Aux étages inférieurs est dévolue la pénombre. À celui du créateur, la clarté. Et parce qu'il préfère préserver la qualité de l'air ambiant et que le froid n'a jamais raison de son énergie, il a dépourvu son appartement de cheminée. L'hiver, le poêle de faïence du *look-out* fait office d'unique source de chaleur.

Hauteville House est un monument, une œuvre à part entière, tant Victor Hugo l'embellit, au fil des années, selon ses goûts. S'improvisant architecte d'intérieur, il en conçoit les plans d'aménagement, dont il surveille étroitement l'exécution. Commencés en 1857, les principaux travaux vont durer deux ans et ne s'achèveront véritablement qu'en 1862, avec la création du moderne *look-out* du dernier étage, ce qui lui laissera tout loisir de vitupérer la lenteur des ouvriers guernesiais. Les Hugo s'y installent, malgré tout, dès le mois de novembre 1856. La présence, dans la maison, d'une dizaine d'ouvriers par jour, le bruit et la poussière constants rendent particulièrement pénible l'existence de ceux qui ne partagent pas l'enthousiasme du maître d'œuvre :

> Je me cogne dans les gravats, je déchire mes jupes aux poutres, j'avale de la poussière de plâtre à m'en nourrir, je m'empê-

tre dans les résidus du mobilier, je suis étourdie, ahurie, je descends mille fois, j'ai mille prétextes de gronder, et je gronde, je bats l'enclume dans la maison. Pour me reposer, me recueillir, m'isoler et oublier tout cela, je passe mes soirées et je dîne dans la cuisine, dans le cliquetis des casseroles, les aboiements des chiens, les bonds des chats, dans l'odeur de l'eau de vaisselle, et tout cela parce que nous n'avons de pièce organisée que la cuisine. La salle à manger est la pièce des charpentiers et des maçons. Le billard est un garde-meuble. Les galeries ne sont jusqu'ici que de grandes halles. [...] Nos amis ne viennent pas, crainte de gêner, de façon que nous passons nos journées et nos soirées dans les décombres et dans la solitude. Il paraît que notre maison sera si belle, mais comme nous l'aurons gagnée ! Et l'argent que mon mari dépense, c'est effrayant ! Décidément je ne nous aime pas propriétaires[9].

Les travaux se poursuivent alors même qu'Adèle tombe gravement malade, en proie à la fièvre et au délire. Une attaque de nerfs, voilà sa réponse à l'isolement qui lui pèse. Qu'en pense le principal intéressé ? S'il prie Léopoldine et la conjure de veiller sur sa sœur, rien ne l'arrête. Il se lève à cinq heures du matin pour écrire, surveille le chantier, s'occupe de faire remplacer les fenêtres à guillotine par des fenêtres à battants, prend le temps de quelques frasques et donne libre cours à son goût prononcé pour l'art médiéval : il chine meubles et objets d'époque chez les brocanteurs, arpente l'île à la recherche de pièces qu'il négocie auprès des particuliers. Qu'importe, si certaines de ses trouvailles sont en mauvais état. Bahuts et tapis sont démontés, dépecés, taillés, coupés, avant d'être nouvellement assemblés à sa guise. La préservation de l'authenticité du patrimoine médiéval populaire revêt manifestement peu d'importance pour Victor Hugo. La notion de conservation, si chère à son cœur, ne résiste pas à ses pulsions créatrices. Véritable forêt de bois sculpté, Hauteville House déborde de fantaisie et d'invention : figures fantastiques et chimériques, colonnes, stalles, anciens devants de coffres remontés en portes, meubles monumentaux, divans étagés recouverts de tapis d'Orient et de tapisseries... Pareil amoncellement hétéroclite est prodigieux. L'imbrication des styles concourt à créer une atmosphère sombre, mystérieuse, à forte dominante néo-gothique. Hugo ne laisse rien au hasard. Ses croquis sont légion. Il cisèle, grave, dessine chandeliers, torchères, bancs et buffets, entaille le bois, peint des décors en style chinois ou japonisant qu'il rehausse parfois d'or. Mme Hugo prophétise : « Ce sera un poème que ce logis. Mon mari grave des inscriptions, met son âme sur les murs de sa maison, il prend le rabot lui-même et lui donne sa sueur. Enfin ce sera un monument élevé par le grand exilé[10]. » Le vide est banni d'Hauteville House : la maison est occupée du sol au plafond. On trouve un candélabre de chêne, des chaises hollandaises, des tapisseries des Gobelins, des morceaux d'ivoire, des statues, des assiettes rares, un service de Sèvres, des objets d'un éclectisme époustouflant. Miroirs, glaces, aquarelles et dessins sont essaimés un peu partout. Les murs sont tendus de draperies ou envahis de boiseries et de bibliothèques, les sols sont couverts de parquet, les panneaux sont assortis de titres ou de maximes sculptés, des adages sont gravés sur des lambris de fenêtres et des initiales entaillent certains volets intérieurs. Un couloir est dédié aux faïences, une galerie est entièrement parée de chêne et la cheminée de la salle à manger, majestueuse, est entourée d'une paroi de céramiques que surplombe un double H. Bois, étoffes, verre semblent n'avoir aucun secret pour l'heureux propriétaire des lieux. Henri Rochefort ne croyait pas si bien dire, lorsqu'il écrivait : « Posséder un coffre construit, raboté et même sculpté par Victor Hugo constituera un jour, pour un amateur d'objets rares, un précieux échantillon de la multiplicité des facultés de cet homme extraordinaire qui voyait tout avec les yeux du rêve[11]. » À la profusion des idées répond un savoir-faire inné. La puissance de l'architecte et du décorateur complète celle de l'écrivain.

Hauteville House a davantage la physionomie d'un appartement parisien que d'une maison de campagne vouée à de courts séjours. Mme Hugo y aurait certainement été plus sensible si elle avait été ancrée au sein d'un trépidant tissu urbain, tant l'originalité de son cadre de vie ne la détourne pas de son accablement : « Hier en traversant le vestibule qui mène à la porte d'entrée, je me disais : "Ma bière passera ici"[12]. » Pour le maître de maison, une autre vie s'ébauche. Marine Terrace, d'ailleurs, n'est plus qu'un souvenir de passage. Et si les tables et les guéridons, pourtant fort nombreux, ne se meuvent pas dans sa nouvelle demeure, les esprits y ont leur fauteuil attitré dans la salle à manger, sorte de chaire médiévale au haut dossier terminé par un dais et sur le bas de laquelle a été portée l'inscription : *Absentes adsunt* — « Les absents sont présents ». Il le nomme CELLA PATRUM DEFUNCTORUM, « Le fauteuil des ancêtres ». Le panneau du milieu porte le blason — usurpé — des Hugo de Lorraine, au-dessous duquel il a ajouté : EGO HUGO, « Moi, Hugo ». Une chaîne de fer relie les bras et empêche toute profanation. Ce fauteuil fit une forte impression sur Henri Rochefort :

> Par une sorte de fétichisme plus indou qu'européen, il avait dans cette même salle à manger installé un grand diable de fauteuil destiné à rester toujours vide et entre les bras duquel il supposait que les morts venaient s'asseoir. Il l'appelait le *fauteuil des ancêtres*. Ces ancêtres étaient là, assistant, soi-disant, à toutes les conversations et sans qu'on pût savoir lequel des aïeux venait prendre place sur ce siège composite ; car tout homme a tant d'ascendants derrière lui, qu'ils ne tenaient pas tous sur le même fauteuil.
>
> Ça, c'est le côté imaginaire et panthéiste de ce vaste cerveau. Ne croyant plus beaucoup qu'il y eût au-dessus de lui un être divin pour le protéger et le conduire, il aimait à admettre qu'il y avait autour de lui des oreilles invisibles pour l'écouter[13].

À Hauteville House, l'inconnu frôle Hugo de jour comme de nuit. Ici aussi, il entend des bruits sourds et des présences invisibles.

Il n'en oublie pas pour autant le minéral et le végétal. Après avoir doté le jardin d'une véranda et d'une volière — où s'ébattront bengalis, canaris et serins —, et le bassin de poissons rouges, il prend soin de la luxuriance de l'extérieur et profite de la fertilité de l'île :

> Le sol, saturé de poussière de roche, est puissant ; l'engrais, qui est de tangue et de goëmon, ajoute le sel au granit ; d'où une vitalité extraordinaire ; la séve fait merveilles ; magnolias,

myrtes, daphnés, lauriers-roses, hortensias bleus ; les fuchsias sont excessifs ; il y a des arcades de verbènes triphylles ; il y a des murailles de géraniums ; l'orange et le citron viennent en pleine terre ; de raisin point, il ne mûrit qu'en serre ; là, il est excellent ; les camélias sont arbres ; on voit dans les jardins la fleur de l'aloès plus haute qu'une maison. Rien de plus opulent et de plus prodigue que cette végétation masquant et ornant les façades coquettes des villas et des cottages[14].

Lorsque Juliette, en 1857, loue La Fallue, une maison de laquelle elle aperçoit Hauteville House, il y entreprend également des travaux d'aménagement, achète les meubles et en dessine les transformations que réalise l'ébéniste Mauger. Juliette est doublement comblée : par la magnificence de son intérieur et par la possibilité qui lui est offerte, chaque matin, de toucher son Victor du regard : « Me voici enfin votre voisine ! Il me semble que ce rapprochement de nos deux maisons rapproche aussi nos deux âmes et que nous nous aimerons de plus près à présent qu'il n'y a presque plus d'intervalle entre nos deux personnes[15]. » Ils ne se verront, évidemment, jamais assez pour elle, ce qui ne l'empêche pas de continuer à lui envoyer, deux fois par jour, ses « restitus ». La proximité du clan Hugo est probablement plus difficilement supportable encore qu'à Jersey — Juliette s'inquiète quant à l'attitude à adopter avec les Guernesiais, qui voient en elle la seule exilée à qui la porte d'Hauteville House semble irrémédiablement fermée —, mais elle en a pris, depuis longtemps, son parti. Sa dépendance financière ne lui laisse, de toute façon, pas d'autre choix.

L'ANNÉE DE LA RÉVOLTE

Si la belle saison amène, à Hauteville House, Julie Foucher — bientôt mariée au graveur Paul Chenay —, Paul Meurice et son épouse, Louise Colet — séparée de Flaubert — ou Alexandre Dumas — pour une visite éclair de deux jours —, si les occasions d'excursions, de pique-niques et de bains de mer deviennent plus fréquentes, trop de longs mois privés de distraction restent encore à affronter. D'autant que Guernesey a une particularité tout anglaise : « La stagnation du dimanche fait loi[16]. » Il y a bien les concerts donnés par Augustine Allix, qui s'est installée dans l'île au mois d'avril 1856, mais ils ne suffisent pas à apaiser la fringale d'évasion du clan Hugo. Arpenter l'île de long en large est une maigre consolation : ils sont lassés depuis trop longtemps de ces loisirs forcés. Auguste Vacquerie confie à son neveu : « Nous travaillons. C'est incroyable la quantité d'art que produit cette maison que la politique a produite. Toute la maison travaille[17]. » Même lui, pourtant si casanier et si studieux, a envie de prendre la clef des champs. À la fin du mois de décembre 1857, un mariage lui offre le prétexte d'admirer la Manche du côté du continent. Il retourne au Havre, puis à Villequier.

Le 14 janvier 1858, à Paris, le couple impérial échappe de justesse à un attentat à la bombe. Ses instigateurs sont mis sous les verrous, mais une vague de répression s'ensuit, avec promulgation d'une loi de sûreté générale et arrestations massives de « suspects ». En Belgique, une nouvelle loi contre les journaux publiés par les exilés français est mise en place. La jeunesse bourgeoise, progressivement, se détourne du second Empire. De nouveaux courants de pensée se développent, critiques envers le pouvoir et le clergé. Partout, l'opposition se consolide. L'irritation monte. À Guernesey, aussi, où l'esprit de révolte, limité en ce début d'année à la sphère familiale, prend les proportions d'un véritable drame. Les Hugo, exception faite de Victor, ne supportent plus cette existence de perpétuelle claustration. Des disputes éclatent. Mme Hugo met les points sur les i : « Causons gentiment. Tu as choisi Jersey comme résidence ; j'y suis allée. Jersey devenu impossible, tu es venu à Guernesey sans me dire *"Te convient-il d'y demeurer ?"* Je n'ai rien dit ; je t'ai suivi. Tu t'es fixé définitivement dans Guernesey en achetant ta maison. Tu ne m'as pas consultée, *moi*, pour cet achat. Je t'ai suivi dans ta maison. Je te suis soumise, mais je ne puis être absolument esclave […][18]. » Charles et François-Victor accusent leur père d'être un tyran : ils ont besoin de vivre loin de son despotisme. Si Charles ne nie pas que l'exil lui est bénéfique au plan de l'écriture, il tourne en rond. Tout comme François-Victor, qui ne s'est pas distrait un seul instant de sa traduction ambitieuse de l'intégralité de l'œuvre de Shakespeare, commencée au printemps 1854. Il n'est rien de dire que leur sœur Adèle, qui ne trouve pas sa place dans cette ambiance de couvent de bénédictins, fane la fleur de sa jeunesse. Mme Hugo prend fermement le parti de ses enfants. Ils doivent changer d'air, prendre le large, échapper à la monotonie et à cette maison qui leur est pesante, étrangère, tant elle croule sous les références relatives à la vie et à l'œuvre du grand proscrit. Charles, d'ailleurs, reproche ouvertement à ce dernier le caractère inhospitalier de leur habitat. Tous se sentent opprimés. De fait, ils le sont. Ils se liguent contre lui. Vivre étroitement leur pèse et ils n'ont plus qu'un dessein : désobéir. Hugo confiera aux *Travailleurs de la mer* ses sentiments d'alors : « La table de famille est silencieuse. Vous vous figurez qu'autour de vous on vous en veut. Les visages aimés sont soucieux. Voilà ce que c'est que de décroître. Il faut remourir tous les jours. Tomber, ce n'est rien, c'est la fournaise. Décroître, c'est le petit feu[19]. » Mme Hugo se fait l'ambassadrice du sentiment général : « Ta maison est à toi. On t'y laissera seul[20]. » Cerné de toutes parts, Victor cède, donne son autorisation du bout des lèvres. Le 18 janvier, Mme Hugo et sa fille ouvrent le bal de la dispersion familiale en quittant Guernesey pour Paris, par Southampton et Le Havre. Initialement prévue pour deux mois, leur escapade tire en longueur. S'étourdir de la vie parisienne prend du temps : elles ne rentrent que le 6 mai, en compagnie d'Auguste Vacquerie et d'une impressionnante somme de bagages. Victor a perdu son autorité, mais il a gagné de nouvelles lectures.

En juin, il tombe gravement malade. Une inflammation de la gorge, banale en apparence, s'accompagne bientôt d'une prolifération de furoncles dans le dos. Ses jambes enflent, signe de problèmes de circulation lymphatique. Une forte fièvre prend le dessus. Le diagnostic est sans appel : c'est un anthrax. Début juillet, lorsque François-Victor rentre d'une échappée d'une quinzaine de jours en Angleterre et en Écosse, l'état de Victor Hugo a empiré au point qu'il ne peut plus écrire. Affaibli, il ne peut ni se lever ni parler. Pour la première fois depuis l'exil, il ne ravive plus son corps par des ablutions matinales d'eau glacée. Ses proches, qui se relaient à son chevet, tentent de masquer leur inquiétude. La mort, ils le savent, peut survenir. Juliette, qui presse le médecin et les familiers du poète de questions, agace sérieusement Mme Hugo en envoyant Suzanne aux nouvelles plusieurs fois par jour. Elle ne retrouve un peu de calme que lorsque Victor se montre, un matin, à la terrasse de son appartement, pâle et amaigri. Un coup de bistouri a dégagé l'induration. Sa maladie aura duré presque deux mois, mais il n'est vraiment considéré comme hors de danger que le 4 octobre, une fois la plaie refermée. Ses médecins lui enjoignent de voyager : « Mais où aller ? qui est banni de France trouve le monde fermé[21]. » Il lui faut, de toute façon, rattraper le temps perdu. Une fois sur pied, il se remet au travail avec une assiduité féroce. Juliette s'inquiète pour sa santé : elle a de la copie pour toute réponse. Malgré ses sempiternelles menaces, elle sera la seule à ne jamais l'abandonner à son exil. La concubine reste fidèle au poste quand l'épouse honoraire abandonne la partie.

Le 20 décembre 1858, Auguste Vacquerie fait ses adieux définitifs à Hauteville House. Sa fidélité au proscrit reste entière, mais il approche la quarantaine et envisage de penser à lui. Son départ n'est pas pour déplaire à Adèle, débarrassée de celui qui n'est pour elle qu'un soupirant éconduit. Charles et François-Victor, en revanche, se désolent du vide laissé par leur ami. Le schisme familial ne va pas tarder à se raviver.

Le sacrifié volontaire
(1859-1862)

RÉGÉNÉRATION DE L'*EPOS*

Victor Hugo n'a guère le temps, à présent, de prêter attention plus que de raison à ces récriminations familiales. De son cabinet de travail d'où il embrasse l'horizon, il s'abîme, chaque jour un peu plus, dans la pensée vivante de l'immensité océane. Elle est son inspiratrice, sa conseillère de tous les instants. Son grondement l'enveloppe. Ne s'est-il pas affublé du qualificatif de « somnambule de la mer » ? Guernesey, il est vrai, se révèle comme la période la plus féconde de son inspiration, celle où son génie s'élargit et se transfigure. Tout y est matière à idée, à réflexion. Il lit d'ailleurs beaucoup, la composition de son imposante bibliothèque l'atteste. Il fouille chez les antiquaires, commande et se fait envoyer dictionnaires anciens et modernes, romans, livres d'histoire ou d'érudition. Autour de lui, journaux et brochures abondent. De Paris, romanciers, dramaturges et poètes lui font parvenir leurs dernières publications. Ainsi Charles Baudelaire, dont *Les Fleurs du mal* ont été condamnées comme immorales, et à qui Hugo répond à cette occasion : « Une des rares décorations que le régime actuel peut accorder, vous venez de la recevoir. Ce qu'il appelle sa justice vous a condamné au nom de ce qu'il appelle sa morale ; c'est là une couronne de plus. Je vous serre la main, poëte[1]. » L'éloignement n'atténue ni sa curiosité ni l'étendue de ses connaissances. Ses séjours passés dans l'île de Sercq toute proche, voués à la détente, provoquent d'autres types de création : en juin 1859, il y compose des poèmes qu'il qualifie « de délassement », *Les Chansons des rues et des bois*, que les éditeurs Lacroix et Verboeckhoven publieront en 1865. Il y conçoit également le canevas du roman maritime *Les Travailleurs de la mer* qu'il mettra en chantier cinq ans plus tard. Rien, jamais, ne l'arrête.

Hugo écrit sans autre idée préconçue que de donner naissance à une œuvre épique, immense, où se mêlent tous les genres : *Le Théâtre en liberté*, *La Légende des siècles*, *Les Chansons des rues et des bois*, *Les Travailleurs de la mer* et *Les Misérables*, dont il ne va pas tarder à reprendre le manuscrit. L'ambition de ses différents projets et leur alternance l'obligent à un effort d'adaptation constant, dont sa vigueur cérébrale dominatrice vient aisément à bout.

En cette année 1859, il poursuit les *Petites Épopées*, sur lesquelles il travaille sans relâche. Il a, depuis mars 1857, largement débordé du cadre primitif et engrangé un impressionnant corpus de vers. Ses « mille pas » quotidiens s'en ressentent, qui ne le conduisent plus avec régularité chez Juliette. Elle s'en inquiète : « Tâche de ne pas être trop envahi par l'inspiration afin que je puisse un peu t'approcher et te parler chemin faisant. Il y a si longtemps que tu ne m'appartiens plus que je me sens presque étrangère maintenant dans ta vie. Je sais bien que tu te retranches dans ton travail. Mais est-ce qu'il ne te serait pas possible d'en sortir quelquefois pour moi[2] ? » Le titre de l'œuvre, lui aussi, a évolué. Hugo jette sur le papier *La Légende épique de l'homme*, *Ébauches épiques*, *La Légende de l'homme* et, enfin, *La Légende des siècles*. Jouant avec habileté sur les registres de la fable et de l'Histoire, il régénère l'épopée. Il brasse la genèse et les temps primitifs, la Grèce mythique et classique, Rome, les invasions barbares, la chevalerie, l'Espagne arabo-chrétienne, la Renaissance et les misères contemporaines, mêle êtres imaginaires et figures anonymes, personnages surnaturels et sacrés, dieux et héros, rois, souverains et animaux. Sa science prosodique éclate avec maestria. *Booz endormi*, *La Conscience* et *Le Satyre* comptent parmi ses pièces les plus emblématiques. Une introduction, en vers — *La Vision d'où est sorti ce livre* —, donne la mesure de la grande variété de tons adoptée par le poète :

J'eus un rêve, le mur des siècles m'apparut.

[...]
Ce livre, c'est le reste effrayant de Babel ;
C'est la lugubre Tour des Choses, l'édifice
Du bien, du mal, des pleurs, du deuil, du sacrifice,

> Fier jadis, dominant les lointains horizons,
> Aujourd'hui n'ayant plus que de hideux tronçons,
> Épars, couchés, perdus dans l'obscure vallée ;
> C'est l'épopée humaine, âpre, immense, — écroulée[3].

Conscient de l'ampleur de l'œuvre, il imagine une publication en plusieurs volumes étalée sur autant d'années. Pierre Jules Hetzel tenant ferme à *Petites Épopées*, même si certaines avoisinent le millier de vers, Hugo accepte d'intituler la première série : *La Légende des siècles. Première série : les Petites Épopées*, malgré son horreur des doubles titres — « Cela fait vaciller l'idée du livre dans l'esprit du lecteur[4] ». Fidèles au poste, Noël Parfait et Paul Meurice revoient et corrigent les épreuves. Après avoir âprement défendu son orthographe et sa ponctuation, qu'il estime faire partie de son style et donc devoir être respectées — « Les correcteurs ont deux maladies, les majuscules et les virgules, deux détails qui défigurent ou coupent le vers[5] » —, Hugo s'attaque enfin à l'argument qu'il va placer en tête de son recueil. Il y justifie sa démarche : « Exprimer l'humanité dans une espèce d'œuvre cyclique ; la peindre successivement et simultanément sous tous ses aspects, histoire, fable, philosophie, religion, science, lesquels se résument en un seul et immense mouvement d'ascension vers la lumière ; faire apparaître, dans une sorte de miroir sombre et clair — que l'interruption naturelle des travaux terrestres brisera probablement avant qu'il ait la dimension rêvée par l'auteur — cette grande figure une et multiple, lugubre et rayonnante, fatale et sacrée, l'Homme ; voilà de quelle pensée, de quelle ambition, si l'on veut, est sortie *La Légende des siècles*[6]. » L'œuvre, publiée en deux volumes, est en librairie le 26 septembre 1859. Elle déclenche, chez nombre de ses admirateurs, un enthousiasme sans bornes. Son unité d'inspiration force le respect de Flaubert :

> Jamais ce colossal poète n'avait été si haut. [...] Quel enthousiasme, quelle force et quel langage ! Il est désespérant d'écrire après un pareil homme. Lisez et gorgez-vous de cela, car c'est beau et sain.
> Je suis sûr que le public va rester indifférent à cette collection de chefs-d'œuvre ! Son niveau moral est tellement bas, maintenant ! On pense au caoutchouc durci, aux chemins de fer, aux expositions, etc., à toutes les choses du pot-au-feu et du bien-être ; mais la poésie, l'idéal, l'Art, les grands élans et les nobles discours, allons donc[7] !

Ces prédictions s'avèrent justes : une partie de la critique reste hermétique à la philosophie et à la métrique hugoliennes. *La Légende des siècles* est un ouvrage beaucoup trop ambitieux pour réussir à séduire un large lectorat, et les ventes restent en deçà des chiffres espérés.

LE REFUS DE L'AMNISTIE

Depuis le 15 août 1859, un décret d'amnistie permet le retour en France des condamnés de 1851 et des proscrits. Comment Victor Hugo y réplique-t-il ? Avec dédain :

Personne n'attendra de moi que j'accorde, en ce qui me concerne, un moment d'attention à la chose appelée amnistie.

Dans la situation où est la France, protestation absolue, inflexible, éternelle, voilà pour moi le devoir.

Fidèle à l'engagement que j'ai pris vis-à-vis de ma conscience, je partagerai jusqu'au bout l'exil de la liberté. Quand la liberté rentrera, je rentrerai[8].

Sa déclaration est publiée par les journaux de Londres et d'Angleterre, en français et en anglais, puis par les journaux belges et français. D'autres suivent son exemple et se refusent à regagner la France : Victor Schoelcher, Edgar Quinet, Louis Blanc, Madier de Montjau, Félix Pyat, le colonel Jean Baptiste Adolphe Charras, républicain modéré et représentant du peuple à la Constituante. À Paris, les sénateurs Sainte-Beuve et Mérimée, souteneurs autorisés du régime, s'érigent contre ces séides de la République et leur engagement solennel. Du côté des classes populaires, en revanche, on admire la résistance de ces sacrifiés volontaires résolus à ne jamais se rendre. Son inébranlable fidélité à ses opinions grandit Victor Hugo dans l'esprit des masses. À Hauteville House, sa fin de non-recevoir provoque la débandade. Autour de lui, plus personne ne voit la fin du tunnel. L'heure de l'évasion a sonné. Mme Hugo et sa fille décident de reprendre au plus vite contact avec le monde et entreprennent des excursions de plus en plus fréquentes loin de Guernesey. Au mois de mai 1859, déjà, elles se sont embarquées pour Londres avec Charles. Juliette elle-même a soutenu leur entreprise auprès de Victor : « Il est bon et il est juste que ta famille respire de temps en temps un peu d'air extérieur, ne fût-ce que pour lui faire apprécier par comparaison le bonheur intérieur nimbé et rayonnant que leur fait ton exil[9]. » De guerre lasse, il laisse faire et en profite pour passer commande de « bric-à-brac » à son fils cadet lorsque celui-ci, à son tour, met les voiles pour la capitale anglaise : « [...] si tu trouves quelque chose d'horriblement splendide et d'horriblement bon marché, tu peux acheter. Tu sais à peu près ce qui convient à la maison et ce qui peut la compléter[10]. » L'absence prolongée de l'épouse honoraire autorise Juliette à accompagner le poète et ses fils sur l'île de Sercq : en juin 1859, elle est officiellement présentée à Charles. Chaque semaine, désormais, Charles et François-Victor augmenteront de leur présence le nombre des convives invités aux dîners de La Fallue. L'atmosphère, plus décontractée, leur procure une bouffée d'oxygène d'autant moins négligeable que Juliette fait volontiers office d'intermédiaire entre eux et leur despote de père. Ils découvrent, ébahis, sa collection de reliques hugoliennes. Progressivement, elle est intégrée aux sorties entre amis. La cohabitation des deux ménages se réforme en douceur — mais non sans clabauderies. Mme Hugo, pourtant, n'aura de cesse de faire durer ses retrouvailles avec le continent : à Bruxelles, bien sûr, mais surtout à Paris, dont la physionomie change — au premier janvier 1860, le rattachement des communes limitrophes est entré en vigueur et la capitale française est passée de douze à vingt arrondissements. De mars à décembre 1861, elle abandonne Hauteville House. Elle s'en absentera, les deux années suivantes, à des périodes à peu près similaires. Tout à sa haine de l'exil, elle isole le poète et lui ôte ses enfants, qu'elle emmène ou retient auprès d'elle. Victor Hugo s'en attriste, mais s'efforce de ne pas s'en formaliser davantage. À compter de 1861, il fait lui-même le choix de quitter Guernesey au moins une fois par an. Il renoue, ce faisant, avec le rituel des voyages estivaux en compagnie de Juliette : principalement en Belgique et en Allemagne, mais également au Luxembourg, en Hollande et en Suisse. Du 14 au 18 juin 1860, en revanche, il est à Jersey, où il a accepté de prêter son éloquence à une réunion publique organisée en faveur de Joseph Garibaldi et de l'Expédition des Mille. Une pétition signée de plus de quatre cents noms le prémunit contre d'éventuelles poursuites. Il débarque en triomphateur. Honteux de l'expulsion de 1855, les Jersiais l'ovationnent. Les rues de Saint-Hélier, pour l'occasion, ont été placardées d'affiches éloquentes : « *Victor Hugo is arrived.* »

Son inspiration ne s'est pas tarie un seul instant. Depuis le mois d'avril 1860, il a entrepris de sortir *Les Misérables* de la malle de fer aux manuscrits. Le 30 décembre, il consigne dans son carnet :

Du 26 avril au 12 mai, j'ai relu le manuscrit. Du 12 mai au 30 décembre, j'ai passé sept mois à pénétrer de méditation et de lumière l'œuvre entière présente à mon esprit afin qu'il y ait unité absolue entre ce que j'ai écrit il y a douze ans et ce que je vais écrire maintenant[11].

LA CONSÉCRATION ROMANESQUE

Ébauché en 1845, interrompu le 14 février 1848, le roman est resté celui du Victor Hugo du temps de l'éloquence académique et parlementaire, d'avant la conversion à la gauche. Depuis la révolution de 1848 et le crime de Décembre, l'auteur a changé. Ses idées politiques et ses théories sociales se sont approfondies. Ses conceptions morales ont progressé. Sa philosophie religieuse personnelle, également, s'est développée. Il incarne l'opposition radicale par excellence au second Empire. Reprendre le manuscrit de cette vaste composition romanesque implique nécessairement la prise en compte de cette métamorphose.

Les cinq parties d'origine (« Fantine », « Cosette », « Marius », « L'idylle rue Plumet et l'épopée rue Saint-Denis », « Jean Valjean ») s'enrichissent de nombreux chapitres et de considérations sur la révolution, les couvents, les bagnes et la peine de mort. De nouveaux épisodes, frémissants de personnages secondaires, voient le jour. Hugo introduit d'amples mouvements de masse et modifie le caractère de ses personnages : ils sont aussi pleins de vie et de naturel que les tableaux de la misère sont poignants. Parce que le hasard, dans le roman, est fécond en conséquences, parce que les épisodes se ramifient sans cesse et que les coups de théâtre se multiplient autant que les coïncidences, il recourt à des éclaircissements, à des retours en arrière explicatifs. Il veille, avant tout, à ne jamais laisser fléchir l'intérêt, aérant sans cesse cette intrigue aux excavations multiples — philosophique, historique, politique, économique, révolutionnaire, religieuse — par l'alternance de chapitres d'action et de descriptions. Victor Hugo romancier est un observateur qui fait assaut de réalisme : précision topographique et souci de la documentation caractérisent *Les Misérables*. Il brasse les informations, du *Code pénal des Chiourmes* à la *Statistique des égouts de Paris*, de la figure de l'évêque Miollis, qui lui sert de modèle pour Myriel, aux souvenirs de Juliette, ancienne pensionnaire du couvent de Sainte-Madeleine, en passant par *Le Cloître Saint-Méry* de Rey Dusseuil — écrit en 1832, saisi et condamné au pilon, le livre inspire très étroitement la quatrième partie du roman. Il reconstitue, ressuscite la France de la Restauration, de la révolution de 1830 et de la monarchie de Juillet, non seulement pour faire revivre les faits avec exactitude, mais aussi pour fournir un point d'appui à la vraisemblance de sa narration, tant il est vrai que la grandeur épique de cette dernière se pare d'une merveilleuse exubérance. Récit de la lutte de l'homme contre l'oppression de la loi sociale, histoire d'un paria métamorphosé par un geste de charité évangélique, roman d'aventures, roman romantique, mais aussi roman policier où la plupart des personnages sont affublés de faux noms, *Les Misérables* prend peu à peu les proportions d'une épopée : celle des humbles. Hugo l'émaille, ce faisant, de larges pans de souvenirs et d'anecdotes personnels : on y retrouve, entre autres, le jardin des Feuillantines, le libraire Royol de la rue Saint-Jacques, la Mère Saguet, le général Léopold Hugo, le Paris des barricades et la révolte des générations nouvelles. Sans compter l'histoire de Marius, qui abonde en références à sa propre jeunesse : comme lui, il est successivement royaliste, bonapartiste et républicain ; comme il a suivi Adèle, Marius suit Cosette. Nulle part il n'a mis autant de lui-même : c'est dans *Les Misérables* qu'il se livre le plus.

Sa fièvre d'investigation pousse Victor Hugo à quitter Guernesey pour la Belgique et Waterloo : il veut autopsier la catastrophe sur le champ de bataille. Mme Hugo étant à Paris et Adèle à l'île de Wight, Hauteville House est laissée à la garde de François-Victor à compter du 25 mars 1861, jour du départ de Victor, de Charles et de Juliette. Cela fait neuf ans que le proscrit n'est pas retourné sur le continent. Pour l'occasion, il a troqué sa vareuse défraîchie et son feutre mou contre deux costumes neufs. Depuis le début de l'année, il porte la barbe. Une extinction de voix lui a fait redouter une laryngite chronique susceptible de dégénérer en phtisie laryngée : « Je laisse pousser ma barbe pour voir si cela me protégera contre les maux de gorge[12]. » Après s'être provisoirement installé à Bruxelles, il descend, le 7 mai, avec Juliette, à l'hôtel des Colonnes de Mont-Saint-Jean. De la fenêtre de sa chambre, il aperçoit le lion de Waterloo. Il arpente le site et ses environs, se documente et s'installe à son écritoire. Il ne s'interrompt que pour de brefs allers et retours à Bruxelles, où il retrouve les siens, laissant Juliette en tête-à-tête avec de la « copire ». Le 30 juin, il peut enfin écrire à Auguste Vacquerie : « [...] ce matin 30 juin à huit heures et demie, avec un beau soleil dans mes fenêtres, j'ai fini *Les Misérables*. [...] C'est dans la plaine de Waterloo et dans le mois de Waterloo que j'ai livré ma bataille. J'espère ne l'avoir point perdue[13]. » Le manuscrit est clos, mais son auteur n'est pas au bout de ses peines. Il va devoir, à présent, relire et réviser l'ensemble du travail accompli avant de le décréter officiellement terminé. Un voyage d'un mois en Hollande lui offre une phase de repos indispensable avant la reprise du labeur. La famille Hugo est encore à Bruxelles quand Victor et Juliette accostent le 3 septembre à Guernesey. Charles ne regagnera pas Hauteville House. Au mois d'octobre, il prend sa liberté et s'installe à Paris. C'est un Victor fulminant qui est mis devant le fait accompli : « Charles est un grand cœur et un grand esprit. Son malheur est d'être malléable aux influences. Je ne pardonnerai jamais à celles qui lui ont fait faire cette faute. Sa conscience reste pure et grande, sa dignité est intacte ; mais enfin on dira de lui : *il est allé à Paris*. Et j'en souffre[14]. » Du haut de ses trente-six ans, Charles poussera l'insubordination jusqu'à soupçonner son père d'exercer sur lui une véritable surveillance policière.

Juliette copie de plus belle, mais l'ampleur de la tâche est telle que Victor ne tarde pas à lui adjoindre des collaboratrices. Sa belle-sœur, Julie Chenay, assiste bientôt Juliette de façon permanente. Si cette dernière se désole d'être dépossédée d'un privilège qui fait sa joie depuis presque trente ans, elle cède devant l'urgence. Elle est, de plus, en butte au déclin de sa santé : ses problèmes oculaires s'aggravent et elle se sent devenir podagre : « [...] il faut bien mourir peu à peu physiquement et moralement et mon agonie a déjà commencé. Fasse Dieu qu'elle ne dure pas trop longtemps, surtout si je dois être pour toi une charge, une gêne et un dégoût[15]... ». Cette studieuse phase préparatoire à la publication des *Misérables* est à peine perturbée, en décembre 1861, par la venue d'Albert Pinson à Hauteville House : invité sur les instances d'Adèle, l'officier s'écarte prestement de celle qui s'est mise en tête qu'ils sont fiancés.

Victor Hugo a répondu positivement aux avances des éditeurs belges Lacroix et Verboeckhoven, désireux d'acheter les droits de publication des *Misérables*. Albert Lacroix n'est pas plus fortuné que Pierre Jules Hetzel, mais il est plus jeune et plus dynamique : Hugo a négocié avec lui un contrat à son avantage, refusant le principe d'une publication en feuilleton et maintenant celui d'une double édition simultanée, en France et en Belgique. S'estimant trahi, Hetzel s'offense de cette association qui le lèse, mais Hugo va de l'avant. La sortie des *Misérables* est programmée en trois temps : la première partie verra le jour le 3 avril 1862, la deuxième et la troisième le 15 mai, la quatrième et la cinquième le 30 juin.

Le retentissement du roman est prodigieux : son succès dépasse toutes les espérances. Les libraires sont débordés par la demande. Les listes d'attente s'allongent, les cabinets de lecture affichent complet. Dans les faubourgs ouvriers, on se regroupe pour acheter le roman. Il n'y en a plus que pour

Les Misérables. Plus d'un quart de siècle après *Notre-Dame de Paris*, Victor Hugo fait un retour magistral sur la scène romanesque. À soixante ans, grandi par l'absence et l'épreuve de l'exil, il règne sur l'ensemble de l'espace littéraire. Seul à avoir cherché à abolir le fossé qui s'est creusé entre l'écrivain et le peuple, il s'oppose à ses pairs de façon d'autant plus éclatante que le régime impérial a domestiqué les milieux littéraires. La dépolitisation des hommes de lettres, depuis le coup d'État de 1851, est allée croissante : repliés dans leur tour d'ivoire pour les uns, partagés entre la course aux honneurs et les compromissions pour les autres, tous se sont accommodés de l'ordre existant et cultivent leur jardin, à Paris comme en province. Le prolétariat littéraire de Jules Vallès n'est pas encore né : les classes laborieuses, les classes dangereuses ne sont pas au centre des romans du second Empire. La portée politique des *Misérables* en est renforcée, qui mêle à la glorification des combats révolutionnaires l'enthousiasme vivifiant de la jeunesse et sa foi en la liberté. Il dénonce « la damnation sociale créant artificiellement [...] des enfers » et « les trois problèmes du siècle, la dégradation de l'homme par le prolétariat, la déchéance de la femme par la faim, l'atrophie de l'enfant par la nuit [...] »[16]. Si Eugène Sue, avec *Les Mystères de Paris*, avait prêté sa plume, vingt ans auparavant, aux souffrances du peuple, il n'est pas parvenu à l'accent d'émotion, au degré de grandiose, au ton d'ardente prédication laïque qui soutiennent l'imposant édifice des *Misérables*, ni à son revêtement de splendeur littéraire. Hugo reconnaît lui-même : « Dante a fait l'enfer du dessous, j'ai tâché de faire l'enfer du dessus. Il a peint les damnés, j'ai peint les hommes[17]. » Les partisans de l'écrivain, Jules Janin, Jules Claretie, Hector Malot, Théodore de Banville et Auguste Nefftzer en tête, ne tarissent pas d'éloges dans leurs articles. Il y a, comme toujours, des voix discordantes : le royaliste Jules Barbey d'Aurevilly taxe le roman d'amphigourique, Alfred Auguste Cuvillier-Fleury traite l'auteur de démagogue et Baudelaire, après avoir publié un article de pure hypocrisie dans *Le Boulevard*, confie à sa mère le fond de sa pensée : « Ce livre est immonde et inepte. J'ai montré, à ce sujet, que je possédais l'art de mentir[18]. » *Les Misérables* choque George Sand et Jules Michelet, divise catholiques et républicains. Les Goncourt persiflent. Seuls Théophile Gautier et Sainte-Beuve s'enveloppent dans le silence. À Lamartine, qui ne peut masquer son amertume et va jusqu'à parler d'un livre « dangereux », Hugo rétorque :

Si le radical, c'est l'idéal, oui, je suis radical. [...] société sans roi, humanité sans frontières, religion sans livre. Oui, je combats le prêtre qui vend le mensonge et le juge qui rend l'injustice. [...] Oui, autant qu'il est permis à l'homme de vouloir, je veux détruire la fatalité humaine, je condamne l'esclavage, je chasse la misère, j'enseigne l'ignorance, je traite la maladie, j'éclaire la nuit, je hais la haine. [...]
Dans ma pensée, *Les Misérables* ne sont autre chose qu'un livre ayant la fraternité pour base et le progrès pour cime[19].

Les traductions n'ont pas tardé à fleurir en Hongrie, au Portugal, en Hollande, en Angleterre, en Allemagne, en Italie, en Pologne et en Espagne.

La polémique prend le relais au-delà de l'Hexagone. On peut lire ainsi dans *La España*, « journal-prêtre de Madrid », « que Victor Hugo n'existe pas, et que le véritable auteur des *Misérables* s'appelle Satan[20]. » Hugo a toujours traîné, dans son sillage, des détracteurs et des jaloux. L'Histoire, depuis, a rendu son jugement : le temps a eu raison de leur mauvaise foi et de leur étroitesse d'esprit. En 1862, *Les Misérables* porte la gloire populaire de Victor Hugo à son apogée. L'« homme-océan » a provoqué un raz-de-marée hors du commun. Ses personnages sont devenus des héros universels. À Hauteville House, les lettres se comptent par milliers.

Le 16 septembre 1862, il traverse la Manche pour assister, à Bruxelles, au grand banquet organisé en son honneur par ses éditeurs. Le voisinage impérial, manifestement, n'émeut plus le petit royaume. Le gotha des lettres et du journalisme international y a été convié aux côtés d'André Napoléon Fontainas, bourgmestre de la ville, et de Désiré Jean Léon Vervoort, président de la Chambre belge : Louis Blanc, Eugène Pelletan, Théodore de Banville, Henri Rochefort, Champfleury, Auguste Nefftzer, apportent leur tribut d'admiration aux côtés de représentants de l'Angleterre, de l'Italie, de l'Espagne. La victoire du proscrit est entière. Le discours qu'il prononce est à la fois émouvant — « [...] il y a onze ans, vous avez vu partir presque un jeune homme, vous retrouvez un vieillard. Les cheveux ont changé, le cœur non. Je vous remercie de vous être souvenus d'un absent[21] [...] » — et pugnace. Il porte un toast : « À la presse chez tous les peuples ! à la presse libre ! à la presse puissante, glorieuse et féconde[22] ! » Il défend, avec une ardeur que les années ne démentent pas, la liberté d'opinion : « La pensée est plus qu'un droit, c'est le souffle même de l'homme. Qui entrave la pensée, attente à l'homme même. Parler, écrire, imprimer, publier, ce sont là, au point de vue du droit, des identités ; ce sont là les cercles, s'élargissant sans cesse, de l'intelligence en action ; ce sont là les ondes sonores de la pensée[23]. » Il enchaîne sans coup férir par un plaidoyer en faveur de la presse : « À toute diminution de la liberté de la presse correspond une diminution de civilisation ; là où la presse libre est interceptée, on peut dire que la nutrition du genre humain est interrompue. […] Presse esclave ! c'est là un accouplement de mots impossible[24]. » Le succès ne grise pas le littérateur militant au point de lui faire parjurer sa mission.

Lorsqu'il se replie sur Hauteville House, Juliette est encore galvanisée par l'événement : « Non, jamais, depuis Christ, on ne vit rien d'aussi grand, d'aussi auguste, d'aussi saint et d'aussi splendide que cette *Cène* sublime où le pain de l'âme et le pain du corps abondaient comme dans le banquet de l'Homme-Dieu[25]. » Sitôt rentré, Victor Hugo se coule dans le rythme guernesiais et se remet au travail. Égoïste, Victor Hugo ? D'aucuns aiment à le faire accroire. Son empathie avec les classes miséreuses, pourtant, ne se limite pas à la fiction romanesque. Depuis le mois de mars, déjà, il a instauré à Hauteville House un repas hebdomadaire pour les enfants indigents :

> J'en ai eu huit d'abord, puis quinze ; j'en ai maintenant vingt-deux. Ces enfants dînent ensemble ; ils sont tous confondus, catholiques, protestants, anglais, français, irlandais, sans distinction de religion ni de nation. Je les invite à la joie et au rire, et je leur dis : Soyez libres. Ils ouvrent et terminent le repas par un remercîment à Dieu, simple et en dehors de toutes les formules religieuses pouvant engager leur conscience. Ma femme, ma fille, ma belle-sœur, mes fils, mes domestiques et moi, nous les servons. Ils mangent de la viande et boivent du vin, deux grandes nécessités pour l'enfance[26].

Ce repas, comme il le dit lui-même, ne s'apparente pas à de l'aumône, mais à la seule fraternité : « Cette pénétration des familles indigentes dans les nôtres nous profite comme à eux ; elle ébauche la solidarité ; elle met en action et en mouvement, et fait marcher pour ainsi dire devant nous la sainte formule démocratique, Liberté, Égalité, Fraternité[27]. »

Il multiplie les lettres publiques, proteste contre l'esclavage et la peine capitale. À la mi-novembre, il prend position, à la demande des républicains progressistes de Genève, contre le maintien de la guillotine, prôné par les conservateurs dans le projet de révision de la Constitution genevoise de 1847 : « Ah ! vous haïssez l'assassinat jusqu'à tuer l'assassin ; moi je hais le meurtre jusqu'à vous empêcher de devenir meurtriers. Tous contre un, la puissance sociale condensée en guillotine, la force collective employée à une agonie, quoi de plus odieux ? [...] Tant que la peine de mort existera, on aura froid dans une cour d'assises, et il y fera nuit[28]. » Il ajoute : « Il ne suffit pas d'être la république, il faut encore être la liberté ; il ne suffit pas d'être la démocratie, il faut encore être l'humanité[29]. » Fin 1859, il s'était érigé, en pure perte, contre la condamnation à mort de l'abolitionniste John Brown, responsable du soulèvement des esclaves noirs à Charleston, en Virginie. Sa voix avait été la seule à franchir l'Atlantique. Cette fois, son appel a été entendu par le peuple suisse, qui rejette par votation le projet des conservateurs. La Constitution genevoise du radical James Fazy est maintenue. L'abolition n'est pas encore acquise, mais l'échafaud, du moins, n'est plus hissé. Du lointain de son exil, Victor Hugo n'en a pas fini de contrarier les esprits rétrogrades de son temps.

En tête-à-tête avec l'océan
(1863-1870)

COMPLOTS DE FAMILLE

De retour au bercail en décembre 1862, Mme Hugo se détache trois mois plus tard de l'ennui qu'il lui procure pour repartir s'étourdir à Paris, où elle va publier *Victor Hugo raconté par un témoin de sa vie*. Toute à l'euphorie des retrouvailles régulières avec son ancienne existence, elle ne manque pas d'en envoyer un exemplaire dédicacé à Juliette : « *À Madame Drouet, écrit dans l'exil, donné par l'exil.* — Adèle Victor-Hugo, *Hauteville House, 1863.* » Les années ont versé un baume sur leur rivalité : Adèle a soixante ans, Juliette cinquante-sept. Sa liberté reconquise a d'ailleurs poussé Adèle à renouer son amitié avec Sainte-Beuve — ce dont elle ne se vante pas auprès de son mari.

Le 18 juin 1863, profitant de l'absence maternelle, l'autre Adèle quitte Guernesey en prenant soin de n'avertir personne de sa véritable destination. À trente-trois ans, elle fugue. Elle a un objectif : retrouver le lieutenant Pinson. Elle le poursuit jusqu'à Halifax, en Nouvelle-Écosse, où il est en garnison. L'officier anglais, qui s'est bien gardé de favoriser un tel rapprochement, s'efforce de maintenir l'importune à distance. Adèle ne veut rien entendre. Elle s'entête, refuse de quitter la ville. En septembre, elle écrit à sa famille qu'ils se sont mariés. Rien n'est plus faux. Dupé, Victor Hugo s'accorde à lui envoyer une petite rente mensuelle et publie l'annonce des noces dans les journaux. Quand le mensonge de la fugitive est éventé, elle se plaint d'avoir été trahie et déshonorée au point qu'Albert Pinson est contraint, pour sauver son honneur, d'adresser un démenti formel aux Hugo, précisant qu'il n'a jamais encouragé les espérances de leur fille, ni demandé sa main. Adèle se replie dans sa solitude parsemée de rêveries. Elle ne reviendra en France qu'en 1872, l'esprit totalement égaré.

Léopoldine décédée, Adèle évaporée, Charles sécessionniste : côté progéniture, Victor Hugo ne peut désormais compter, en matière de soutien, que sur François-Victor. Le sort va en décider autrement. Au mois de janvier 1865, la Guernesiaise Emily de Putron est emportée par la phtisie qui la dévore depuis des années. François-Victor avait rencontré sur les sentiers de l'exil cette jeune fille intelligente, vive et instruite, qui appartenait à une ancienne famille de l'île. Leur passion partagée de Shakespeare avait scellé leur union — Emily l'aidait dans sa traduction — et ils s'étaient fiancés. Seul l'état de consomption de la jeune femme avait retardé le mariage. Au cimetière des indépendants de Guernesey, le 19 janvier, Victor Hugo prononce un discours : « Dans le désert on rencontre des oasis, dans l'exil on rencontre des âmes[1]. » Il a beau dire de la mort qu'elle est « la plus grande des libertés » et « le plus grand des progrès »[2], son fils cadet est dévasté. Guernesey, désormais, lui est impossible à vivre et c'est doublement déchiré qu'il abandonne l'archipel anglo-normand : il y a passé le tiers de son existence. La veille des obsèques, accompagné de sa mère, il part refaire sa vie loin de ses souvenirs, à Bruxelles. Il n'ira pas à Paris : c'est sa manière de rester fidèle à son père et à l'exil. Mme Hugo demeurera deux ans dans la capitale belge, jusqu'au mois de janvier 1867. Le 17 octobre 1865, Charles s'y marie avec Alice Lehaene, filleule du philosophe Jules Simon — qui doit au second Empire d'avoir été révoqué de sa chaire à la Sorbonne. Cette fois, la dispersion de la famille est bel et bien consommée. Un nouveau rite s'installe, que Victor n'a pas le cœur à contester : le clan Hugo se retrouve à Bruxelles tous les étés, au numéro 4 de la place des Barricades. À Guernesey, l'écrivain reste seul avec l'océan. Sa douleur est vive, fatalement, mais il n'en souffle mot à personne. La tristesse enveloppe comme un linceul Hauteville House désertée, malgré les visiteurs et la présence de Julie Chenay, venue tenir la maison loin de son époux. Juliette, chez qui Victor Hugo prend régulièrement pension, reste, évidemment, à son poste. Mais le sauve-qui-peut familial n'en constitue pas moins un échec cuisant. Est-ce un hasard si les romans d'après *Les Misérables* se terminent tous par des suicides ?

En juin 1864, Juliette quitte La Fallue pour Hauteville Fairy, située à quelques mètres d'Hauteville House. Victor l'a achetée pour moitié avec elle et elle en a l'usufruit. Si Juliette déménage les buffets et les bancs-stalles qu'il a conçus pour son précédent domicile, elle ne quitte pas La Fallue sans regret : c'est là qu'elle a reçu Charles et François-Victor pour la première fois. C'est là, surtout, qu'elle a copié une partie des *Misérables*. Sitôt Hauteville Fairy acquise, Victor met en œuvre ses talents de décorateur d'intérieur, s'occupe de la scénographie et de l'ameublement. Un salon dans le style chinois, dont les panneaux, qu'il conçoit entièrement, sont incisés de personnages et de fleurs, peints de couleurs vives, rehaussés d'or et encadrés comme autant de tableaux, fait partie de ses plus éclatantes créations. Malgré le rapprochement géographique, Juliette est privée de l'apparition matinale de son « grand petit homme ». L'âge aidant, elle n'est plus en mesure, contrairement à l'homme de lettres, de se lever de bonne heure : « Ce regret de ton doux voisinage je l'ai tous les matins, et toute la journée, car il me semblait que mon âme entrait en toi, en même temps que mon regard, et que je t'en pénétrais[3]. » Exploite-t-elle la désaffection familiale pour prendre ses aises à Hauteville House ? C'est mal la connaître. Elle en décline l'opportunité dès que celle-ci se présente et s'en explique, non sans faire preuve d'une certaine fermeté, à son amant :

Permets-moi d'en refuser le bonheur et l'honneur, au nom des trente années de réserve, de discrétion et de respect que j'ai eus envers ta maison et envers la mienne.

Si jamais, ce que je ne prévois pas, je dois y être ton invitée, ce n'est pas par *hasard* mais avec une PRÉMÉDITATION consentie par tout le monde qu'il faut que je sois reçue dans ta maison[4].

Juliette a des principes que n'ont pas gommés trois décennies de vie amoureuse. Le temps n'a pas eu non plus raison, en tout état de cause, de pénibles souvenirs : l'accueil fait à Léonie d'Aunet par l'épouse du poète est resté solidement ancré dans sa mémoire.

SHAKESPEARE VERSUS GILLIATT

Victor Hugo travaille à corps perdu. Il y a tant de tempêtes sous son crâne, tant de créations ébauchées, tant de projets en gestation, qu'il a peur de disparaître avant d'être parvenu à tout mener à bien. Au lendemain de la publication des *Misérables*, un recueil est en cours, *Les Chansons des rues et des bois*, et deux romans en préparation : *Les Travailleurs de la mer*, encore intitulé *Gilliatt le malin*, et *Quatrevingt-treize*, dont il ajournera la rédaction à intervalles réguliers. Parce que 1864 est l'année du tricentenaire de la naissance de Shakespeare et que François-Victor, arrivant au terme de sa volumineuse traduction, lui a demandé une préface, Hugo s'adonne à la rédaction de *William Sha-*

kespeare, une réflexion dogmatique sur l'art et la civilisation, la mission de l'art et le devoir de la pensée humaine envers l'homme :

> L'esprit humain, c'est l'infini possible. Les chefs-d'œuvre, ces mondes, y éclosent sans cesse et y durent à jamais. [...] Les chefs-d'œuvre ont un niveau, le même pour tous, l'absolu.
> Une fois l'absolu atteint, tout est dit. Cela ne se dépasse plus. L'œil n'a qu'une quantité d'éblouissement possible. [...]
> Dans le poëte et dans l'artiste il y a de l'infini. C'est cet ingrédient, l'infini, qui donne à cette sorte de génie la grandeur irréductible[5].

Lorsque le volume paraît, la critique est réservée, qui se sent flouée dans ses propres prérogatives et juge l'orgueil de l'auteur trop évident — n'a-t-il pas fait apposer, sur le prospectus publicitaire, « Le poète de l'Angleterre jugé par le poète de la France » ? Un an plus tard, Hugo surprend avec le changement de registre des *Chansons des rues et des bois*. Vivant, sensuel, étourdissant et folâtre, le recueil ruine les arguments de ceux qui reprochent au poète son trop-plein de noirceur et d'apocalypse. Ses irréductibles adversaires ont beau l'accuser de sénilité, l'admiration s'impose et finit par prendre le pas sur la raillerie. Barbey d'Aurevilly lui-même s'incline, qui lui reconnaît le génie de l'arabesque poétique. L'architecture et la composition des *Chansons des rues et des bois* sont explicitées en tête du recueil :

> Le cœur de l'homme a un recto sur lequel est écrit *Jeunesse*, et un verso sur lequel est écrit *Sagesse*. C'est ce recto et ce verso qu'on trouvera dans ce livre.

> La réalité est, dans ce livre, modifiée par tout ce qui dans l'homme va au-delà du réel. Ce livre est écrit beaucoup avec le rêve, un peu avec le souvenir.
>
> Rêver est permis aux vaincus ; se souvenir est permis aux solitaires[6].

Plus badin dans la première partie, plus grave dans la seconde, l'ensemble se distingue par une harmonie au charme varié où prédominent la grâce et un esprit délicat. À ceux qui l'accusent si souvent de manquer d'intelligence, le poète répondra, quelques années plus tard, dans *Les Quatre Vents de l'Esprit* :

Vieux par les souvenirs, jeune par les penchants,
Fait pour la vénérable allégresse des champs.
Mais en même temps j'ai, comme Eschyle, deux âmes,
L'une où croissent les fleurs, l'autre où couvent les flammes ;
[...]
Et vous me raillez. Soit. Eh bien, je vous le dis,
Je ne me repens point. Je trouve bon, limpide,
Consolant, honorable et doux, d'être stupide.
Être inepte me plaît, me charme et me sourit,
Puisque je vois comment sont faits les gens d'esprit[7].

Il met au point *Les Travailleurs de la mer*. En termes d'argument dramatique, il a visé à l'économie : le schéma est simple, les personnages réduits, les comparses mineurs. Soit Mess Lethierry, un vieil armateur guernesiais. Il a une nièce, Déruchette, et un bateau à vapeur, la *Durande*. Parce que son aigrefin d'associé a provoqué le naufrage du bateau, Lethierry promet Déruchette à celui qui tirera de l'eau les machines encore intactes. Le taciturne Gilliatt, pêcheur de mauvaise réputation, réussit à vaincre tous les obstacles : le froid, la faim, la soif, la fièvre, une tempête et une pieuvre géante. Ayant découvert que Déruchette en aime un autre, il se sacrifie à son bonheur malgré son exploit. Ténébreux, empreint d'une profonde tristesse, ce roman est celui de l'homme aux prises avec la nature et l'infini. Faisant suite à *Notre-Dame de Paris*, qui dénonçait l'*anankè* des dogmes et aux *Misérables*, qui s'emparait de l'*anankè* des lois, *Les Travailleurs de la mer* s'attaque à l'*anankè* des choses. Victor Hugo précise : « À ces trois fatalités qui enveloppent l'homme, se mêle la fatalité intérieure, l'anankè suprême, le cœur humain[8]. » Après les épopées de la pierre et du peuple, c'est bien celle de la mer qu'il décrit. À l'évocation des végétations maritimes multicolores se greffe celle des écueils et des bas-fonds. L'océan envahit le roman tout entier, dont il assiège l'idylle tragique. Il l'exalte, la combat, la dénoue. Pour rendre ce poème épique de la mer plus saisissant, Hugo a associé les fruits d'une solide recherche documentaire à l'observation familière des mœurs guernesiaises et du milieu marin. Il a pris des notes, puisé des détails dans de nombreux ouvrages : *Notice sur les courants atmosphériques* (Prosper Meller le jeune), *Essai sur la topographie, la constitution, les mœurs et le langage de l'île de Jersey* (Frédéric Robiou de La Tréhonnais), *Histoire détaillée des isles de Jersey et Guernesey* (Philip Falle), *Dictionnaire universel, panthéon littéraire et encyclopédie illustrée* (Maurice La Châtre). L'utilisation d'un langage technique encore inusité en littérature, glané dans d'anciens dictionnaires de marine, achève de donner au roman son goût d'eau salée, son style et son caractère novateurs.

Le lancement en librairie des *Travailleurs de la mer* a lieu le 12 mars 1866. Hugo a refusé le découpage en feuilletons, malgré les sommes astronomiques — jusqu'à un demi-million de francs ! — qui lui ont été proposées par *Le Petit Journal* et *Le Soleil*. Quoique amputé par Lacroix et Verboeckhoven de ce qui deviendra, en 1883, *L'Archipel de la Manche*, et qu'Hugo souhaitait placer en tête du récit, *Les Travailleurs de la mer* triomphe. Le nom de l'auteur est dans tous les journaux et sur toutes les lèvres. L'épisode de la pieuvre, dans le crépuscule glauque des profondeurs, frappe les esprits.

L'HOMME QUI RIT

Dès le 21 juillet, à Bruxelles, Hugo s'absorbe dans *L'Homme qui rit*, roman qu'il consacre à l'Angleterre du début du XVIIIe siècle et à son aristocratie. Il l'achèvera, après une longue interruption, le 22 août 1868. Ses titres provisoires sont *Lord Clancharlie*, *Par ordre du roi*, *Gwynplaine*. Hugo l'envisage comme le premier opus d'une nouvelle trilogie (la précédente étant celle des trois *anankè*) : *L'Aristocratie*, *La Monarchie* et *La Révolution* — qui deviendra *Quatrevingt-treize*. Il y renoue avec l'antithèse du monstrueux et de l'idéal : le bateleur Ursus, qu'accompagne son loup Homo, a adopté un enfant à la bouche mutilée, Gwynplaine, et une petite fille aveugle, Dea, avec qui il forme une compagnie de mimes. Ses protégés grandissent et s'aiment. Reconnu comme le fils de Lord Clancharlie, Gwynplaine est rétabli dans ses droits et introduit à la Chambre des lords, où il plaide la cause des déshérités et provoque l'hilarité par sa difformité. De retour auprès d'Ursus et Dea, il assiste à la mort de la jeune fille et se suicide. Un héros défiguré et moralement beau, une héroïne aveugle et idéalement belle, un montreur de phénomènes philosophe : cette histoire de passions d'une grande élévation de sentiments, extrêmement pessimiste, déborde de lyrisme. *L'Homme qui rit* oppose les vertus et l'innocence des humbles à la perversité savante et à la dépravation raffinée des gens de cour. Ce faisant, Victor Hugo ne s'appuie pas, pour une fois, sur le réel et l'actualité — exception faite de son expérience à la Constituante, qui guide le discours de Gwynplaine à la Chambre des lords —, mais multiplie les sources documentaires. Les ouvrages d'Edward Chamberlayne (*L'État présent de l'Angleterre*), James Beeverell (*Les Délices de la Grande-Bretagne et de l'Irlande*), Astolphe de Custine (*Mémoires et voyages ou Lettres écrites à diverses époques pendant des courses en Suisse, en Calabre, en Angleterre et en Écosse*), Ernest Hamel (*Marie la sanglante, histoire de la grande réaction catholique sous Marie Tudor, précédée d'un Essai sur la chute du catholicisme en Angleterre*), Ledru-Rollin (*Décadence de l'Angleterre*) et Victor Hennequin (*Voyage philosophique en Angle-*

terre et en Écosse), mais aussi des articles publiés dans la *Revue des Deux Mondes* (« L'Angleterre et la vie anglaise », d'Alphonse Esquiros), des études et des almanachs l'aident à tisser la toile historique. Davantage inventé, et donc porté par une imagination vivifiante, le roman n'en est que plus poétique, mais ses héros damnés du destin et ses bizarreries ne sont pas du goût du public qui l'accueille avec froideur. Mis en vente en quatre volumes du 19 avril au 8 mai 1869, *L'Homme qui rit* déconcerte. Hugo constate :

> Mes œuvres actuelles étonnent, et les intelligences contemporaines s'y dérobent le plus qu'elles peuvent.
> Le succès s'en va.
> Est-ce moi qui ai tort vis-à-vis de mon temps ? Est-ce mon temps qui a tort vis-à-vis de moi ? Question que l'avenir peut seul résoudre[9].

Il se brouille avec son éditeur, qu'il rend en partie responsable de l'insuccès. Mais il prend soin d'envoyer un exemplaire du roman à Léonie d'Aunet, avec la dédicace : « *Hommages. — V.H.* »

DE LA NAISSANCE À LA MORT

À l'occasion d'un voyage éclair à Guernesey, en janvier 1867, Adèle se présente, le 22 du même mois, au domicile de Juliette. Elle a été absente d'Hauteville House pendant deux ans et tient à la remercier de son « doux intérim[10] ». Par courtoisie, Juliette lui rend sa visite. Les relations entre les deux femmes deviennent amicales. La réhabilitation de la concubine est prononcée de façon discrète. À présent qu'elle fait officiellement partie de la famille, Juliette sera associée aux sorties du clan. L'été venu, à Bruxelles, il n'est ainsi pas rare de la rencontrer dans la maison de la place des Barricades. À Guernesey, en l'absence d'Adèle, il lui arrive parfois de séjourner à Hauteville House.

Adèle rentre bientôt à Paris. Elle se sait très malade, enchaîne hémorragie rétinienne, troubles cardiaques et étourdissements. Si Victor s'accroche à l'espoir de sa guérison prochaine, elle ne se cache pas de vivre en vue de la mort. Elle a cependant le temps, aux côtés d'un Auguste Vacquerie perclus de rhumatismes, d'assister, au mois de juin, à la reprise enfin autorisée d'*Hernani* au Théâtre-Français. Les survivants des anciennes phalanges romantiques sont dispersés dans la salle. Trente-cinq années ont passé depuis la bataille historique. Théophile Gautier et Alexandre Dumas peuvent constater que le siècle a mûri : plus personne ne songe à siffler la pièce. Sa puissance dramatique, l'éclat de sa langue provoquent un tonnerre d'applaudissements. Acclamer Hugo, de plus, n'est-ce pas tirer à bout portant sur le despote des Tuileries ? Émile de Girardin, Paul Meurice et Jules Janin sont présents. Pour beaucoup, la pièce ravive la nostalgie d'un idéal enfoui par le coup d'État. Seul Sainte-Beuve, mal en point, manque à l'appel. Il s'en désole auprès d'Adèle :

> Au milieu de toutes les félicitations qui vous arrivent, la mienne ne peut manquer : voilà une éclatante consécration des admirations et des amours de notre jeunesse. C'est ainsi que le génie a son heure, et qu'il est de toutes les heures : il a plus d'un plein midi. Un de mes amers regrets, cloué comme je suis à mon fauteuil, est de n'avoir pu assister, ne fût-ce que par une visite au foyer, à cette fête, à ce *jubilé* de la poésie, entendre de près ces applaudissements sympathiques qui réveillent en nos cœurs tant d'échos, et marquer que je tiens à ne pas perdre mon rang parmi les vétérans d'*Hernani*[11].

La nouvelle génération intellectuelle est représentée par Sully Prudhomme, François Coppée, Paul Verlaine, Armand Silvestre, Ernest d'Hervilly, Jean Aicard. Le succès est tel qu'à la première occasion les représentations sont suspendues.

Le 14 avril 1868, alors que Juliette et Julie Chenay sont occupées à collationner *L'Homme qui rit*, Charles et Alice, à Bruxelles, sont frappés par la mort de leur premier-né qui succombe à une méningite après un an d'existence. Alice étant enceinte de cinq mois, le disparu est vite remplacé par un deuxième fils à qui est attribué le prénom du défunt, Georges. Sa naissance, le 16 août, est l'occasion, à « Barricades House », d'une liesse à laquelle Juliette est conviée. Victor Hugo peut de nouveau s'essayer à l'art d'être grand-père. Il consigne : « Petit Georges va très bien. Il tète maintenant les deux seins. Il a longtemps voulu ne téter que le sein *gauche*. Tendance démocratique[12]. »

La présence du proscrit provoque, comme de coutume, un afflux non négligeable de visiteurs. Proche ami des fils Hugo, créateur et unique rédacteur du pamphlet hebdomadaire *La Lan-*

terne, Henri Rochefort vit cet été-là à demeure. Chaque parution de *La Lanterne* ayant alourdi son casier judiciaire — il est condamné pour ses virulentes plaisanteries contre Napoléon III —, il s'est vu contraint de quitter son domicile parisien de la rue Montmartre pour poursuivre ses activités à Bruxelles, où la maison familiale lui a été hospitalièrement ouverte. C'est à lui qu'échoit d'être le parrain de Georges, des considérations venues du côté d'Alice ayant amené la famille à consentir au baptême de l'enfant. Par un compromis « sans valeur canonique », le prêtre baptiseur a été prié de se rendre avec son attirail place des Barricades. La salle à manger tient lieu de chapelle : « Charles et François-Victor assistèrent à la cérémonie qui dura en tout cinq minutes ; mais quand Victor Hugo vit l'homme d'église dans son surplis, il quitta la salle et remonta dans sa chambre à coucher[13]. » Comment est réglée la vie estivale de Victor Hugo, loin du *look-out* ? Rochefort en donne un aperçu :

Il était difficile de rêver une existence plus rigoureusement régulière que celle du grand écrivain. Tous les soirs, quel que fût l'entraînement de la conversation ou la multiplicité des visites, il allait au coup de dix heures se mettre au lit pour se lever le lendemain matin à six heures clochant. Il poussait jusqu'à l'ascétisme cet esclavage du devoir.

Il ne sortait de sa chambre à coucher que pour courir, encore tout imprégné de la chaleur des couvertures, se tremper dans l'eau froide, dont il s'inondait avec une éponge. Il s'enveloppait ensuite d'un peignoir chaud, se frottant jusqu'à ce que la réaction s'opérât[14].

De six heures à onze heures, enfermé dans sa mansarde, Hugo s'adonne à son travail et ne déjeune copieusement que lorsqu'il décrète sa journée terminée. Personne, sous aucun prétexte, ne se permet de le déranger durant tout le temps qu'il consacre à son œuvre. Sa porte, pourtant, est ouverte à Rochefort, que le proscrit stupéfie par sa vélocité d'écriture :

> Ce qui prouvait sa rapidité de travail, c'est que le papier bleuâtre et de moyen format sur lequel il écrivait n'avait presque jamais eu le temps de sécher avant qu'il en entamât une seconde feuille. Je l'ai constaté vingt fois. Il est vrai qu'il ne se servait que de plumes d'oie dont le bec s'écrasait quelque peu, laissant sur son passage des pleins qui parfois ressemblaient à des pâtés[15].

En cet été 1868, un drame que rien ne laisse présager assombrit soudain la maison de la place des Barricades. Le 25 août, Adèle est frappée d'apoplexie. Le médecin et ami de longue date Émile Allix, frère de Jules et d'Augustine, est mandé en toute hâte par dépêche télégraphique. Il quitte Paris par le premier train. Si les spasmes d'Adèle s'estompent, si sa fièvre diminue, une hémiplégie se déclare. Son état devient comateux. Il ne fait bientôt aucun doute qu'elle n'a aucune chance de s'en sortir. Rochefort avait fait sa connaissance à Paris, chez Paul Meurice :

> La maladie de cœur qui la minait depuis déjà plusieurs années ne lui laissait plus un instant de répit. Elle était hors d'état de rester couchée et trop chancelante pour rester debout. On voyait venir la mort que, du reste, elle semblait attendre.

> Son restant d'existence se passait sur une chaise longue où elle n'était ni étendue ni assise. Un matin, comme nous entrions dans la pièce qui était moins pour elle une chambre à coucher qu'une chambre à mourir, elle essaya de se soulever et retomba inerte. Ce fut tout habillée qu'elle rendit le dernier soupir[16].

Adèle Hugo meurt le 27 août au petit matin, à soixante-quatre ans. Présent à ses côtés tout au long de son agonie, Victor lui ferme les yeux.

Elle a demandé à être enterrée auprès de Léopoldine, à Villequier. Le cercueil doit passer la frontière franco-belge. Si Paul Foucher s'occupe d'une partie des démarches à Paris, venir à bout de l'ensemble des formalités administratives est un calvaire éprouvant. Laissé seul en présence du double cercueil, Victor grave ses initiales dans le bois de chêne qui enferme l'enveloppe de plomb. Trois voitures suivent le corbillard jusqu'à la gare. Victor Hugo, Charles et François-Victor, Auguste Vacquerie et Paul Meurice, Émile Allix et Camille Berru, de *L'Indépendance* belge, Henri Rochefort et ses enfants prennent le train jusqu'à Quiévrain. Très ébranlée, Juliette s'abstient, par discrétion, de les accompagner. Parvenu à destination, le groupe se scinde après un ultime adieu à la défunte, installée dans un wagon mortuaire. Victor Hugo, qui ne peut emmener la morte à son dernier domicile, reste sur le quai : « Vacquerie, Meurice et Allix, qui vont la conduire à Villequier, sont remontés dans le convoi. Je suis resté là, regardant le convoi s'en aller dans la nuit[17]. » Un habitant de Quiévrain offre l'hospitalité au proscrit endeuillé. À Villequier, lors de l'inhumation, Paul Meurice se charge de l'allocution. Hugo a donné l'ordre de graver sur la tombe : « Adèle, femme de Victor Hugo. »

Une partie de son existence, subitement, a été anéantie, mais rien ne doit l'arrêter. Trop de textes, encore, restent en friche. Il doit refléter ses préoccupations anticléricales dans *Torquemada*, donner libre cours à sa fantaisie dans les courtes scènes du *Théâtre en liberté*. Rochefort témoigne de la suite du quotidien bruxellois :

> À partir de la disparition de Mme Victor Hugo, les relations devinrent sensiblement plus fréquentes entre nous tous et Mme Juliette Drouet, l'ancienne et inséparable amie du poète, sur lequel elle avait pris un empire à peu près absolu.
> Nous allions au moins deux fois par semaine dîner avec elle à l'hôtel de la Poste, à Bruxelles, où elle habitait, et la liaison datait de si loin qu'elle en était presque consacrée par l'âge. Charles et François acceptaient donc cette situation qu'aucun raisonnement n'aurait amené Victor Hugo à modifier[18].

Cela n'empêche pas Juliette, à leur retour à Guernesey, début octobre, de refuser de s'unir officiellement à Victor Hugo. Elle préfère reprendre leurs anciennes habitudes et leur « petit pot-bouille en commun[19] ». Tous les soirs, le poète s'annonce donc à Hauteville Fairy à l'heure du dîner.

LA FIN DE L'EXIL

Au mois de mars 1869, Victor Hugo apprend le décès de Lamartine. Vigny l'avait précédé en

1863, Baudelaire en 1867. Sainte-Beuve et Mérimée ont déjà un pied dans la tombe — Sainte-Beuve mourra à l'automne, Mérimée l'année suivante. Dumas s'affaiblit. Du haut de ses soixante-sept ans, Hugo confie à Auguste Vacquerie :

> Oh ! je sais bien que je ne vieillis pas et que je grandis au contraire, et c'est à cela que je sens l'approche de la mort. Quelle preuve de l'âme ! Mon corps décline, ma pensée croît ; sous ma vieillesse, il y a une éclosion [...][20].

En France, depuis quelque temps déjà, la fête impériale périclite. Les années 1860 ont ouvert l'ère des difficultés du régime. Portée par la crise économique de 1859, relayée par celle de 1867, la contestation s'est installée. La mort de Proudhon, en 1865, a laissé le champ libre à la pensée blanquiste. Les rangs de l'opposition radicale grossissent. Au rythme croissant de l'industrialisation répond celui de la politisation du milieu ouvrier, qu'accompagne la maturation de sa conscience de classe. L'esprit révolutionnaire, peu à peu, reprend droit de cité. La survivance de la fièvre quarante-huitarde s'exprime, en 1868, quand plusieurs journaux, dont *Le Réveil* de Charles Delescluze — fondé au 1er juillet —, lancent une souscription en faveur d'un monument au député Baudin. Défenseur de Delescluze au procès de ce dernier, Léon Gambetta, à la barre, fait celui des origines du second Empire. Le rayonnement de l'Internationale se propage. Les grèves se multiplient et s'étendent à des professions qui, jusque-là, s'estimaient peu ou prou concernées. Leur répression est brutale : il y a des morts. Les milieux d'affaires, de leur côté, s'alarment à présent de la situation extérieure et de l'isolement de la France face à deux puissances menaçantes, la Prusse et l'Italie. La bourgeoisie grogne, qui perd patience face à l'absence flagrante de libéralisation du régime. Les concessions accordées par Napoléon III sur la presse et les réunions publiques ne suffisent pas, tant et si bien qu'aux élections de mai et juin 1869, les candidats gouvernementaux accusent un recul significatif, dans les grandes villes, face aux républicains. La volonté impériale s'use. Napoléon III lâche de nouveau du lest : le sénatus-consulte du 8 septembre 1869, qui libère le corps législatif de la tutelle impériale, préfigure celui du 20 avril 1870, destiné à parachever la mise en place du régime parlementaire. Ce dernier, cependant, demeure plébiscitaire. Être libéral et parlementaire, sous le second Empire, ne sous-entend pas être démocrate.

Le 3 mai 1869, trois mois jour pour jour après la création du *Peuple* de Jules Vallès, Charles, François-Victor, Paul Meurice, Auguste Vacquerie et Henri Rochefort entrent dans la lutte avec *Le Rappel*, qu'ils impriment en Belgique et dont le premier numéro est daté du lendemain (4 mai). C'est la résurrection de *L'Événement* de 1851. Son succès va être une menace pour l'Empire : le rire a une puissance que le pouvoir n'admet pas. Sa situation interdit à Victor Hugo de collaborer à aucun journal, mais il encourage l'initiative :

> Le combat pour le progrès veut la concentration des forces. Bien viser et frapper juste. Aucun projectile ne doit s'égarer. Pas de balle perdue dans la bataille des principes. L'ennemi a droit à tous nos coups ; lui faire tort d'un seul, c'est être injuste avec lui. Il mérite qu'on le mitraille sans cesse, et qu'on ne mitraille que lui. Pour nous, qui n'avons qu'une soif, la justice, la raison, la vérité, l'ennemi s'appelle Ténèbres. [...] Être souriants et désagréables, telle est votre intention. Je l'approuve. Sourire, c'est combattre. Un sourire regardant la toute-puissance a une étrange force de paralysie[21].

C'est dans ce climat d'effervescence politique que Jeanne, le deuxième enfant de Charles et Alice, voit le jour — le 29 septembre 1869.

Plus l'esprit de liberté se réveille, plus l'homme de Décembre perd pied. Collaborateur du *Rappel* et fils du républicain Eugène Pelletan, Camille Pelletan se souvient des mascarades du pouvoir :

> Il essaya de ressaisir tout au moins la bourgeoisie, et de répandre la peur de la Révolution qu'on sentait venir. Dans les deux premières années il organisa des représentations du désordre et fit construire des barricades par des agents provocateurs. Ce fut, pendant quelque temps, un des spectacles de Paris tous les soirs. On savait d'avance où et comment les choses se passeraient. On voyait arriver de faux révolutionnaires reconnaissables à leurs blouses blanches qui semblaient un uniforme. La barricade s'ébauchait. La police venait la détruire. Le malheur, c'est que cela ne faisait peur à personne, au contraire. La bourgeoisie elle-même se plaisait à ce spectacle qu'elle venait regarder des balcons des cafés voisins, en attendant de voir quelque chose de plus sérieux[22].

Le sérieux en question se produit le 12 janvier 1870, quand cent mille personnes se pressent aux obsèques civiles du journaliste républicain Victor

Noir, assassiné par le prince Pierre Napoléon Bonaparte lors d'une entrevue houleuse. Henri Rochefort résume le sentiment général : « J'ai eu la faiblesse de croire qu'un Bonaparte pouvait être autre chose qu'un assassin. Voilà dix-huit ans que la France est entre les mains ensanglantées de ces coupe-jarrets qui, non contents de mitrailler les républicains dans les rues, les attirent dans des pièges immondes pour les égorger à domicile. Peuple français, est-ce que décidément tu ne trouves pas qu'en voilà assez[23] ? » L'immunité parlementaire de Rochefort est levée : il est arrêté début février. Un mois plus tard, le prince Bonaparte est acquitté. La répression s'accentue : en juin, l'Internationale est dissoute et ses principaux dirigeants incarcérés.

Il ne reste plus au pouvoir qu'à se jouer sur le hasard d'une guerre : elle est déclarée à la Prusse le 19 juillet 1870. Napoléon III prend le commandement de l'armée du Rhin. L'opposition pacifiste est muselée. En juillet, Jules Guesde est condamné à six mois de prison. Le 11 août, *Le Rappel* est suspendu — au mois de février, il tirait à plus de trente-neuf mille exemplaires. Le conflit tourne rapidement à la catastrophe. Tandis que les manifestations anti-impériales se succèdent, les défaites militaires s'enchaînent jusqu'au 1er septembre, où l'armée française est encerclée à Sedan et Napoléon III, fait prisonnier. Le désastre est sans précédent. Bismarck marche sur Paris.

Dans la nuit du 3 au 4 septembre, des manifestations éclatent dans la capitale. Les rues retentissent de clameurs. On crie : « Déchéance !

Déchéance ! » La déchéance de Napoléon III est signée par le corps législatif. Le régime impérial n'existe plus. Après avoir envahi le Palais-Bourbon, la foule gagne l'Hôtel de Ville, où les députés Gambetta et Jules Favre font adopter la formation d'un gouvernement de défense nationale composé par les députés de la Seine — parmi eux Arago, Favre, Gambetta, Adolphe Crémieux, Jules Ferry, Eugène Pelletan, Jules Simon et Rochefort. La IIIe République est proclamée. Le lendemain, le corps législatif est dissous, le Sénat supprimé. Un Comité central républicain des vingt arrondissements de Paris est constitué, auquel participe l'écrivain socialiste révolutionnaire Jules Vallès.

Dès le 9 août, Victor Hugo envisage de se mettre à la disposition des événements. Le 17, il est à Bruxelles, où il reprend ses habitudes. De Paris, Paul Meurice et Louis Koch, le neveu de Juliette, l'informent chaque jour par télégramme de l'évolution de la situation. Le 19 août, il fait une demande de passeport auprès de la chancellerie de l'ambassade de France.

Le 5 septembre 1870, enfin, Victor Hugo rentre en France comme il en est parti : par le train. Il aura passé dix-neuf années en exil.

TROISIÈME PARTIE
Après l'exil (1870-1885)

Le retour
(1870-1876)

PARIS, ENFIN !

Quand Victor Hugo arrive à la gare du Nord à neuf heures trente-cinq du soir, une foule considérable l'attend, venue acclamer la grande voix de la proscription. La fille de Théophile Gautier, Judith, n'a pas voulu rater l'événement. L'accueil, il est vrai, est indescriptible : « On chantait la *Marseillaise* et le *Chant du départ*. On criait : *"Vive Victor Hugo !"* À chaque instant, on entendait dans la foule des vers des *Châtiments*. J'ai donné plus de dix mille poignées de main. [...] On voulait me mener à l'Hôtel de Ville. J'ai crié : *"— Non, citoyens ! Je ne suis pas venu ébranler le gouvernement provisoire de la République, mais l'appuyer"*[1]. » Ému, il appelle à l'union du peuple et prend le temps de s'adresser à la multitude :

Citoyens, j'avais dit : Le jour où la république rentrera, je rentrerai. Me voici.
Deux grandes choses m'appellent. La première, la république. La seconde, le danger.

Je viens ici faire mon devoir.
Quel est mon devoir ?
C'est le vôtre, c'est celui de tous.
Défendre Paris, garder Paris.
Sauver Paris, c'est plus que sauver la France, c'est sauver le monde.
Paris est le centre même de l'humanité. Paris est la ville sacrée.
Qui attaque Paris attaque en masse tout le genre humain.

Paris est la capitale de la civilisation, qui n'est ni un royaume, ni un empire, et qui est le genre humain tout entier dans son passé et dans son avenir. Et savez-vous pourquoi Paris est la ville de la civilisation ? C'est parce que Paris est la ville de la révolution[2].

L'enthousiasme qu'il provoque récompense de l'exil celui qui a tenu son serment. Hugo n'arrive qu'à minuit chez Paul Meurice, où il soupe avec ses compagnons de route, Jules Claretie et le journaliste Antonin Proust. Charles, Alice et Juliette sont à ses côtés, qui ont, comme il se doit, été du voyage. Il n'est pas couché avant deux heures du matin. Pour Juliette, le temps des journées paisibles et heureuses, des causeries et des promenades sur les sentiers escarpés de l'île, est révolu : la vie politique et parisienne de Victor Hugo a repris ses droits. Elle sait que les besoins de l'écrivain sont contraires aux siens et que ses conquêtes féminines, à peine atténuées par l'éloignement, vont reprendre de plus belle. Elle s'en inquiète à bon droit : « Tout visage nouveau me trouble, à plus forte raison quand ce visage est féminin[3]. » Le retour de la gloire intellectuelle proscrite provoque un déferlement continu de visiteurs à l'appartement du 5 avenue Frochot. Du Comité de la

Société des gens de lettres à Louise Michel, d'Edmond de Goncourt à Théophile Gautier, mal à l'aise en raison de sa promptitude à faire allégeance à Napoléon III, on se presse pour le saluer.

N'ayant pas été convié à participer au gouvernement provisoire — pas plus que Victor Schoelcher, Louis Blanc ou Edgar Quinet —, Hugo s'en tient à l'écart. Descendre de l'Olympe océane pour plonger dans l'action politique, après une si longue absence, n'est pas si aisé. L'armée de Bismarck poursuivant inexorablement son avancée sur Paris, il adresse un appel « Aux Allemands » :

> Cette guerre, est-ce qu'elle vient de nous ? c'est l'empire qui l'a voulue, c'est l'empire qui l'a faite. Il est mort. C'est bien.
> Nous n'avons rien de commun avec ce cadavre. [...]
> Vous avez tué votre ennemi qui était le nôtre. Que voulez-vous de plus[4] ?

Le texte n'a d'autre effet que de provoquer l'ire de la presse germanique. Hugo prend alors le parti d'interpeller les Français comme on sonne le tocsin. Est-ce la privation passée de la patrie qui le conduit à faire assaut de bellicisme ? Son patriotisme est à la hauteur de son inquiétude : il demande à combattre. Chargé de la défense militaire de Paris, le général Trochu, dont c'est probablement la meilleure décision, s'abstient d'accéder à son désir. S'il ne joue aucun rôle dans la capitale assiégée et crevée d'obus, Victor Hugo va de surprise en surprise, qui découvre, après dix-neuf années d'absence, sa ville transfigurée. Le baron Haussmann a donné libre cours à son culte de l'axe et la cité, devenue tentaculaire, enferme en son sein une architecture moderniste conçue par Victor Baltard qui conjugue le fer, la fonte et le verre : les Halles, dont une partie des pavillons a déjà été édifiée. La plupart des lieux dans lesquels Hugo a vécu, quant à eux, ont disparu. Il lui faut réapprendre la géographie parisienne. La curiosité se greffe sur la mélancolie. Il s'en ouvre à Edmond de Goncourt : « Oui, j'aime le Paris actuel […], il me plaît maintenant qu'il est une fondrière, une ruine… c'est beau, c'est grand ! […] Oui, c'est vrai, c'est un Paris anglaisé, mais qui possède, Dieu merci, pour ne pas ressembler à Londres, deux choses : la beauté comparative de son climat, et l'absence du charbon de terre. Pour moi, quant à mon goût personnel, je suis comme vous, j'aime mieux nos vieilles rues[5]… » Son interlocuteur apprécie sa simplicité et son absence de grandiloquence : « On lui est reconnaissant de sa politesse, un peu froide, un peu hautaine, mais qu'on aime à rencontrer dans ce temps d'effusions banales, où les grandes célébrités vous reçoivent, à la première entrevue, avec un : "Tiens, c'est toi, ma vieille" ![6] »

Après s'être tourné vers les Allemands pour la paix et vers les Français pour la guerre, Hugo lance aux Parisiens un appel à l'union. Ce faisant, il donne son accord à la lecture de plusieurs pièces issues des *Châtiments* à l'occasion d'une « Matinée littéraire » organisée par la Société des gens de lettres et destinée à aider au financement d'un canon. L'engouement est tel qu'il y aura trois représentations et, au final, deux canons. Pendant le siège de la capitale, les œuvres d'Hugo sont lues aux fins de nombreuses caisses de secours, parfois simultanément dans tous les théâtres. À chaque fois, il fait abandon de ses droits d'auteur à la cause nationale.

L'hiver est rude pour les Parisiens assiégés : il n'y a plus de bois, plus de charbon, plus de gaz, plus de feu, plus de pain, plus de lait. Il faut résister à la famine, au typhus, à la dévastation et à la mitraille. Toute communication avec le dehors est coupée. Là où se vendait la marée, les étals proposent de la viande de cheval. La graisse d'animaux non identifiés est débitée en lieu et place de beurre. Sur les Grands Boulevards, entre les casques prussiens et les tricots de laine, des pêcheurs improvisés vendent parfois des brochetons de provenance inconnue. Alexandre Dumas, qui meurt au mois de décembre près de Dieppe, ne connaîtra pas l'issue du conflit. Hugo résiste : il en a vu d'autres. Il écrit *L'Année terrible* et certains des poèmes de *L'Art d'être grand-père*, envisage une nouvelle série de textes pour *La Légende des siècles*. *Quatrevingt-treize* n'est plus très loin.

LA MORT À L'ŒUVRE

Le 28 janvier 1871, Paris capitule. Un armistice de vingt et un jours est signé. Au scrutin du 8 février, destiné à permettre la convocation d'une Assemblée nationale, Victor Hugo est élu dans la Seine par un peu plus de deux cent quatorze mille suffrages. Louis Blanc, Quinet, Gambetta, Garibaldi et Georges Clemenceau sont à ses côtés à Bordeaux, où siège l'Assemblée. Dès la séance du 1er mars présidée par Jules Grévy, Hugo s'oppose à la paix :

> L'empire a commis deux parricides, le meurtre de la république, en 1851, le meurtre de la France, en 1871. Pendant dix-neuf ans, nous avons subi — pas en silence — l'éloge officiel et public de l'affreux régime tombé ; mais, au milieu des douleurs de cette discussion poignante, une stupeur nous était réservée, c'était d'entendre ici, dans cette assemblée, bégayer la défense de l'empire, devant le corps agonisant de la France assassinée. *(Mouvement.)* [...]
> — Je ne voterai point cette paix, parce que, avant tout, il faut sauver l'honneur de son pays ; je ne la voterai point, parce qu'une paix infâme est une paix terrible. Et pourtant, peut-être aurait-elle un mérite à mes yeux : c'est qu'une telle paix, ce n'est plus la guerre, soit, mais c'est la haine. *(Mouvement.)* La haine contre qui ? Contre les peuples ? non ! contre les rois ! Que les rois recueillent ce qu'ils ont semé. Faites, princes ; mutilez, coupez, tranchez, volez, annexez, démembrez ! Vous créez la haine profonde ; vous indignez la conscience universelle. La vengeance couve, l'explosion sera en raison de l'oppression. Tout ce que la France perdra, la Révolution le gagnera. *(Approbation sur les bancs de la gauche[7].)*

Il a trop d'expérience pour ne pas sentir dans l'air l'électricité qui annonce la tempête. Représentée à une forte majorité, la droite monarchiste a tôt fait de reprendre ses habitudes : orléanistes, ultra-légitimistes et ultra-cléricaux s'unissent pour insulter Victor Hugo quand ils ne l'interrompent pas. Il défend la République et Paris, s'oppose à Thiers, qui sacrifie l'Alsace et la Lorraine. Mais c'est lorsqu'il défend Garibaldi, dont la droite veut casser l'élection alors même qu'il a démissionné pour rester en Italie, que le tumulte atteint son apogée. Le vicomte

Hippolyte de Lorgeril, qui n'a pas peur du ridicule, ose lancer des bancs de l'extrême droite : « L'assemblée refuse la parole à M. Victor Hugo, parce qu'il ne parle pas français[8]. » Calmement, Victor Hugo descend de la tribune et écrit sa lettre de démission sur le rebord du bureau sténographique : « Il y a trois semaines, l'Assemblée a refusé d'entendre Garibaldi ; aujourd'hui elle refuse de m'entendre. Cela me suffit. Je donne ma démission[9]. » Il ne paraîtra plus dans l'enceinte de l'Assemblée. Garibaldi le remercie de son intervention : « Le brevet que vous m'avez signé à Bordeaux suffit à toute une existence dévouée à la cause sainte de l'humanité, dont vous êtes le premier apôtre[10]. »

Le 13 mars, Victor Hugo est encore à Bordeaux, où il déjeune en compagnie de Charles et de Louis Blanc. Le soir, il est convenu qu'il donnera un dîner d'adieu au restaurant Lanta. Prenant un fiacre pour s'y faire conduire, Charles demande à être arrêté, en premier lieu, au café de Bordeaux. Lorsque le cocher, parvenu à destination, vient lui ouvrir la porte, Charles Hugo est mort d'une congestion foudroyante. Bouleversé, Victor ramène le corps de son fils à Paris. Les obsèques ont lieu le 18 mars 1871, au cimetière du Père-Lachaise, alors que commence la Commune :

> Place de la Bastille, il se fait autour du corbillard une garde d'honneur spontanée de gardes nationaux qui passent le fusil abaissé. Sur tout le parcours jusqu'au cimetière, des bataillons de garde nationale rangés en bataille présentent les armes et saluent du drapeau. Les tambours battent aux champs. Les clairons sonnent. Le peuple attend que je sois passé et reste silencieux, puis crie : « — *Vive la République !* »

Foule au cimetière.

[...] Entre deux tombes une large main s'est tendue vers moi et une voix m'a dit : « — *Je suis Courbet.* » En même temps j'ai vu une face énergique et cordiale, qui me souriait avec une larme dans les yeux. J'ai vivement serré cette main. C'est la première fois que je vois Courbet[11].

De l'histoire tragique de la Commune, Victor Hugo, en revanche, ne verra rien. Aussitôt Charles enterré, il part à Bruxelles pour s'occuper des intérêts de Georges et de Jeanne. S'il suit les événements parisiens avec attention et déplore l'attitude des insurgés, avec qui il s'estime en désaccord — « La Commune est une bonne chose mal faite[12] » —, il se distingue, contrairement à la majorité des écrivains, farouchement anti-communards, par une attitude de neutralité. Quand il donne de la voix pour condamner les représailles et la « semaine sanglante » des Versaillais, il est blâmé de toutes parts. De son refuge de Nohant, George Sand l'attaque, qui a troqué son socialisme et son républicanisme quarante-huitards pour les arguties de l'extrême droite. Hugo n'a peut-être pas les élans de Jules Vallès, mais il ne rallie pas le conservatisme de ses pairs. Quand le ministre des Affaires étrangères belge, Jules Joseph d'Anethan, déclare à la Chambre qu'il refuse aux communards le statut de réfugiés politiques et que la Belgique les livrera à la France, l'ancien exilé, révolté par cette suppression du droit d'asile, offre sa maison de la place des Barricades aux communards. Il officialise sa proposition dans une lettre adressée au rédacteur de *L'Indépendance belge* :

> Si l'on vient chez moi prendre un fugitif de la Commune, on me prendra. Si on le livre, je le suivrai. Je partagerai sa sellette. Et, pour la défense du droit, on verra, à côté de l'homme de la Commune, qui est le vaincu de l'Assemblée de Versailles, l'homme de la République, qui a été le proscrit de Bonaparte[13].

Sa protestation a une première conséquence : l'attaque à main armée, nocturne, de son domicile — il apprendra plus tard qu'elle était conduite par le fils du ministre de l'Intérieur, Kervyn de Lettenhove, ce qui justifie l'absence incompréhensible des agents habituellement chargés de la surveillance de la place. La deuxième, particulièrement éloquente, est la position de Léopold II, qui se traduit par un avis d'expulsion du royaume. Cinq représentants du parti avancé à la Chambre belge montent à la tribune pour s'y opposer, mais rien n'y fait. Le 1ᵉʳ juin, Hugo s'installe à Vianden, au Luxembourg, pour quatre mois de répit durant lesquels il termine *L'Année terrible*. Son égérie du moment est Marie Mercier, veuve du communard Maurice Garreau, qui donne un peu de piquant à l'épisode luxembourgeois.

De retour à Paris à l'automne, Victor Hugo et Juliette s'installent rue de La Rochefoucauld, au numéro 66. Victor Hugo a tout juste le temps de se remettre de son échec aux élections législatives complémentaires de janvier 1872 — il a été battu à Paris alors qu'il était soutenu par les radicaux de Gambetta —, qu'il subit un nouveau revers de fortune familial. Début février, Adèle rentre de La Barbade et il peut mesurer, non sans effarement, le degré de folie dont elle est atteinte. Le diagnostic d'Émile Allix ne lui laisse d'autre choix que de la faire interner dans la maison de santé de Saint-Mandé — Adèle mourra, en 1915, dans celle de Suresnes. Hugo se concentre sur la publication, le 20 avril, de *L'Année terrible*, écrit d'après nature, sous le coup des événements de 1870 : « Ce siècle est à la barre et je suis son témoin[14]. » Si sa vie, de fait, continue presque comme avant, le siècle en question n'est pas au bout de ses mutations, ainsi que le remarque Edmond de Goncourt :

> — Hugo est resté avant tout homme de lettres.
> Dans la tourbe, au milieu de laquelle il vit, dans le contact imbécile et fanatique qu'il est obligé de subir, dans les mesquineries idiotes de la pensée et de la parole qui le circonviennent, l'illustre amoureux du grand, du beau, enrage au fond de lui. Cette rage, ce mépris, cette haute contemption, se traduisent par une contradiction avec ses coreligionnaires, à propos de tout. [...]
> Parfois, devant l'envahissement de son salon par les *hommes à feutre mou*, il se laisse retomber, avec une lassitude indéfinissable, sur son divan, en jetant dans une oreille amie : « Ah ! voilà les hommes politiques[15] ! »

L'époque, manifestement, n'est plus à la lecture des vers en société.

PARENTHÈSE THÉÂTRALE

Fin 1871, le Théâtre de l'Odéon a décidé de reprendre *Ruy Blas*. Au moment où on lui propose de jouer dans la pièce, Sarah Bernhardt se définit elle-même comme l'archétype de « la jeune génération, à laquelle l'éducation bourgeoise et cléricale avait faussé l'esprit en fermant les cerveaux à toute idée généreuse, à toute envolée vers le Nouveau[16] » :

> J'avais entendu depuis mon enfance parler de Victor Hugo comme d'un révolté, d'un renégat ; et ses œuvres, que j'avais lues avec passion, ne m'empêchaient pas de le juger avec une très grande sévérité.
> Et je rougis, aujourd'hui, de rage et de honte, en pensant à tous mes absurdes préjugés entretenus par la petite cour imbécile ou de mauvaise foi qui m'encensait[17].

À l'Odéon, elle n'est pas la seule à convoiter le rôle de la Reine. Jane Essler, très en vogue et liée d'amitié avec Paul Meurice, est sur les rangs. Mais Paul Meurice est intègre, qui ne pense qu'à servir au mieux les intérêts de l'auteur. Appuyé par Auguste Vacquerie, qui a été présenté à Sarah Bernhardt, il vante les mérites de la jeune femme : Victor Hugo donne son accord. La lecture est annoncée pour le 6 décembre 1871, à deux heures, au domicile du maître. Qu'il se dérobe aussi ostensiblement aux usages établis choque Sarah Bernhardt : « J'étais tellement gâtée, tellement adulée, encensée, que je me sentis blessée par ce sans-gêne d'un homme qui ne daignait pas se déranger, et invitait des femmes à venir chez lui, alors qu'il avait un terrain neutre : le théâtre, fait pour l'audition des pièces[18]. »

Encouragée par sa cour, elle se prétexte souffrante et ne fait la connaissance du « monstre » que le lendemain, sur scène :

Ah ! que je leur en ai voulu longtemps, à ces sots qui m'avaient verrouillé le cerveau.

Il était charmant, le monstre. Et si spirituel, et si fin, et si galant : d'une galanterie qui est un hommage, non une injure. Et bon pour les humbles. Et toujours gai.

Il n'était pas, certes, l'idéal de l'élégance ; mais il avait dans ses gestes une modération, dans son parler une douceur, qui sentaient l'ancien pair de France.

Il avait la répartie vive et l'observation tenace, avec douceur. Il disait mal les vers, mais il adorait les entendre bien dire. Il faisait souvent des croquis pendant les répétitions. Souvent, pour gourmander un artiste, il parlait en vers[19].

Un jour, alors que Victor Hugo tente de convaincre un acteur de son élocution déplorable, Sarah Bernhardt, qui s'impatiente et trouve l'aparté trop long, s'assoit sur la table en ballottant ses jambes. Hugo se lève au milieu de l'orchestre et s'écrie :

Une reine d'Espagne, honnête et respectable,
Ne devrait pas ainsi s'asseoir sur une table[20].

Il a gardé de son expérience théâtrale passée de ne jamais céder aux comédiens. Sans cesse, et avec une patience infinie, il revient sur la diction, explique les rôles de façon claire et spirituelle, fait répéter mot à mot, geste par geste. Ses arguments, pour le moins infaillibles, viennent à bout de chaque ego, de chaque résistance. De cela aussi, Sarah Bernhardt se souvient avec émotion :

Ah ! les répétitions de *Ruy Blas* ! je ne puis les oublier. Elles étaient toutes de bonne grâce et de charme.

Quand Victor Hugo arrivait, tout s'illuminait. Et ses deux satellites, qui ne le quittaient presque jamais, Auguste Vacquerie et Paul Meurice, entretenaient le feu divin quand le Maître s'absentait[21].

On demande à Victor Hugo une nouvelle pièce de son répertoire, mais les répétitions de *Ruy Blas*, beaucoup trop prenantes, l'en empêchent. Le 19 février 1872, le Tout-Paris des premières théâtrales se presse dans la large salle de l'Odéon. La prestation de Sarah Bernhardt se clôture par un triomphe : à compter de cet instant, elle reconnaît elle-même qu'elle devient « l'Élue du Public ». Consciente de ce qu'elle lui doit, elle vouera à Victor Hugo une profonde gratitude. La reprise de *Ruy Blas* connaît un succès tel que le dramaturge, le 11 juin, offre un grand souper de centième à ses interprètes. Mais le banquet, auquel assiste Théophile Gautier, est terni par un incident tragique : Charles Marie de Chilly, le directeur du théâtre, s'effondre le visage dans son assiette au moment de répondre au toast que vient de porter Victor Hugo. Il expirera sans avoir repris connaissance. À Sarah Bernhardt, Hugo fait ce commentaire : « C'est une belle mort[22]. » Chilly n'emporte-t-il pas dans la tombe les mots du poète ?

Victor Hugo, à présent, doit s'éloigner pour écrire. Il a confié à Edmond de Goncourt qu'il ne lui restait que quatre ou cinq années à produire, et il a l'intention de mettre à exécution les dernières idées qu'il a en tête. Le 7 août 1872, c'est donc en exilé volontaire qu'il reprend le chemin de Guernesey, où il restera jusqu'au mois de juillet de l'année suivante. La solitude océane lui manque, qui seule permet de faire contrepoids au désordre de son existence. Sa vie familiale est bardée de crêpe, sa vie sexuelle lui laisse peu de répit, la vie politique française le désarme : ce sont autant de raisons suffisantes pour retrouver le calme nécessaire à la création. Juliette n'est sans doute pas non plus totalement étrangère à ce départ qui permet à leur intimité de reprendre l'avantage, tant il est vrai qu'aucune des conquêtes du maître n'envisage de s'expatrier. Surtout pas Judith Gautier, endeuillée au mois d'octobre par la mort de son père. Avec le fondateur du Parnasse disparaît l'un des derniers témoins de la révolte romantique de 1830. Revenu à son cher *look-out*, Hugo reprend enfin la rédaction de *Quatrevingt-treize* et travaille sérieusement à la deuxième série de *La Légende des siècles*. Sa concentration n'est perturbée que par l'arrivée impromptue de Marie Mercier, qu'il expédie loin de Guernesey par le premier bateau : pour occuper ses loisirs, il y a la caménériste récemment engagée par Juliette, Blanche Lanvin. Elle sera son dernier amour. D'Hauteville Fairy, cependant, Juliette veille au grain, qui ne manque pas de déceler un manège amoureux dont elle n'est que trop coutumière. Blanche est congédiée et renvoyée manu militari sur le continent. Discordes et crises de jalousie ne perturbent pas la créativité hugolienne outre mesure : le 9 juin 1873, il met un point final à *Quatrevingt-treize*. Il est temps de regagner Paris. Il quitte Guernesey avec une satisfaction : le 5 juin, la peine de mort a été abolie en Suisse. Pour légiférer, le Grand Conseil n'a rien moins invoqué que l'autorité de l'ancien proscrit.

LA FAMILLE DÉCIMÉE

Dès son arrivée, le dernier jour de juillet, la première visite d'Hugo est pour son fils cadet, soigné pour une tuberculose rénale à la villa Montmorency de l'avenue des Sycomores, à Auteuil. La maladie est trop avancée : François-Victor y succombe le 26 décembre 1873, au terme d'une lente agonie. Dans *Le Rappel* daté du lendemain, Auguste Vacquerie écrit :

> Et son père ! Ses ennemis eux-mêmes diront que c'est trop. D'abord, ç'a été sa fille, — et toi, mon Charles ! Puis, il y a deux ans, ç'a été son fils aîné. Et maintenant, c'est le dernier. Quel bonheur pour leur mère d'être morte ! C'est là que les génies ne sont plus que des pères. Tous s'en sont allés, l'un après l'autre, le laissant seul. Lui si père ! Oh ! ses chers petits enfants des *Feuilles d'automne* ! On lui dira qu'il a d'autres enfants, nous tous, ses fils intellectuels, tous ceux qui sont nés de lui, et tous ceux qui en naîtront, et que ceux-là ne lui manqueront ni aujourd'hui, ni demain, ni jamais, et que la mort aura beau faire, ils seront plus nombreux en âge. D'autres lui diront cela ; mais moi, j'étais le frère de celui qui est mort, et je ne puis que pleurer[23].

Charles ayant été enterré aux côtés de Léopold, de Sophie et d'Eugène, le caveau familial du cimetière du Père-Lachaise n'a plus assez d'espace pour accueillir le second fils de Victor. Il est installé dans un caveau provisoire. Derrière le corbillard marchent les amis, les anciens collègues de l'Assemblée nationale et les admirateurs du poète, parmi lesquels Gambetta, Crémieux, Eugène Pelletan, Arago, Jules Simon, Schoelcher, Nefftzer, Claretie, Dumas fils, Nadar et Flaubert. L'ensemble des rédacteurs du *Rappel* est à ses côtés. Auguste Vacquerie ayant parlé pour Charles, c'est Louis Blanc qui s'exprime pour François-Victor. L'enterrement, comme celui de Charles, est civil : ni croix ni prêtre. Ce sera le cas, plus tard, de ceux d'Edgar Quinet, de Louis Blanc et de son épouse. Résistance républicaine à l'ordre moral, les cérémonies civiles, à caractère laïque, déclenchent les foudres des journaux cléricaux et conservateurs. Dans la deuxième série de *La Légende des siècles*, publiée en 1877, Victor Hugo vilipende la tradition de l'oraison cléricale :

Je dois faire appeler cet homme sur ma fosse ?
Est-ce que sur la tombe il est le bienvenu ?
Est-ce qu'il est celui qui écoute l'Inconnu ?
Est-ce que sa voix porte au-delà de la terre ?
Est-ce qu'il a le droit de parler au mystère ?
Est-ce qu'il est ton prêtre ? Est-ce qu'il sait ton nom ?

Je vois Dieu dans les cieux faire signe que non[24].

À soixante et onze ans, le patriarche règne sur une myriade de souvenirs et une tribu de cadavres, Adèle étant « plus morte que les morts[25] ». À présent que ses deux fils ne sont plus, il reporte toute son affection sur Georges et Jeanne : ils deviennent la grande occupation de sa vie. L'autre grande occupation s'appelle Blanche, qu'il a installée quai de la Tournelle. Ses visites quotidiennes n'empêchent pas Hugo de se laisser aller à d'autres à-côtés. Juliette, qui perd patience devant pareil défilé de « cocottes à plumes et à bec que veux-tu », menace de rompre :

> Voilà longtemps que la chasse fantastique dure sans que tu en paraisses lassé ou découragé. Quant à moi, j'aspire au repos, sinon dans la vie, puisqu'il paraît que cela n'est pas possible pour moi, du moins dans l'immobilité de la mort qui ne peut pas m'échapper longtemps au train où je vais.
> [...] À partir d'aujourd'hui je mets la clef de mon cœur sous la porte et je m'envoie promener du côté du bon Dieu[26].

Comme au temps de leur jeunesse, il promet de renoncer à ses écarts, et aussitôt qu'elle revient sur sa décision, reprend de plus belle ses tournois de galanterie. La publication par Michel Lévy, en février 1874, de *Quatrevingt-treize* calme un peu les esprits. C'est le dernier roman du poète, et la fin d'une trilogie qui restera privée de son deuxième opus. Le temps d'incubation et le travail de documentation nécessaires à son élaboration auront été longs, même si Hugo est en terrain de connaissance : la chouannerie, le conflit des blancs et des bleus ont bercé son enfance. Attentif à restituer la vie quotidienne sous la Révolution française, ses bouleversements comme les survivances de l'Ancien Régime, il s'est immergé dans de nombreux *Mémoires* et a étudié aussi bien les ouvrages de Louis Blanc et de Michelet que ceux de Thiers, de Lamartine ou de Louis Sébastien Mercier. Cette histoire épique et pleine de pittoresque de la

Révolution, terriblement pessimiste, où l'écrivain condamne une fois de plus la société des hommes, est un événement littéraire dont s'emparent les journaux. Un mois plus tard, pas moins de neuf pays en ont acquis les droits de traduction : l'Angleterre, l'Allemagne, la Russie, la Hollande, la Pologne, l'Italie, l'Espagne, la Suède et la Hongrie.

Le 29 avril, Victor Hugo loue les troisième et quatrième étages du 21 rue de Clichy. Juliette est installée au troisième près des pièces de réception. Au-dessus logent Victor, Alice et les enfants. La disposition n'est pas au goût de Juliette : « Cet étage qui nous sépare est comme un pont rompu entre nos deux cœurs et sur lequel ne peut plus passer aucune joie, ni aucune espérance, désormais. Je ne me fais aucune illusion. À partir de ce soir, toute intimité cesse entre nous et mon doux horizon d'amour est à jamais fermé[27]. » Le défilé, soir après soir, des amis littéraires et des amis politiques dans les pièces voisines n'est, à coup sûr, pas de tout repos.

Victor Hugo ne prend plus part au combat politique, mais il continue d'embrasser un certain nombre de causes : l'amnistie pour les communards et l'abolition de la peine de mort — il se bat, entre autres, contre les déportations de Louise Michel et d'Henri Rochefort —, l'instruction primaire obligatoire gratuite et laïque, l'instruction secondaire gratuite et laïque, la séparation de l'Église et de l'État, les libertés d'association et de réunion, la liberté de la presse. Ses opinions n'ont pas varié d'un iota. En 1875, il a d'ailleurs commencé à regrouper ses discours : *Actes et paroles I* (*Avant l'exil*) et *Actes et paroles II* (*Pendant l'exil*), auxquels il envisage de donner une suite en deux volumes, *Depuis l'exil*.

À la demande de Georges Clemenceau, il s'est présenté aux élections sénatoriales. Le 30 janvier 1876, au grand dam de Juliette, qui en prend ombrage, il est élu : « Cette salle du Luxembourg, je ne l'avais pas revue depuis le 25 février 1848. J'en suis sorti alors pair de France. J'y suis rentré aujourd'hui sénateur[28]. » Il dépose aussitôt un projet d'amnistie dont la rédaction est adoptée par les deux extrêmes gauches du Sénat et de la Chambre. Le 22 mai, il clôt ainsi sa défense à la tribune :

Quant au 2 Décembre, j'y insiste, dire qu'il a été impuni serait dérisoire, il a été glorifié ; il a été, non subi, mais adoré ; il est passé à l'état de crime légal et de forfait inviolable. *(Applaudissements à l'extrême gauche.)* Les prêtres ont prié pour lui ; les juges ont jugé sous lui ; des représentants du peuple, à qui ce crime avait donné des coups de crosse, non seulement les ont reçus, mais les ont acceptés *(rires à gauche)*, et se sont faits ses serviteurs. L'auteur du crime est mort dans son lit, après avoir complété le 2 Décembre par Sedan, la trahison par l'ineptie et le renversement de la république par la chute de la France ; et, quant aux complices, Morny, Billault, Magnan, Saint-Arnaud, Abbatucci, ils ont donné leurs noms à des rues de Paris. *(Sensation.)* Ainsi, à vingt ans d'intervalle, pour deux révoltes, pour le 18 Mars et le 2 Décembre, telles ont été les deux conduites tenues dans les régions du haut desquelles on gouverne ; contre le peuple, toutes les rigueurs ; devant l'empereur, toutes les bassesses.

Il est temps de faire cesser l'étonnement de la conscience humaine. Il est temps de renoncer à cette honte de deux poids et de deux mesures ; je demande, pour les faits du 18 Mars, l'amnistie pleine et entière. *(Applaudissements prolongés à l'extrême gauche. — La séance est suspendue. L'orateur regagne son banc, félicité par ses collègues*[29]*.)*

Dans son carnet, il note : « Ils sont restés pétrifiés et muets[30]. » La proposition est mise aux voix, mais rejetée : seuls dix sénateurs, dont lui-même, se prononcent en faveur de l'amnistie. Il ne s'estime pas vaincu pour autant : il sait qu'il reviendra à la charge.

Les dernières années
(1877-1885)

VERS L'INFINI

Le jour de ses soixante-quinze ans, le 26 février 1877, coïncide avec la publication de la *Nouvelle Série* de *La Légende des siècles*, dont les pièces les plus récentes ont été composées durant le dernier séjour à Guernesey. La préface annonce un complément : les poèmes sont prêts, mais il ne paraîtra qu'en 1883. Avec l'aide d'Auguste Vacquerie et de Paul Meurice, Victor Hugo donne l'illusion d'une créativité toujours aussi féconde, à ceci près que les recueils publiés presque chaque année ne renferment que des vers de date ancienne : *La Pitié suprême* (1879) et *Les Quatre Vents de l'esprit* (1881), la pièce *Torquemada* (1882) et la dernière série de *La Légende des siècles* (1883). Il incombera à Paul Meurice de faire paraître ses œuvres posthumes — soit quelque dix-huit volumes entre 1886 et 1902, parmi lesquels *Toute la lyre*, *Les Années funestes* et *Dernière gerbe*.

Le 14 mai 1877, Hugo fait parler de lui avec *L'Art d'être grand-père*. La popularité en est immédiate et le succès retentissant, tant sa manière de célébrer l'enfance en racontant Georges, Jeanne et lui-même éblouit. Pour avoir su mettre des mots d'enfants en vers avec tant de naturel et de fraîcheur, le « Papapa » de Georges et Jeanne est parvenu, comme nul autre, à exalter les sentiments « grands-parentaux ». Dans la sphère familiale, ces sentiments ne se limitent pas à autoriser les enfants à laisser leurs jouets traîner sur les manuscrits : quand Alice se remarie avec le journaliste et homme politique Édouard Simon dit Lockroy — collaborateur du *Rappel* —, Hugo empêche ce dernier d'être nommé leur cotuteur.

La reprise d'*Hernani* au Théâtre-Français, avec Sarah Bernhardt, Mounet-Sully et Worms dans les principaux rôles, clôt l'année avec maestria. Les rancœurs exprimées à l'encontre de l'ardent défenseur des communards, de plus en plus, s'adoucissent.

Le 28 juin 1878, une congestion cérébrale l'envoie en convalescence à Guernesey, occasion renouvelée de pleurs et de grincements de dents avec Juliette. À son retour, au mois de novembre, le couple s'installe au 130 de la rue d'Eylau — les Lockroy déménageant au numéro 132 avec les enfants. L'hôtel particulier de la princesse de Lusignan sera le dernier domicile de Victor. Il n'écrit presque plus, mais il reçoit tous les jours. Pour Juliette, qui ne partage plus avec Alice le rôle de maîtresse de maison, le quotidien est harassant. S'il lui apporte quelques compensations — elle est autorisée à accompagner Victor à Villequier, chez Vacquerie, et à Veules-les-Roses, chez Paul Meurice —, si l'espoir renaît, en décembre 1879, avec le mariage de Blanche — vite évanoui, tant les candidates au remplacement de l'ancienne camériste se pressent —, Juliette commence à accuser une fatigue certaine. Sa jalousie, en revanche, est tenue en éveil par l'abondant courrier du maître qu'elle est priée de décacheter, alors même que les lettres les plus compromettantes sont adressées chez Meurice. À presque soixante-dix-huit ans, Hugo semble ne jamais devoir se départir de son inépuisable vitalité.

Le 28 février 1879, un mois après avoir déposé au Sénat une nouvelle proposition d'amnistie, il s'adresse à ses pairs : « Vous êtes un gouvernement nouveau, établissez-vous par des actes considérables. Faites voir aux vieux gouvernements comment vous montez pendant qu'ils descendent ; enseignez-leur l'art de sortir des précipices[1]. » Il récidive le 3 juillet 1880 et termine sur ces mots :

[...] — il y a trente-quatre ans, je débutais à la tribune française, — à cette tribune. Dieu permettait que mes premières paroles fussent pour la marche en avant et pour la vérité ; il permet aujourd'hui que celles-ci, — les dernières, si je songe à mon âge, que je prononcerai parmi vous peut-être, — soient pour la clémence et pour la justice. *(Profonde émotion et vifs applaudissements[2].)*

Ses apparitions publiques, dès lors, se raréfient et se limitent, pour l'essentiel, à des banquets donnés à l'occasion de la commémoration de l'abolition de l'esclavage, du cinquantenaire d'*Hernani* ou de l'un de ses anniversaires. Il assiste également, tâche toujours plus éprouvante, aux funérailles de ses derniers contemporains.

Le 11 mai 1883, Victor Hugo est frappé par un ultime malheur : à l'âge de soixante-dix-sept ans, Juliette Drouet rend son dernier soupir. La dernière lettre qu'il a reçue d'elle date du 1er janvier : « Cher adoré, je ne sais pas où je serai l'année prochaine à pareille époque, mais je suis heureuse et fière de te signer mon certificat de vie pour celle-ci par ce seul mot : JE T'AIME[3]. » Leur passion tumultueuse aura duré cinquante ans. Dévasté, Hugo n'a pas la force de se rendre au cimetière de Saint-Mandé où Juliette est enterrée auprès de sa fille Claire. Elle avait choisi avec son « grand petit homme », parmi les vers qu'il lui avait adressés, ceux qu'elle voulait graver sur sa pierre tombale :

Quand je ne serai plus qu'une cendre glacée,
Quand mes yeux fatigués seront fermés au jour,
Dis-toi, si dans ton cœur ma mémoire est fixée :
    Le monde a sa pensée.
    Moi, j'avais son amour !

Auguste Vacquerie prononce l'éloge funèbre à la place du poète. Hugo ne peut qu'écrire : « Je vais bientôt te rejoindre, ma bien-aimée[4]. » En 1860, à Guernesey, pris par l'angoisse de la perdre, il avait composé ces quelques vers :

Oh ! comment traverser sans elle des années
Si jamais je la perds...
Ôtez-moi de la vie, ô Dieu, reprenez-moi !

N'attendez pas un jour ! N'attendez pas une heure !
Que vais-je devenir jusqu'à ce que je meure[5] !

C'est avec la disparition de Juliette qu'il entre pour de bon dans la vieillesse. Il attend, à présent, dans une sorte de torpeur, que la mort annonce sa venue. Mais sa solide constitution retarde l'échéance. Le 2 août 1883, il remet à Auguste Vacquerie le codicille qu'il ajoute à ses dispositions testamentaires :

Je donne cinquante mille francs aux pauvres.
Je désire être porté au cimetière dans leur corbillard.
Je refuse l'oraison de toutes les églises ; je demande une prière à toutes les âmes.
Je crois en Dieu[6].

Passé 1883, le poète se fera silencieux, comme s'il avait été happé par le vide qui s'est creusé autour de lui. Ses intimes et proches contemporains sont passés de vie à trépas. Récemment encore, Edgar Quinet, George Sand, Frédérick Lemaître, les épouses de Paul Meurice et de Louis Blanc, Louise Bertin, Jules Janin, Jules Michelet, Gustave Flaubert ont rejoint la tombe. En septembre 1884, à la demande de Paul Meurice, il fait le déplacement à Veules pour assister au déjeuner donné aux enfants nécessiteux. Deux mois plus tard, il admire la statue de la Liberté de Bartholdi, prête à partir pour la rade de New York. Henri Cernuschi, présent au même moment que lui dans les ateliers de la rue de Chazelles, lui dit en désignant l'œuvre du sculpteur : « Je vois deux colosses qui s'entre-regardent[7]. » Et puis il arrive un moment où Victor Hugo ne sort presque plus.

AU PANTHÉON

Le 19 mai 1885, il note encore dans son carnet : « Aimer, c'est agir[8]. » Ce sont ses derniers mots. Il meurt le 22 mai, à une heure vingt-sept minutes de l'après-midi. Il a quatre-vingt-trois ans. Souffrant d'une lésion du cœur, il a été atteint d'une congestion pulmonaire. Son corps est embaumé dès le lendemain.

Dans *Le Rappel*, Auguste Vacquerie écrit : « Né avec le siècle, il semblait devoir mourir avec lui. Il l'avait tellement personnifié qu'on ne les séparait pas et qu'on s'attendait à les voir partir ensemble. Le voilà parti le premier[9]. » Partout, l'émotion est palpable. Le Sénat, le conseil municipal de Paris et l'Institut lèvent leurs séances. Les éditions du soir paraissent encadrées de noir. Au domicile de Victor Hugo, ce ne sont que visites, condoléances et dépêches. Camille Pelletan a fait le déplacement, qui souhaite rendre hommage au défunt sur son lit de mort :

> La chambre où il avait expiré était étroite et simple, décorée seulement des photographies de ses deux petits enfants, et presque remplie par le grand lit de bois sculpté à baldaquin, où le poète était couché au milieu de fleurs semées sur ses draps.
> Il semblait encore presque vivant. [...] même après cette longue semaine de résistance à la destruction, c'était encore le

masque puissant du génie, avec son accent de grandeur impérieuse mêlé d'une étrange sérénité. Le haut de la tête baignait dans l'ombre : on voyait la bouche ouverte et les yeux fermés. La mort l'avait si peu entamé, qu'il semblait qu'il allait rouvrir les yeux, et se redresser, et parler. Autour du lit, des artistes illustres fixaient pour la postérité cette scène inoubliable, les uns pétrissant la glaise, les autres tenant le crayon ou la palette. On entendait des sanglots étouffés[10].

Un projet de loi par lequel des funérailles nationales seraient faites à Victor Hugo est adopté sans discussion au Sénat, et par 415 voix sur 418 à la Chambre des députés. Une commission, nommée par le ministre de l'Intérieur, est chargée de leur organisation. Vacquerie et Ernest Renan en font partie. Elle décide que le corps sera exposé sous l'Arc de triomphe avant de partir pour le lieu de sa sépulture. Rendu au culte religieux en décembre 1851 par Louis Napoléon Bonaparte, le Panthéon, par décret, est de nouveau laïcisé. Il retrouve sa destination primitive et légale, que l'Assemblée nationale de 1791 lui avait assignée.

Le jour des funérailles, le 1er juin 1885, le spectacle est sans précédent. Toutes les écoles et toutes les administrations ont été fermées, les drapeaux mis en berne. À onze heures, les canons du mont Valérien annoncent l'ouverture de la cérémonie. L'élite littéraire, artistique, journalistique et politique entoure la famille de l'illustre défunt. Plus d'un million de personnes, toutes classes confondues, se pressent le long de l'itinéraire que va emprunter le cortège — il doit descendre les Champs-Élysées jusqu'à la place de la Concorde, traverser le pont devant l'Assemblée nationale, remonter le boulevard Saint-Germain, prendre le boulevard Saint-Michel et arriver au Panthéon par la rue Soufflot. La dépouille de Victor Hugo, conformément à la volonté du mort, est transportée dans le corbillard des pauvres. Seules l'ornent deux petites couronnes de roses blanches, apportées par Georges et Jeanne. Georges est le premier à marcher derrière le corbillard. Au passage du convoi, le silence se fait et les fronts se découvrent. Dans le cortège, les proscrits survivants de 1851 défilent avec une bannière sur laquelle est inscrit : *Histoire d'un crime, Napoléon le Petit, Les Châtiments*. Les délégations, les bataillons scolaires, les députations des écoles sont innombrables. Le monde entier semble s'être assemblé sur le parcours. Les rues sont bordées de masses compactes. La marée humaine n'a pas de fin : quand la tête du cortège arrive au Panthéon, une foule impressionnante piétine encore à l'Arc de triomphe. Camille Pelletan note :

La Rome antique a laissé le souvenir impérissable des triomphes qu'elle réservait aux plus illustres de ses généraux victorieux. L'histoire trace un tableau éblouissant de ces immenses défilés, qui se déroulaient indéfiniment avec leurs étendards, leurs trésors conquis, leurs innombrables multitudes humaines, dans les rues de la capitale du monde. Les funérailles de Victor Hugo furent une sorte de triomphe posthume, décerné par la Patrie française au Génie qui avait combattu et souffert pour le Droit[11].

ANNEXES

REPÈRES CHRONOLOGIQUES

1802. *26 février (7 ventôse an X)* : naissance de Victor Marie Hugo à Besançon. Il est le troisième enfant de Joseph Léopold Sigisbert Hugo (né en 1773) et Sophie Françoise Trébuchet (née en 1772). Ses deux frères, Abel et Eugène, sont respectivement nés en 1798 et 1800.
25 mars : signature de la paix d'Amiens.
Avril : départ de la famille Hugo pour Marseille, où Léopold a été muté suite à une querelle avec son chef de brigade.
18 avril : proclamation du Concordat.
28 novembre : à la demande de son mari, Sophie Trébuchet retourne à Paris afin d'intercéder en sa faveur auprès de Joseph Bonaparte. Elle s'installe rue Neuve-des-Petits-Champs et fréquente assidûment Victor Lahorie, parrain de Victor Hugo.
2 août : Bonaparte devient Premier consul à vie.
1803. *Février* : envoyé en Corse, Léopold Hugo débarque à la garnison de Bastia avec ses trois fils.
11 mai : rupture de la paix d'Amiens.
23 mai : l'Angleterre déclare la guerre à la France.
Début de l'été : Léopold Hugo s'installe à l'île d'Elbe, à Porto-Ferrajo, toujours avec ses fils. Il fait la connaissance de Catherine Thomas, qui devient sa maîtresse.
28 novembre : Sophie Trébuchet rejoint mari et enfants à l'île d'Elbe. Naissance d'Adèle Foucher à Paris.
18 décembre : brusque départ pour Paris de Sophie Trébuchet et de ses fils.

1804. *15 février* : arrestation du général Moreau, suspecté d'être mêlé au complot royaliste de Cadoudal. Considéré comme complice, Victor Lahorie est traqué par la police.
16 février : arrivée à Paris de Sophie Trébuchet. Elle prend domicile au 24 de la rue de Clichy. Victor va à l'école de la rue du Mont-Blanc.
18 mai : Bonaparte devient Empereur héréditaire des Français.
2 décembre : sacre de Napoléon. L'Empire succède au Consulat.
1805. *30 octobre* : bataille de Caldiero, à laquelle Léopold participe sous les ordres du maréchal d'Empire André Masséna.
1806. *14 février* : Masséna entre dans Naples avec l'armée d'Italie.
31 mars : Joseph Bonaparte est nommé roi de Naples.
10 avril : naissance à Fougères de Julienne Joséphine Gauvain, future Juliette Drouet.
Fin 1806 : Léopold arrête le résistant patriote italien « Fra Diavolo » et obtient de l'avancement.
1807. *Début janvier* : il assure les fonctions de commandant militaire de la province d'Avellino.
Décembre : alors que Victor Lahorie se cache en Normandie, Sophie Trébuchet part pour Naples avec ses fils, à l'insu de son mari. Ils voyagent via le Mont-Cenis, Suse, les Apennins et Rome.
1808. *Janvier* : Sophie et les enfants arrivent au terme de leur voyage. Léopold, qui vit à Avellino avec Catherine Thomas, consigne son épouse à Naples. Rupture définitive du couple Hugo.
28 février : Léopold est promu colonel du régiment Royal-Corse.
23 mai : début du soulèvement de l'Espagne.
3 juillet : laissant les siens derrière lui, le colonel Hugo quitte l'Italie pour l'Espagne à la suite de Joseph Bonaparte.
4 décembre : capitulation de Madrid.
6 décembre : le roi Joseph nomme Léopold colonel du Royal-Étranger, au service de la couronne d'Espagne.
22 décembre : Sophie et les enfants quittent Naples.
1809. *7 février* : arrivée à Paris. Ils logent d'abord au numéro 250 de la rue Saint-Jacques. Victor et Eugène fréquentent la petite école élémentaire de M. de La Rivière, située à quelques mètres de là.

Début de l'été : Sophie s'installe aux Feuillantines avec ses trois fils. Elle y cache Victor Lahorie sous le nom de M. de Courlandais.

20 août : Léopold est promu maréchal de camp et gouverneur de la province d'Avila. La pension de Sophie est augmentée en conséquence.

Décembre : Léopold est nommé inspecteur général des troupes espagnoles.

15 décembre : Napoléon et Joséphine divorcent par sénatus-consulte.

1810. *3 juin* : Joseph Fouché est démis de ses fonctions de ministre de la Police générale par Napoléon. Il est remplacé par Anne Jean Marie René Savary, un ancien compagnon d'armes de Victor Lahorie. Ce dernier se croit tiré d'affaire et se fait recevoir par le nouveau ministre, mais il est arrêté et placé au secret.

Décembre : sur les instances de leur mère, Victor et Eugène apprennent l'espagnol. Léopold, entre-temps, a été fait comte de Siguenza.

1811. *Février* : visite aux Feuillantines du marquis de Saillant. Le roi Joseph, qui n'apprécie pas de voir Léopold vivre avec sa maîtresse, demande à Sophie de rejoindre son époux.

10 mars : Sophie Trébuchet se met en route pour Madrid avec ses fils sans prévenir Léopold.

20 mars : naissance du roi de Rome.

Avril : séjour à Bayonne, où Victor découvre le théâtre ; puis traversée de l'Espagne par Ernani, Tolosa, Torquemada, Burgos, Valladolid, Ségovie.

16 juin : Arrivée à Madrid de Sophie et des enfants. Ils s'installent au palais Masserano.

17 juin : à l'annonce de l'arrivée de Sophie, Léopold, qui vit avec Catherine Thomas, dépose une demande de divorce.

10 juillet : Sophie se voit signifier la requête en divorce.

11 juillet : à la demande de Léopold, Abel entre chez les Pages du Roi, tandis que Victor et Eugène sont enfermés au collège des Nobles.

18 juillet : de retour à Madrid, le roi Joseph force Léopold à envisager un retour à la vie familiale. Victor et Eugène sont retirés du collège.

Août-septembre : informé de la liaison de son épouse avec le conspirateur Lahorie, Léopold lui coupe les vivres et campe sur ses positions. Tandis que leurs parents se déchirent de plus belle, Victor et Eugène reprennent le chemin du collège.

1er octobre : Léopold est nommé à Madrid chef d'état-major du maréchal Jean Baptiste Jourdan.

1812. *30 janvier* : las des interminables disputes des époux Hugo, le roi Joseph impose un compromis. Sophie obtient le traitement de majordome du palais de Léopold et la garde de ses deux plus jeunes fils, à condition de retourner à Paris. Abel reste à la charge de Léopold.

3 mars : Léopold est nommé commandant de la place de Madrid. Sophie plie bagage.

Avril : retour aux Feuillantines. M. de La Rivière devient le précepteur de Victor et d'Eugène. Ils découvrent le cabinet de lecture du libraire Royol et reprennent leurs jeux avec Adèle et Victor Foucher, qu'accompagne à présent Édouard Delon.

21 juin : Napoléon déclare la guerre à la Russie.

Nuit du 22 au 23 octobre : coup d'État manqué du général Malet, assisté par les généraux Lahorie et Guidal.

28 octobre : Malet, Lahorie et Guidal sont traduits avec leurs complices devant le Conseil de guerre, dont le procureur est le père d'Édouard Delon. Pierre Foucher lui prête assistance pour son réquisitoire.

29 octobre : condamnés à mort, les conspirateurs sont fusillés dans la plaine de Grenelle. Sophie est dévastée. Victor et Eugène ne font pas le rapprochement avec M. de Courlandais.

27 novembre : passage de la Bérézina par la Grande Armée en déroute.

18 décembre : retour de Napoléon aux Tuileries.

1813. *17 mars* : déclaration de guerre de la Prusse à la France.

15 mai-31 juillet : perte de l'Espagne par l'armée française.

12 août : déclaration de guerre de l'Autriche à la France.

Automne : Léopold revient en France en ayant perdu ses promotions et tous les avantages de la conquête. Sophie sait qu'elle ne peut plus compter sur son traitement.

Fin septembre : retour d'Abel aux Feuillantines.

31 décembre : déménagement de Sophie et de ses fils au 2 rue des Vieilles-Thuileries. M. de La Rivière continue de donner des cours à Victor.

1814. *9 janvier* : Léopold est chargé de la défense de Thionville.
30 mars : bataille de Paris.
1ᵉʳ avril : le conseil général de la Seine proclame le rétablissement de Louis XVIII.
6 avril : Napoléon abdique sans conditions.
Mi-avril : Léopold ne livre Thionville qu'après avoir reçu confirmation de l'abdication de l'Empereur par les autorités militaires françaises.
12 avril : le comte d'Artois entre dans Paris. À cette occasion, Abel, Eugène et Victor Hugo sont nommés Chevaliers du Lys.
28 avril : Napoléon embarque pour l'île d'Elbe.
3 mai : Louis XVIII s'installe aux Tuileries. Début de la première Restauration. Victor s'enthousiasme pour les Bourbons.
Mai : accompagnée d'Abel, Sophie se rend à Thionville pour réclamer de l'argent à Léopold. Eugène et Victor restent à Paris.
4 juin : Sophie poursuit Léopold devant les tribunaux : elle fait une demande en séparation de corps et réclame une provision de trois mille francs.
11 juin : Léopold attaque son épouse en divorce et fait valoir le délit d'adultère. Sophie prend la fuite.
17 juin : sur les instructions de Léopold, sa demi-sœur, Marguerite Martin-Chopine, fait apposer les scellés sur l'appartement des Vieilles-Thuileries et emmène les enfants chez elle. Victor et Eugène lui vouent une haine immédiate.
23 juin : retour à Paris de Sophie et Abel.
25 juin : Sophie saisit le tribunal de la Seine.
5 juillet : le tribunal autorise Sophie à garder son domicile et ses enfants. Léopold fait appel.
1815. *26 janvier* : le jugement est favorable à Léopold.
10 février : les biens de Sophie sont saisis. Victor et Eugène, de nouveau placés sous l'autorité paternelle, sont conduits à la pension Cordier. Victor se lie avec le maître d'études Félix Biscarrat.
13 février : scène d'une grande violence, devant témoins, entre Léopold et Sophie. Elle permettra à cette dernière d'obtenir un référé du tribunal qui lui rendra ses meubles et son logis.
1ᵉʳ mars : Napoléon débarque à Golfe-Juan — les Cent-Jours.

Mars : de nouveau chargé de la défense de Thionville, Léopold confie ses fils à la charge de Marguerite Martin-Chopine, interdisant qu'ils soient remis à leur mère. Les hostilités reprennent de plus belle entre la tante et ses neveux.
18 juin : bataille de Waterloo.
3 juillet : capitulation de Paris.
8 juillet : Louis XVIII remonte sur le trône. Début de la seconde Restauration.
Septembre : premier *Cahier de vers français* de Victor Hugo. À la pension Cordier, il ne cesse de noircir des pages entières — *Irtamène, Le Déluge, Athélie ou les Scandinaves, A. Q. C. H. E. B.* — *À quelque chose hasard est bon* —, *Inès de Castro*...
31 octobre : loi de sûreté générale suspendant les libertés individuelles.

1816. *Octobre* : Victor et Eugène entrent au collège royal Louis-le-Grand, en classe de philosophie-mathématiques élémentaires. Ils restent internes à la pension Cordier.

1817. *25 août* : l'Académie française décerne les prix du concours de poésie organisé sur le sujet « Le bonheur que procure l'étude dans toutes les situations de la vie », pour lequel Victor a remis un manuscrit. Le jury n'ayant pas cru à son âge, eu égard à la maturité de sa composition, Victor ne reçoit qu'une mention d'encouragement. Il entre en rapport avec l'académicien François de Neufchâteau qui le fera travailler pour son compte.
Octobre : Victor et Eugène passent en classe de mathématiques spéciales-physique à Louis-le-Grand.

1818. *3 février* : jugement de séparation des époux Hugo. Victor et Eugène reviennent à la charge de leur mère.
14 juillet : par lettre, Félix Biscarrat fait état à Victor des désordres mentaux d'Eugène.
Août : fin officielle des études secondaires de Victor Hugo. Il ne passe pas le baccalauréat, mais est autorisé à s'inscrire en droit.
Septembre : Victor et Eugène quittent la pension Cordier. Ils vont loger chez leur mère au 18 rue des Petits-Augustins.
Novembre : première inscription de Victor à la faculté de droit.

1819. *Nuit du 5 au 6 février* : Victor compose l'ode sur *Le Rétablissement de la statue de Henri IV* pour le concours de poésie de l'Académie des jeux floraux de Toulouse. Il l'envoie avec deux autres compositions.

20 mars : Victor apprend, par une lettre du secrétaire perpétuel de l'Académie des jeux floraux, qu'il a obtenu le lys d'or pour *Le Rétablissement de la statue de Henri IV* et une amarante réservée pour *Les Vierges de Verdun*.

Avril : première rédaction officielle, d'après la date apposée sur le manuscrit, de *Bug-Jargal*.

26 avril : Victor Hugo et Adèle Foucher se déclarent leur amour.

3 mai : séance solennelle de l'Académie des jeux floraux de Toulouse, au cours de laquelle Victor est couronné.

25 septembre : publication en plaquette de l'ode *Les Destins de la Vendée*.

16 octobre : publication en plaquette de la satire politique en vers *Le Télégraphe*.

Décembre : il fonde avec ses frères *Le Conservateur littéraire*, acquis au régime. Victor est proche des ultras.

11 décembre : première livraison du *Conservateur littéraire*. Élargissant le cercle de ses relations, Victor fréquente les poètes monarchistes et catholiques. Il se lie avec Alfred de Vigny et Hugues Félicité Robert de Lamennais.

1820. *13 février* : assassinat du duc de Berry.

27 février : publication en plaquette de l'*Ode sur la mort de Son Altesse Royale Charles Ferdinand d'Artois, duc de Berry, fils de France*.

9 mars : le jeune poète se voit octroyer par Louis XVIII une gratification de cinq cents francs. La poésie officielle lui ouvre ses portes.

Mars : première visite à François René de Chateaubriand.

26 avril : Mme Foucher ayant vu une lettre tomber du corsage de sa fille, le secret des jeunes gens est percé. Ils ont interdiction de se voir et de s'écrire. Les deux familles se brouillent.

Mai : nouveau prix de l'Académie des Jeux Floraux de Toulouse pour l'ode *Moïse sur le Nil* et nomination de Victor maître *ès* Jeux floraux — qui lui permet d'être exempté du service militaire.

Été : déménagement familial au 10 rue de Mézières. Victor obtient une mention au concours de poésie de l'Académie française pour le poème *Le Dévouement de Malesherbes*.

1821. *15 janvier* : huitième et dernière inscription de Victor à la faculté de droit. Son manque d'assiduité ne l'a autorisé à passer aucun examen.
Mars : arrêt du *Conservateur littéraire*.
Printemps : Victor amorce la rédaction de *Han d'Islande*.
5 mai : Napoléon s'éteint à Sainte-Hélène.
27 juin : mort de Sophie Trébuchet. Victor et ses frères portent son cercueil au cimetière de Vaugirard.
6 septembre : Léopold se remarie avec Catherine Thomas.
16 juillet : Victor part à pied pour Dreux, où il plaide sa cause auprès de Pierre Foucher. Victor et Adèle sont autorisés à se revoir, mais leur mariage est soumis à conditions.

1822. *Mars* : déménagement de Victor et de son cousin Adolphe Trébuchet dans une mansarde du 30 rue du Dragon.
8 juin : publication du recueil *Odes et Poésies diverses*. Victor est gratifié d'une pension royale annuelle de mille francs.
12 octobre : mariage de Victor Hugo avec Adèle Foucher. Eugène Hugo sombre dans la folie.

1823. *8 février* : publication de *Han d'Islande*.
16 juillet : naissance du premier enfant du couple Hugo, Léopold, qui meurt le 9 octobre.
28 juillet : premier numéro de *La Muse française*, à laquelle Victor collabore.

1824. *Première semaine de mars* : publication du recueil *Nouvelles Odes*. Victor prend ses distances avec la poésie officielle.
Juin : Victor et Adèle quittent le domicile des Foucher et déménagent au 90 rue de Vaugirard.
28 août : naissance de Léopoldine Hugo.
16 septembre : mort de Louis XVIII.
29 septembre : le comte d'Artois monte sur le trône sous le nom de Charles X.

1825. *29 avril* : Victor Hugo est fait chevalier de la Légion d'honneur en même temps qu'Alphonse de Lamartine.
29 mai : sacre de Charles X à Reims, auquel assistent Victor Hugo et Charles Nodier.
Août : voyage à Chamonix et à Genève avec les Nodier et le peintre Gué.

1826. *Janvier* : publication de la deuxième version de *Bug-Jargal*.

6 août : Victor commence l'écriture du drame en vers *Cromwell*.

Novembre : publication du recueil *Odes et Ballades*, célébré en termes dithyrambiques par le jeune critique du journal *Le Globe* Charles Augustin Sainte-Beuve.

3 novembre : naissance de Charles Hugo.

1827. *Janvier* : en réponse à une provocation diplomatique du nouvel ambassadeur d'Autriche à Paris, Victor écrit l'*Ode à la colonne de la place Vendôme*. Il est acclamé par les libéraux.

Printemps : déménagement des Hugo au 11 rue Notre-Dame-des-Champs.

Juillet : lecture du drame en prose *Amy Robsart* au Théâtre de l'Odéon. Le plus jeune frère d'Adèle, Paul Foucher, sert de prête-nom à Victor.

30 septembre : Victor s'attelle à la *Préface* de *Cromwell*.

5 décembre : publication de *Cromwell* et de la *Préface*, considérée comme le manifeste du romantisme. Rupture radicale avec les règles fondatrices du théâtre français.

1828. *29 janvier* : décès de Léopold Sigisbert Hugo.

13 février : première d'*Amy Robsart* à l'Odéon. La pièce est interdite.

21 octobre : naissance de Victor Hugo. Il fera le choix de s'appeler François-Victor pour se démarquer de son père.

Août : publication du recueil *Odes et Ballades* dans sa version définitive.

1829. *23 janvier* : la *Bibliographie de la France* annonce la publication du recueil de poésie lyrique *Les Orientales*.

7 février : publication du court volume de prose *Le Dernier Jour d'un condamné*, premier réquisitoire de Victor Hugo contre la peine de mort.

1er-26 juin : écriture du drame *Un duel sous Richelieu*.

14 juillet : la pièce est reçue au Théâtre-Français sous le titre de *Marion de Lorme*.

1er août : interdiction de *Marion de Lorme*.

7 août : Victor Hugo obtient une audience avec Charles X.

13 août : le ministre de l'Intérieur, François Régis de La Bourdonnaye, confirme à Victor Hugo l'interdiction de sa pièce, mais lui offre « une *position politique* au Conseil d'État et une *place dans l'administration* ». Hugo refuse.

14 août : par mesure compensatoire, Charles X décide de tripler la pension de Victor Hugo. L'intéressé refuse. Le *Globe* parle de « Premier coup d'État littéraire ».
29 août-24 septembre : écriture d'*Hernani*.
5 octobre : réception d'*Hernani* à la Comédie-Française.
1830. *25 février* : première d'*Hernani* à la Comédie-Française et début de la célèbre « bataille ».
Printemps : Victor prend conscience de la relation d'Adèle et de Sainte-Beuve. Il commence à écrire *Les Feuilles d'automne*.
Mai : les Hugo s'installent rue Jean Goujon, au numéro 9.
27-29 juillet : les Trois Glorieuses. Victor se rallie à la monarchie orléaniste.
2 août : abdication de Charles X.
9 août : le duc d'Orléans prend le titre de Louis-Philippe 1er, roi des Français. Début de la monarchie de Juillet.
28 août : naissance d'Adèle Hugo, dernier enfant du couple.
1er septembre : reprise de l'écriture de *Notre-Dame de Paris*.
1831. *14 janvier* : fin de *Notre-Dame de Paris*.
16 mars : mise en vente de *Notre-Dame de Paris*.
11 août : création de *Marion de Lorme* au Théâtre de la Porte-Saint-Martin.
30 novembre : publication du recueil *Les Feuilles d'automne*.
1832. *Printemps* : épidémie de choléra-morbus à Paris. Charles tombe malade, mais en réchappe.
3-23 juin : écriture de la tragédie grotesque *Le roi s'amuse*.
9-20 juillet : réécriture en prose de la tragédie des Atrides sous le titre de *Le Souper à Ferrare*, qui devient *Lucrèce Borgia*.
8 octobre : déménagement de la famille Hugo au deuxième étage de l'hôtel de Rohan-Guéménée, place Royale, au numéro 6.
22 novembre : première du *Roi s'amuse* à la Comédie-Française. La pièce est suspendue dès le lendemain au prétexte d'outrage aux mœurs. Hugo intente un procès au théâtre.
1833. *2 janvier* : le tribunal se déclare incompétent et le demandeur est condamné aux dépens, mais ses talents d'orateur sont entrés dans la légende.
2 février : première de *Lucrèce Borgia* au Théâtre de la Porte-Saint-Martin. Le rôle secondaire de la princesse Negroni échoit à une jeune comédienne, Juliette Drouet.

Nuit du 16 au 17 février : Victor et Juliette deviennent amants.

8 août-1ᵉʳ septembre : composition du drame en prose et en trois actes *Marie Tudor*.

6 novembre : première de *Marie Tudor*. Sifflée, Juliette est démise de son rôle.

1834. *2-10 janvier* : écriture de l'*Étude sur Mirabeau*, qui sera publiée à la fin du mois.

mars : publication de *Littérature et Philosophie mêlées*.

6 juillet : publication de *Claude Gueux* dans la *Revue de Paris*.

8 août-31 août : voyage en Bretagne avec Juliette.

1835. *2-19 février* : composition du huis clos en prose *Angelo, tyran de Padoue*.

28 avril : première d'*Angelo, tyran de Padoue*.

25 juillet-22 août : voyage en Picardie et en Normandie avec Juliette.

28 juillet : Louis-Philippe échappe à un attentat.

9 septembre : promulgation des lois des 13, 20 et 29 août. La loi du 29 août interdit à la presse d'attaquer ou de discuter la personne du roi, la Charte et le gouvernement.

26 octobre : publication du recueil *Les Chants du crépuscule*.

1836. *18 février* : premier échec à l'Académie française, contre Emmanuel Mercier Dupaty.

8 mars : Juliette déménage de la rue des Tournelles à la rue Sainte-Anastase.

15 juin-20 juillet : voyage en Bretagne et en Normandie avec Juliette.

14 novembre : première de *La Esmeralda* à l'Opéra, sur un livret de Victor Hugo et une musique de Louise Bertin.

29 décembre : deuxième échec à l'Académie française, contre François Auguste Mignet.

1837. *20 février* : décès d'Eugène Hugo à l'asile de Charenton.

27 juin : publication du recueil *Les Voix intérieures*.

3 juillet : Victor est promu officier de la Légion d'honneur.

10 août-14 septembre : voyage en Belgique et en Normandie avec Juliette.

6 novembre : Victor intente un procès à la Comédie-Française pour cause de non reprise de ses pièces. Il le gagne le 12 décembre.

1838. *5 juillet-11 août* : écriture du drame historique en alexandrins *Ruy Blas*.
18-28 août : voyage en Champagne avec Juliette.
8 novembre : première de *Ruy Blas* au Théâtre de la Renaissance. Auguste Vacquerie et Paul Meurice deviennent les nouveaux séides de Victor Hugo.
1839. *26 juillet* : écriture du drame *Les Jumeaux* — abandonné le 23 août.
31 août-25 octobre : voyage en Alsace, en Suisse et en Provence avec Juliette.
19 décembre : élection nulle à l'Académie française (le scrutin est reporté).
1840. *20 février* : troisième échec à l'Académie française, contre Marie Jean Pierre Flourens.
Mai : publication du recueil *Les Rayons et les Ombres*.
29 août-1er novembre : voyage dans la vallée du Rhin avec Juliette.
1841. *7 janvier* : élection de Victor Hugo à l'Académie française par dix-sept voix contre quinze à Arsène Ancelot.
3 juin : réception à l'Académie française. Victor Hugo devient la coqueluche du Tout-Paris.
4 août : il gagne le procès qu'il a intenté pour plagiat à l'éditeur et au traducteur du livret italien de la *Lucrèce Borgia* de Donizetti.
1842. *28 janvier* : publication de l'ouvrage *Le Rhin, lettres à un ami*.
13 juillet : mort accidentelle du duc d'Orléans. Hugo est chargé des condoléances officielles de l'Institut.
10 septembre-19 octobre : écriture du drame épique en vers *Les Burgraves*.
1843. *14 et 15 février* : mariage civil et religieux de Léopoldine Hugo et Charles Vacquerie.
19 février : départ de Léopoldine et Charles pour Le Havre, où ils vont s'installer.
7 mars : première de la pièce *Les Burgraves* au Théâtre-Français.
18 juillet : départ avec Juliette pour un voyage dans le Sud-Ouest, les Pyrénées et l'Espagne.
4 septembre : mort tragique de Léopoldine et de Charles Vacquerie à Villequier.
9 septembre : à Rochefort, Victor Hugo apprend le drame par voie de presse.
12 septembre : retour à Paris. Hugo s'isole dans le silence.

1844. *27 janvier* : mort de Charles Nodier, aux funérailles duquel il tient les cordons du poêle.

1845. *13 avril* : une ordonnance royale élève le vicomte Victor Hugo, membre titulaire de l'Institut, à la dignité de pair de France.

5 juillet : Hugo est pris en flagrant délit d'adultère avec Léonie d'Aunet, épouse du peintre Biard. Léonie purge une peine de trois mois. Le pair de France n'est pas inquiété, mais prié de se faire oublier.

17 novembre : il entreprend un nouveau roman, *Jean Tréjean*, qui deviendra *Les Misères*, puis *Les Misérables*.

1846. *14 février* : débuts d'orateur à la Chambre des pairs.

21 juin : mort de Claire Pradier, unique enfant de Juliette Drouet.

1847. *6 mars* : le député de l'opposition libérale Prosper Duvergier de Hauranne dépose un projet de loi relatif à l'abaissement du cens électoral. Le projet est rejeté le 26 du même mois.

9 juillet : l'opposition lance la « campagne des banquets ».

1848. *14 janvier* : le banquet prévu à Paris le 22 février est interdit.

22 février : des cortèges se forment spontanément sur les Grands Boulevards, place de la Concorde et place de la Madeleine.

23 et 24 février : insurrection parisienne. Les combats sont acharnés.

24 février : abdication de Louis-Philippe.

25 février : proclamation de la IIe République.

23-24 avril : élections à l'Assemblée constituante. Victor Hugo n'est pas élu.

4-5 juin : élections complémentaires. Il est élu à Paris par plus de quatre-vingt mille voix, grâce à l'appui des conservateurs.

10 juin : il siège pour la première fois à l'Assemblée.

23 au 25 juin : nouvelle insurrection parisienne. Hugo joue le rôle d'agent conciliateur du gouvernement pour rétablir l'ordre.

1er juillet : déménagement provisoire de la famille Hugo rue d'Isly.

4 juillet : mort de François René de Chateaubriand.

1er août : premier numéro du journal *L'Événement*. Charles et François-Victor Hugo, Auguste Vacquerie et Paul Meurice en sont les principaux rédacteurs.

Octobre : la famille Hugo s'installe rue de La Tour d'Auvergne.

Novembre : Juliette se rapproche cité Rodier.

10-11 décembre : élection présidentielle au suffrage universel. Louis Napoléon Bonaparte est élu à une très large majorité.

1849. *13-14 mai* : élections législatives. Victor Hugo est élu sur les listes du parti de l'ordre (conservateur).

9 juillet : à l'Assemblée, il prononce un discours sur la misère qui fait scandale. La droite le conspue. La gauche l'applaudit. Il passe à l'opposition.

1850. *15 janvier* : discours à l'Assemblée contre la loi Falloux.

1851. *17 juillet* : discours à l'Assemblée contre Louis Napoléon Bonaparte.

30 juillet : Charles Hugo est écroué à la Conciergerie.

18 septembre : dernier numéro de *L'Événement*.

18 novembre : François-Victor et Paul Meurice rejoignent la Conciergerie.

19 septembre-1er décembre : vie éphémère de *L'Avènement du peuple*, qui remplace *L'Événement*. Son fondateur Auguste Vacquerie, à son tour, est condamné à six mois de prison.

2 décembre : coup d'État de Louis Napoléon Bonaparte. Victor Hugo et les représentants républicains appellent le peuple de Paris à la résistance. La répression est brutale.

11 décembre : traqué, Victor Hugo prend le train de huit heures du soir pour Bruxelles, muni d'un passeport établi au nom de Jacques Firmin Lanvin. Dès son arrivée, il amorce la rédaction d'*Histoire d'un crime*. Juliette le rejoint quelques jours plus tard avec la malle aux manuscrits.

21-22 décembre : par plébiscite, le peuple français ratifie le coup d'État.

1852. *9 janvier* : Louis Napoléon Bonaparte signe le décret d'expulsion du territoire français qui frappe Victor Hugo.

22 janvier : Hugo déménage du 16 au 27 de la Grand-Place.

28 janvier : sortie de prison de Charles Hugo. Il est à Bruxelles le 3 février.

Juin : Victor met en œuvre *Napoléon le Petit*.

16 avril : sortie de prison de François-Victor.

8 mai : sortie de prison d'Auguste Vacquerie.

8-9 juin : à Paris, vente aux enchères du mobilier Hugo.

29 juillet : les deux Adèle et Auguste Vacquerie embarquent au Havre pour Jersey.

31 juillet : Victor, Charles et Juliette embarquent à Anvers.

5 août : Victor Hugo débarque à Jersey. Publication à Londres de *Napoléon le Petit*.

16 août : emménagement du clan Hugo à Marine Terrace.

Septembre : arrivée de François-Victor à Jersey.

7 novembre : un sénatus-consulte révise la Constitution et rétablit la dignité impériale en faveur de Louis Napoléon Bonaparte.

2 décembre : Louis Napoléon Bonaparte est proclamé Empereur sous le nom de Napoléon III. Début du second Empire.

21-22 décembre : plébiscite sur le rétablissement de l'Empire.

1853. *24 mai* : la France et l'Angleterre concluent une alliance pour défendre l'Empire ottoman en cas d'agression russe.

6 septembre : arrivée de Delphine de Girardin à Marine Terrace et première séance de tables tournantes. L'expérience spirite durera près de deux ans.

21 novembre : publication de *Châtiments* en deux éditions — intégrale et expurgée.

1854. *10 janvier* : appel aux habitants de Guernesey pour la grâce du condamné à mort John Charles Tapner.

11 février : lettre à Lord Palmerston après l'exécution de Tapner.

27 mars : déclenchement de la guerre de Crimée.

29 novembre : discours d'Hugo sur la guerre d'Orient.

1855. *7 février* : mort d'Abel Hugo.

17 octobre : déclaration de soutien aux proscrits Ribeyrolles, Pianciani et Thomas, expulsés de Jersey pour avoir publié une lettre de Félix Pyat défavorable à la reine Victoria.

27 octobre : Victor Hugo se voit signifier son expulsion de Jersey.

31 octobre : il quitte Jersey pour Guernesey.

1856. *23 avril* : publication, à Bruxelles et à Paris, du recueil *Les Contemplations*.

10 mai : achat de Hauteville House. Les travaux ne s'achèveront véritablement qu'en 1862.

17 octobre : le clan Hugo s'installe prématurément à Hauteville House.

Décembre : Juliette emménage à La Fallue, d'où elle aperçoit la fenêtre de la chambre de Victor.

1857. *Mars* : Hetzel demande à Hugo de travailler au recueil *Les Petites Épopées*.

11 septembre : signature du contrat pour *Les Petites Épopées*.

1858. *14 janvier* : le couple impérial échappe à un attentat. Une vague de répression s'ensuit.

18 janvier-6 mai : les deux Adèle s'absentent de Guernesey.

Juin-octobre : Victor Hugo souffre d'un anthrax au dos qui met sa vie en danger.

20 décembre : adieux définitifs d'Auguste Vacquerie à Guernesey.

1859. *3 avril* : *La Légende des siècles* remplace le titre *Les Petites Épopées*.

26 avril : Hugo en achève la préface, *La Vision d'où est sorti ce livre*.

11 mai-8 septembre : les deux Adèle s'absentent de Guernesey.

26 mai-10 juin : séjour à l'île de Sercq avec Charles et Juliette. Victor compose les poèmes du recueil *Les Chansons des rues et des bois*.

15 août : un décret d'amnistie des condamnés pour délits politiques permet le retour en France des proscrits.

18 août : déclaration sur l'amnistie de Victor Hugo qui refuse de regagner la France.

26 septembre : publication, à Bruxelles et à Paris, de *La Légende des siècles*.

2 décembre : lettre à l'Amérique contre la condamnation à mort de l'abolitionniste John Brown.

1860. *25 avril* : Hugo tire *Les Misérables* de la malle de fer aux manuscrits.

26 avril-12 mai : relecture du manuscrit, suivie d'une phase de réflexion qui dure jusqu'au 30 décembre.

5 mai : à la tête des Chemises rouges, Joseph Garibaldi quitte Gênes pour la Sicile — Expédition des Mille.

14-18 juin : à Jersey, discours en faveur de Garibaldi et de l'Expédition des Mille.

1861. *25 mars* : départ de Victor pour la Belgique. Charles et Juliette l'accompagnent.

30 juin : il achève *Les Misérables* à Mont-Saint-Jean, près de Waterloo.

13 juillet : voyage en Hollande avec Juliette.

3 septembre : retour à Guernesey. Charles Hugo reste définitivement sur le continent.

4 octobre : signature du contrat d'édition du roman *Les Misérables* avec l'éditeur belge Albert Lacroix.

25 décembre : à Hauteville House, Victor Hugo reçoit le lieutenant Pinson, qu'Adèle considère comme son fiancé.

1862. *3 avril* : publication de la première partie du roman *Les Misérables*.

15 mai : publication des deuxième et troisième parties.

30 juin : publication des deux dernières parties.

28 juillet : départ de Guernesey, avec Juliette, pour Bruxelles, le Luxembourg, l'Allemagne et les bords du Rhin.

16 septembre : Hugo assiste, à Bruxelles, au grand banquet organisé en son honneur par ses éditeurs.

17 novembre : lettre en faveur de l'abolition de la peine de mort dans la république de Genève.

1863. *17 juin* : publication, sans nom d'auteur, de *Victor Hugo raconté par un témoin de sa vie*, écrit par Mme Hugo.

18 juin : sa mère séjournant à Paris, Adèle Hugo quitte Guernesey pour Halifax, où le lieutenant Pinson est en garnison.

Mi-août : départ pour un voyage en Belgique, au Luxembourg et sur les bords du Rhin avec Juliette.

7 octobre : retour à Guernesey.

2 décembre : Hugo met un point final à *William Shakespeare*.

1864. *15 avril* : publication de *William Shakespeare*.

Juin : Juliette quitte La Fallue pour Hauteville Fairy, à quelques mètres d'Hauteville House. Victor l'a achetée pour moitié avec elle et elle en a l'usufruit.

4 juin : début du roman *Les Travailleurs de la mer*.

15 août : départ pour Bruxelles et voyage au Luxembourg, sur les bords du Rhin et en Belgique avec Juliette.

26 octobre : retour à Guernesey.

1865. *14 janvier* : mort d'Emily de Putron, fiancée de François-Victor.
18 janvier : François-Victor quitte Guernesey avec sa mère. Mme Hugo s'installe à Bruxelles avec ses deux fils.
19 janvier : discours de Victor Hugo à l'enterrement d'Emily.
29 avril : il achève *Les Travailleurs de la mer*.
4 juillet-25 septembre : séjours à Bruxelles, en Belgique et en Rhénanie avec Juliette.
17 octobre : mariage de Charles Hugo avec Alice Lehaene.
25 octobre : publication du recueil *Les Chansons des rues et des bois*.

1866. *12 mars* : publication du roman *Les Travailleurs de la mer*.
22 juin-7 octobre : séjour à Bruxelles.
21 juillet : début de la rédaction du roman *L'Homme qui rit*.

1867. *22 janvier* : de passage à Guernesey, Mme Hugo fait une visite de courtoisie à Juliette.
31 mars : naissance à Bruxelles de Georges Hugo, premier enfant de Charles.
20 juin : reprise d'*Hernani* au Théâtre-Français.
19 juillet-17 août : séjour à Bruxelles.
18-24 août : voyage en Zélande avec Juliette, puis séjour à Chaudfontaine à compter du 29 août.
14 octobre : retour à Guernesey.
5 décembre : le gouvernement impérial interdit la reprise de *Ruy Blas* à l'Odéon.

1868. *14 avril* : mort de Georges Hugo, fils de Charles et Alice.
31 mai : premier numéro de *La Lanterne* d'Henri Rochefort.
30 juillet-début octobre : séjour à Bruxelles.
16 août : naissance du second Georges Hugo à Bruxelles. Il a pour parrain Henri Rochefort.
23 août : Victor achève *L'Homme qui rit*.
25 août : Mme Hugo est frappée d'apoplexie.
27 août : mort de Mme Hugo. Victor accompagne le cercueil jusqu'à la frontière.
9 octobre : retour à Guernesey.

1869. *19 avril-8 mai* : publication en quatre volumes de *L'Homme qui rit*.
1er mai-21 juin : écriture de *Torquemada*.
3 mai : à Paris, premier numéro du journal *Le Rappel* (daté du 4 mai), fondé par Charles, François-Victor, Paul Meurice, Auguste Vacquerie et Henri Rochefort.

7-11 août : séjour à Bruxelles.

8 septembre : sénatus-consulte libérant le corps législatif de la tutelle impériale.

13-18 septembre : séjour à Lausanne, où Hugo préside le Congrès de la paix.

29 septembre : naissance de Jeanne, deuxième enfant de Charles et Alice.

1er octobre : retour à Bruxelles après un voyage en Suisse.

1870. *12 janvier* : obsèques à Paris du journaliste Victor Noir, assassiné par le prince Pierre Napoléon Bonaparte.

2 février : reprise de *Lucrèce Borgia* au Théâtre de la Porte-Saint-Martin.

20 avril : sénatus-consulte instaurant l'Empire libéral. Il est approuvé le 8 mai par plébiscite.

19 juillet : la France déclare la guerre à la Prusse.

11 août : *Le Rappel* est suspendu.

17 août : Victor Hugo est à Bruxelles.

19 août : il fait une demande de passeport auprès de la chancellerie de l'ambassade de France.

31 août-2 septembre : défaite de Sedan.

Nuit du 3 au 4 septembre : des manifestations éclatent à Paris.

4 septembre : le corps législatif signe la déchéance de Napoléon III. La IIIe République est proclamée.

5 septembre : Victor Hugo arrive à Paris à neuf heures trente-cinq du soir.

9 septembre : publication de l'appel *Aux Allemands*.

17 septembre : publication de l'appel *Aux Français*.

2 octobre : publication de l'appel *Aux Parisiens*.

17 décembre : premiers bombardements de l'armée prussienne sur Paris.

1871. *28 janvier* : capitulation de Paris et signature d'un armistice de vingt et un jours.

8 février : élection de l'Assemblée nationale. Victor Hugo est élu dans la Seine par un peu plus de deux cent quatorze mille suffrages.

13 février : départ pour Bordeaux où se réunit l'Assemblée nationale.

8 mars : Hugo donne sa démission de député.

13 mars : mort de Charles Hugo à Bordeaux.

18 mars : les funérailles civiles de Charles au cimetière du Père-Lachaise coïncident avec le début de la Commune.

21 mars : départ pour Bruxelles afin de s'occuper des intérêts de Georges et de Jeanne.

21-28 mai : début de la « semaine sanglante ». Hugo condamne les exactions des Versaillais.

30 mai : il est expulsé de Belgique par Léopold II pour avoir proposé sa maison aux communards réfugiés.

1er juin : départ pour le Luxembourg où il a une liaison avec Marie Mercier.

2 juillet : élections législatives complémentaires. Victor Hugo, qui n'était pas candidat, est battu.

20 septembre : pour sa participation à la Commune, Rochefort est condamné à la déportation.

25 septembre : retour à Paris de Victor Hugo. Il s'installe au numéro 66 rue de La Rochefoucauld.

1872. *7 janvier* : élections législatives complémentaires de Paris. Candidat, Victor Hugo est battu aux élections.

12 février : de retour de La Barbade, Adèle, démente, est internée à Saint-Mandé.

19 février : reprise de *Ruy Blas* au Théâtre de l'Odéon, avec Sarah Bernhardt.

20 avril : publication de *L'Année terrible*.

11 juin : centième de *Ruy Blas* et banquet offert aux acteurs par Victor Hugo.

7 août : départ pour Guernesey avec Juliette, Alice et les enfants. Hugo y démarre sa liaison avec Blanche Lanvin, la camériste de Juliette.

1er octobre : Alice et les enfants repartent pour Paris.

16 décembre : début de la rédaction de *Quatrevingt-treize*.

1873. *8 février* : reprise de *Marion de Lorme* au Théâtre-Français.

9 juin : Hugo met un point final à *Quatrevingt-treize*.

1er juillet : départ de Blanche Lanvin pour Paris.

31 juillet : arrivée à Paris de Victor.

4 octobre : il s'installe rue Pigalle, au 55.

26 décembre : mort de François-Victor Hugo. Obsèques civiles, deux jours plus tard, au Père-Lachaise.

1874. *19 février* : publication de *Quatrevingt-treize*.

29 avril : Victor Hugo loue le troisième et le quatrième étage du 21 rue de Clichy. Juliette est installée au troisième avec les pièces de réception. Il loge à l'étage supérieur avec Alice et les enfants.

17 mai : il achève l'opuscule *Mes fils*, qui sera publié au mois d'octobre.

1875. *19-27 avril* : séjour à Guernesey.

Mai : publication d'*Actes et paroles I (Avant l'exil)*.

8 novembre : publication d'*Actes et paroles II (Pendant l'exil)*.

1876. *30 janvier* : élections sénatoriales. Victor Hugo est élu à Paris.

22 mai : première intervention au Sénat en faveur de l'amnistie des communards.

Juillet : publication d'*Actes et paroles III (Depuis l'exil)*.

1877. *26 février* : publication de la deuxième série de *La Légende des siècles*.

3 avril : Alice, veuve de Charles, épouse Édouard Simon dit Lockroy.

14 mai : publication du recueil *L'Art d'être grand-père*.

1er octobre : publication de la première partie d'*Histoire d'un crime*.

8 décembre : il offre un dîner pour la reprise d'*Hernani* au Théâtre-Français.

1878. *15 mars* : publication de la deuxième partie d'*Histoire d'un crime*.

28 juin : Victor Hugo est victime d'une congestion cérébrale.

4 juillet : départ pour Guernesey et convalescence.

9 novembre : retour à Paris. Il s'installe avec Juliette au 130 rue d'Eylau. Le couple Lockroy et les enfants logent au numéro 132.

1879. *Février* : publication de *La Pitié suprême*.

28 février : nouvelle intervention au Sénat en faveur de l'amnistie.

1880. *3 juillet* : dernière intervention au Sénat en faveur de l'amnistie.

24 octobre : publication de *L'Âne*.

1881. *31 mai* : publication des *Quatre vents de l'esprit*.

31 août : dispositions testamentaires de Victor Hugo.

1882. *Fin mai* : publication de *Torquemada*.

1883. *11 mai* : mort de Juliette Drouet. Hugo n'a pas le courage de se rendre à l'enterrement.

9 juin : publication de la troisième série de *La Légende des siècles*.

2 août : codicille ajouté par Victor Hugo aux dispositions testamentaires du 31 août 1881.
Octobre : publication de *L'Archipel de la Manche*.
1885. *19 mai* : derniers mots écrits de Victor Hugo.
22 mai : Victor Hugo décède à une heure vingt-sept minutes de l'après-midi. Souffrant d'une lésion du cœur, il a été atteint d'une congestion pulmonaire. Son corps est embaumé dès le lendemain.
1er juin : funérailles nationales auxquelles assistent plus d'un million de personnes. La dépouille de Victor Hugo est portée au Panthéon qui a retrouvé, par décret, sa laïcité.

RÉFÉRENCES BIBLIOGRAPHIQUES

ŒUVRES DE VICTOR HUGO

Œuvres complètes

Œuvres complètes de Victor Hugo. Édition définitive d'après les manuscrits originaux dite ne varietur (48 vol.), J. Hetzel et Cie/A. Quantin, 1880-1889.

Œuvres inédites de Victor Hugo (9 vol.), J. Hetzel/A. Quantin, 1886-1893.

Œuvres complètes de Victor Hugo (45 vol.), sous les directions successives de Paul Meurice (1904-1905), Gustave Simon (1905-1914, puis 1924-1928) et Cécile Daubray (1933-1952), Paul Ollendorff/Albin Michel/Imprimerie nationale, 1902-1952.

Œuvres complètes de Victor Hugo : édition chronologique (18 vol.), publiée sous la direction de Jean Massin, Club français du livre, 1967-1970.

Œuvres complètes de Victor Hugo (15 vol.), édition dirigée par Jacques Seebacher et Guy Rosa, en collaboration avec le Groupe inter-universitaire de travail sur Victor Hugo-Paris VII, Robert Laffont, coll. « Bouquins », 1985.

Œuvres par genres

Poésie

La Légende des siècles — La fin de Satan — Dieu, édition établie par Jacques Truchet, Gallimard, coll. « Bibliothèque de la Pléiade », 1950.

Œuvres poétiques I, édition établie par Pierre Albouy, préface de Gaëtan Picon, Gallimard, coll. « Bibliothèque de la Pléiade », 1964.

Œuvres poétiques II, ibid., 1967.

Œuvres poétiques III, ibid., 1974.

Poésie (3 vol.), édition établie par Bernard Leuilliot, Seuil, coll. « L'Intégrale », 1972.

Romans

Les Misérables, édition établie par Maurice Allem, Gallimard, coll. « Bibliothèque de la Pléiade », 1951.

Notre-Dame de Paris — Les Travailleurs de la mer, édition établie par Yves Gohin et Jacques Seebacher, Gallimard, coll. « Bibliothèque de la Pléiade », 1975.

Romans (3 vol.), édition établie par Henri Guillemin, Seuil, coll. « L'Intégrale », 1963.

Théâtre

Théâtre complet I, édition établie par Josette Mélèze et Jean-Jacques Thierry, préface de Roland Purnal, Gallimard, coll. « Bibliothèque de la Pléiade », 1963.

Théâtre complet II, ibid., 1964.

Œuvres intimes

Carnet (Mars-avril 1856), texte et choix de dessins, publié par René Journet et Guy Robert, Les Belles Lettres, 1959.

Carnets intimes (1870-1871), édition établie par Henri Guillemin, Gallimard, coll. « Blanche », 1953.

Choses vues. Souvenirs, journaux, cahiers 1830-1885, édition établie, annotée et révisée par Hubert Juin, Gallimard, coll. « Quarto », 2002.

Correspondance 1815-1835, Calmann Lévy, 1896.

Correspondance 1836-1882, Calmann Lévy, 1898.

Correspondance 1 (années 1820-1822), Paul Ollendorff/Albin Michel/Imprimerie nationale, 1947.

Correspondance 2 (années 1849-1866), Paul Ollendorff/Albin Michel/Imprimerie nationale, 1950.

Correspondance 3 (années 1867-1873), Paul Ollendorff/Albin Michel/Imprimerie nationale, 1952.

Correspondance 4 (années 1874-1885). Addendum, Paul Ollendorff/Albin Michel/Imprimerie nationale, 1952.

Correspondance croisée de Victor Hugo & Charles Nodier, édition établie par Jacques-Rémi Dahan, préface de Raymond Setbon, Plein chant, coll. « L'Atelier furtif », 1987.

Correspondance entre Victor Hugo et Paul Meurice, préface de Jules Claretie, E. Fasquelle, 1909.

Correspondance familiale et écrits intimes (2 tomes), édition établie par Jean Gaudon, Sheila Gaudon et Bernard Leuilliot, préface de Jean Gaudon, Robert Laffont, coll. « Bouquins », 1988-1991 :

Tome I : *1802-1828*, 1988.

Tome II : *1828, 1839*, 1991.

Correspondance Victor Hugo, Pierre Jules Hetzel (2 tomes), édition établie et annotée par Sheila Gaudon, Klincksieck, 1979-2004 :

Tome I : *1852-1853*, 1979.

Tome II : *1854-1857*, 2004.

Georges Sand, Victor Hugo : correspondance croisée, lettres réunies et présentées par Danielle Bahiaoui, HB Éditions, 2004.

Journal (1830-1848), édition établie par Henri Guillemin, Gallimard, coll. « Mémoires du passé pour servir au temps présent », 1954.

Journal de ce que j'apprends chaque jour : juillet 1846-février 1848, édition critique établie par René Journet et Guy Robert, Flammarion/C.N.R.S., 1965.

Juliette Drouet, Victor Hugo, Correspondance amoureuse : 1833-1883 (2 vol.), édition établie par Evelyn Blewer et Jean Gaudon, Fayard, 2001.

Lettres à la fiancée. 1820-1822, E. Fasquelle, 1901.

Lettres à Juliette Drouet, édition établie par Jean Gaudon, Pauvert et Silène-Har/Po, 1985.

Lettres de Victor Hugo aux Bertin. 1827-1877, publié par Jean-Jacques Weiss, E. Plon/Nourrit et Cie, 1890.

Post-scriptum de ma vie, Calmann Lévy, coll. « Œuvres posthumes de Victor Hugo », 1901.

Souvenirs personnels : 1848-1851, édition établie par Henri Guillemin, Gallimard, coll. « Blanche », 1952.

Victor Hugo et Sainte-Beuve. Correspondance, édition établie, présentée et annotée par Anthony Glinoer, Honoré Champion, 2004.

Victor Hugo publie Les Misérables : correspondance avec Albert Lacroix, août 1861-juillet 1862, édition établie par Bernard Leuilliot, Klincksieck, 1970.

Victor Hugo, Victor Schoelcher, Lettres, texte établi, présenté et annoté par Jean et Sheila Gaudon, Flohic Éditions, 1998.

Littérature, histoire et politique

Ce que c'est que l'exil., Éditions des Équateurs, coll. « Parallèles », 2008.

Histoire d'un crime. Déposition d'un témoin, préface de Jean-Marc Hovasse, notes et notice de Guy Rosa, La Fabrique, 2009.

Littérature et philosophie mêlées (2 vol.), édition critique établie par Anthony R. W. James, Klincksieck, coll. « Bibliothèque du XIXe siècle », 1976.

Napoléon-le-Petit, J. Hetzel, 1870.

Victor Hugo contre la loi Falloux, Presses des Baronnies, 1993.

Victor Hugo contre la peine de mort, ce crime public, anthologie établie par Jérôme Picon et Isabelle Violante, préface de Robert Badinter, Textuel, 2001.

Voyages

En voyage (3 vol. : *Le Rhin, France et Belgique, Alpes et Pyrénées*), Librairie du Victor Hugo illustré, 18[..].

En poche

Poésie

L'Année terrible, édition établie par Yves Gohin, avec des extraits d'*Actes et paroles 1870-1871-1872*, Gallimard, coll. « Poésie », 1985.

L'Art d'être grand-père, édition établie par Pierre Albouy, préface de Michel Butor, Gallimard, coll. « Poésie », 2002.

Les Chansons des rues et des bois, édition établie par Jean Gaudon, Gallimard, coll. « Poésie », 1982.

Les Chants du crépuscule. Les Voix intérieures. Les Rayons et les Ombres, édition établie par Pierre Albouy, Gallimard, coll. « Poésie », 2002.

Les Châtiments, édition établie par René Journet, Gallimard, coll. « Poésie », 1998.

Les Contemplations, édition établie par Pierre Albouy, préface de Léon-Paul Fargue, Gallimard, coll. « Poésie », 1973.

La Fin de Satan, édition établie par Evelyn Blewer et Jean Gaudon, préface de Jean Gaudon, Gallimard, coll. « Poésie », 1984.

La Légende des siècles, édition établie par Arnaud Laster, préface de Claude Roy, Gallimard, coll. « Poésie », 2002.

Odes et Ballades, édition établie par Pierre Albouy, Gallimard, coll. « Poésie », 1980.

Les Orientales. Les Feuilles d'automne, édition établie par Pierre Albouy, Gallimard, coll. « Poésie », 1981.

Romans

Le Dernier Jour d'un condamné, édition établie par Roger Borderie, Gallimard, coll. « Folio classique », 2000.

Le Dernier Jour d'un condamné, suivi de *Claude Gueux* et *L'Affaire Tapner*, édition établie par Guy Rosa, préface de Robert Badinter, Le Livre de poche, coll. « Les Classiques de Poche », 1989.

Han d'Islande, édition établie par Bernard Leuilliot, Gallimard, coll. « Folio », 1981.

L'Homme qui rit, édition établie par Roger Borderie, introduction de Pierre Albouy, Gallimard, coll. « Folio classique », 2002.

Les Misérables (2 vol.), édition établie par Yves Gohin, Gallimard, coll. « Folio classique », 1999.

Notre-Dame de Paris. 1482, édition établie par Benedikte Andersson, préface d'Adrien Goetz. Gallimard, coll. « Folio classique », 2009.

Quatrevingt-treize, édition établie par Yves Gohin, Gallimard, coll. « Folio classique », 2001.

Les Travailleurs de la mer, édition établie par Yves Gohin, Gallimard, coll. « Folio classique », 1980.

Théâtre

Les Burgraves, introduction, notes, bibliographie et chronologie de Raymond Pouilliart, Flammarion, coll. « GF », 1985.

Cromwell, édition établie par Anne Ubersfeld, Flammarion, coll. « GF », 1995.

Hernani, édition établie par Yves Gohin, Gallimard, coll. « Folio théâtre », 1995.

Lucrèce Borgia, édition établie par Clélia Anfray, Gallimard, coll. « Folio théâtre », 2007.

Le roi s'amuse, édition établie par Clélia Anfray, Gallimard, coll. « Folio théâtre », 2009.

Ruy Blas, édition établie par Patrick Berthier, Gallimard, coll. « Folio théâtre », 1997.

Le Théâtre en liberté, édition établie par Arnaud Laster, Gallimard, coll. « Folio classique », 2002.

Torquemada, préface et notes de Jean-Baptiste Goureau, La Table Ronde, coll. « La petite vermillon », 1996.

Œuvres intimes

Choses vues. Souvenirs, journaux, cahiers (2 tomes), édition établie par Hubert Juin, Gallimard, coll. « Folio classique », 1997 :
Tome I : *1830-1848*.
Tome II : *1849-1885*.

Littérature, histoire et politique

Écrits politiques, anthologie établie et annotée par Franck Laurent, Le Livre de poche, coll. « Références », 2002.

Œuvre graphique
(beaux livres et catalogues d'exposition)

CORINNE CHARLES, *Victor Hugo, visions d'intérieurs, du meuble au décor*, Paris-musées, 2003.

Dans l'intimité de Victor Hugo : Olivier Mériel à Hauteville House, texte de Michel Butor, préface de Danielle Molinari, Paris-musées, 1998.

Dessins (précédé de *Le Soleil d'encre* par Gaëtan Picon et suivi de *Les Dessins de Victor Hugo* par Henri Focillon), commentaires de Réjane Bargiel et Geneviève Picon, frontispice de Félix Nadar, Gallimard, 1985.

Dessins de Victor Hugo, Maison de Victor Hugo, 1985.

D'ombre et de marbre. Hugo face à Rodin, Paris-musées/Somogy, 2003.

Du chaos dans le pinceau : Victor Hugo, dessins, textes de Marie-Laure Prévost et Jean-Jacques Lebel, Paris-musées, 2000.

Exilium vita est. Victor Hugo à Guernesey, Hauteville House/Paris-musées, 2002.

Françoise Heilbrun et Danielle Molinari (sous la dir. de), *En collaboration avec le soleil. Victor Hugo, photographies de l'exil*, catalogue de l'exposition, Réunion des musées nationaux/Paris-musées/Maison de Victor Hugo, 1998.

Judith Petit, Roger Pierrot et Marie-Laure Prévost, *Soleil d'encre : manuscrits et dessins de Victor Hugo*, catalogue de l'exposition, Paris-musées, 1985.

Marie-Laure Prévost (sous la dir. de), *Victor Hugo, l'homme océan*, catalogue de l'exposition, Bibliothèque nationale de France/Seuil, 2002.

Marie-Laure Prévost et Jean-Jacques Lebel (sous la dir. de), *Victor Hugo peintre*, catalogue de l'exposition, Mazzotta, 1993.

Le Rhin : le voyage de Victor Hugo en 1840, Ville de Paris/Maison de Victor Hugo, 1985.

Strophes et dessins, édition présentée par Henri Guillemin, Ides et Calendes, 1994.

Victor Hugo, Bibliothèque nationale, Paris, 1952.

Victor Hugo. Dessins, présentation par Jean-François Bory, H. Veyrier, 1980.

Victor Hugo et le spiritisme, Bibliothèque Sainte-Geneviève, 1985.

Victor Hugo raconté par la caricature, Paris-musées, 2002.

Victor Hugo visionnaire, textes et dessins, édition présentée par Pierre Seghers, Robert Laffont, 1985.

Voir les étoiles. Le théâtre de Victor Hugo mis en scène, Paris-musées/Actes Sud, 2002.

SUR VICTOR HUGO : BIOGRAPHIES ET ÉTUDES

Pierre Albouy, *La Création mythologique chez Victor Hugo*, José Corti, 1985.

Pierre Angrand, *Victor Hugo raconté par les papiers d'État*, Gallimard, 1961.

Louis Aragon, *Hugo poète réaliste*, Éditions sociales, 1952.

Mahmoud Aref, *La Pensée sociale et humaine de Victor Hugo dans son œuvre romanesque*, Honoré Champion, 1979.

Alfred Asseline, *Victor Hugo intime : mémoires, correspondances, documents inédits*, C. Marpon et E. Flammarion, 1885.

Pierre Audiat, *Ainsi vécut Victor Hugo*, Hachette, 1947.

Jules Amédée Barbey d'Aurevilly, *Victor Hugo*, Éditions d'Aujourd'hui, coll. « Les Introuvables », 1985.

Jean-Bertrand Barrère, *Hugo. L'homme et l'œuvre*, Hatier, coll. « Connaissance des lettres », 1952.

—, *Victor Hugo à l'œuvre, le poète en exil et en voyage*, Klincksieck, 1966.

—, *La Fantaisie de Victor Hugo* (3 vol.), Klincksieck, 1972-1973.

Charles Baudouin, *Psychanalyse de Victor Hugo*, présentation par Pierre Albouy, Armand Colin, coll. « U2 », 1972.

Edmond Biré, *Victor Hugo avant 1830*, Jules Gervais, 1883.

—, *Victor Hugo après 1830* (2 vol.), Perrin, 1891.

—, *Victor Hugo après 1852*, Perrin, 1894.

Chantal Brière, *Victor Hugo et le roman architectural*, Honoré Champion, coll. « Romantisme et modernité », 2007.

Victor Brombert, *Victor Hugo et le roman visionnaire*, Presses universitaires de France, coll. « Écrivains », 1985.

Étienne Brunet, *Le Vocabulaire de Victor Hugo, avec l'index complet et synoptique du vocabulaire de Hugo* (3 vol.), Honoré Champion, 1988.

Léon Cellier, *Baudelaire et Hugo*, José Corti, 1970.

David Charles, *La Pensée technique dans l'œuvre de Victor Hugo : le bricolage de l'infini*, Presses universitaires de France, coll. « Écrivains », 1997.

Ludmila Charles-Wurtz, *Poétique du sujet lyrique dans l'œuvre de Victor Hugo*, Honoré Champion, coll. « Romantisme et modernité », 1998.

Cécile Daubray, *Victor Hugo et ses correspondants*, avant-propos de Paul Valéry, Albin Michel, 1947.

Alain Decaux, *Victor Hugo*, Perrin, 2001.

Yvan Delteil, *La Fin tragique du voyage de Victor Hugo en 1843 : d'après le Journal de voyage autographe de Juliette Drouet (1843)*, A.-G. Nizet, 1970.

JULIETTE DROUET, « *Mon grand petit homme* ». *Mille et une lettres d'amour à Victor Hugo*, choix, préface et notes de Paul Souchon, Gallimard, coll. « L'Imaginaire », 2002.

MADELEINE DUBOIS, PATRICE BOUSSEL, *De quoi vivait Victor Hugo*, préface d'Henri Guillemin, Éditions des Deux-Rives, 1952.

ERNEST DUPUY, *Victor Hugo : son œuvre poétique*, H. Lecène et H. Oudin, coll. des « classiques populaires », 1890.

JEAN GAUDON, *Victor Hugo et le théâtre : stratégie et dramaturgie*, Suger, 1985.

—, *Le Temps de la contemplation, l'œuvre poétique de Victor Hugo, des* Misères *au* Seuil du gouffre*, 1845-1856*, Flammarion, 1969.

THÉOPHILE GAUTIER, *Victor Hugo*, E. Fasquelle, 1902.

CLAUDE GÉLY, *La Contemplation et le Rêve, Victor Hugo, poète de l'intimité*, A.-G. Nizet, 1993.

—, *Paysages de Victor Hugo*, Éditions interuniversitaires, Mont-de-Marsan, 1998.

ANDRÉ GIDE, *Hugo, hélas !*, avant-propos de Claude Martin, Fata Morgana, 2002.

ALFRED GLAUSER, *La Poétique de Hugo*, A.-G. Nizet, 1978.

YVES GOHIN, *Victor Hugo*, Presses universitaires de France, coll. « Que sais-je ? », 1987.

CLAUDIUS GRILLET, *Victor Hugo spirite*, Emmanuel Vitte, 1929.

SOPHIE GROSSIORD, *Victor Hugo. « Et s'il n'en reste qu'un... »*, Gallimard, coll. « Découvertes Gallimard », 1998.

HENRI GUILLEMIN, *Hugo*, Seuil, coll. « Écrivains de toujours », 2002.

HUGO VON HOFMANNSTHAL, *Victor Hugo : essai*, présentation par Jean-Yves Masson, La Différence, 1990.

JEAN-MARC HOVASSE, *Victor Hugo*, Fayard, 2001-2008 :
Tome I : *Avant l'exil, 1802-1851*, 2001.
Tome II : *Pendant l'exil I, 1851-1864*, 2008.

—, *Victor Hugo chez les Belges*, Le Cri, 1994.

ADÈLE HUGO (ADÈLE FOUCHER), *Victor Hugo raconté par Adèle Hugo*, texte intégral établi et annoté sous la direction d'Anne Ubersfeld et Guy Rosa, préface d'Irène Frain, Plon, coll. « Les Mémorables », 1985.

ADÈLE HUGO, *Le Journal d'Adèle Hugo* (tomes I à III, 1952-1954), introduction et notes de Frances Vernor Guille, Lettres Modernes-Minard, coll. « Bibliothèque introuvable », 2002.

—, *Le Journal d'Adèle Hugo* (tome IV, 1955), introduction et notes de Frances Vernor Guille et Jean-Marc Hovasse, Lettres Modernes-Minard, coll. « Bibliothèque introuvable », 2002.

Charles Hugo, *Les Hommes de l'exil*, A. Lemerre, 1875.
Georges Hugo, *Mon grand-père*, Calmann-Lévy, 1902.
Léopoldine Hugo, *Correspondance*, édition critique établie par Pierre Georgel, Klincksieck, coll. « Bibliothèque du XIXᵉ siècle », 1976.
Eugène Ionesco, *La Vie grotesque et tragique de Victor Hugo*, Gallimard, 1982.
Jean-Noël Jeanneney, *Victor Hugo et la République*, Gallimard, 2002.
René Journet, Guy Robert, *Contribution aux études sur Victor Hugo* (4 vol.), Presses universitaires de Franche-Comté, coll. « Annales littéraires de l'Université de Franche-Comté », 1979-1981.
Hubert Juin, *Victor Hugo* (3 vol.), Flammarion, 1980-1986 :
 Tome I : *1802-1843*, 1980.
 Tome II : *1844-1870*, 1984.
 Tome III : *1870-1885*, 1986.
Odile Krakovitch, *Hugo censuré. La liberté au théâtre au XIXᵉ siècle*, Calmann-Lévy, 1985.
Paul Lafargue, *La Légende de Victor Hugo*, G. Jacques & Cⁱᵉ, 1902.
Gustave Larroumet, *La Maison de Victor Hugo. Impressions de Guernesey*, Honoré Champion, 1895.
Arnaud Laster, *Victor Hugo*, P. Belfond, 1984.
—, Bertrand Marchal, *Hugo sous les feux de la rampe. Relire* Hernani *et* Ruy Blas, Presses de l'Université de Paris-Sorbonne (PUPS), série « Colloque de la Sorbonne », 2009.
Richard Lesclide, *Propos de table de Victor Hugo*, E. Dentu, 1885.
Bernard Leuilliot, *Victor Hugo publie* Les Misérables, Klincksieck, 1970.
Maurice Levaillant, *La Crise mystique de Victor Hugo, 1843-1856*, José Corti, 1954.
Jean Maurel, *Victor Hugo philosophe*, Presses universitaires de France, coll. « Philosophies », 1985.
André Maurois, *Olympio ou la Vie de Victor Hugo*, Hachette, 1954.
Henri Meschonnic, *Écrire Hugo* (2 vol.), Gallimard, 1977.
—, *Victor Hugo : la poésie contre le maintien de l'ordre*, Maisonneuve et Larose, 2002.
Jean de Mutigny, *Victor Hugo et le spiritisme*, Nathan, coll. « Histoire et documents », 1981.
Florence Naugrette, *Le Hors-scène oriental dans le théâtre de Victor Hugo*, Maisonneuve et Larose, coll. « Victor Hugo & l'Orient », 1999.
Camille Pelletan, *Victor Hugo homme politique*, Paul Ollendorff, 1907.

Henri Pena-Ruiz, Jean-Paul Scot, *Un Poète en politique. Les combats de Victor Hugo : de la peine de mort à l'Europe*, Flammarion, 2002.

Louis Perche, *Victor Hugo*, Seghers, coll. « Poètes d'aujourd'hui », 2001.

Georges Piroué, *Lui, Hugo : essais*, Denoël, 1984.

—, *Victor Hugo romancier ou les Dessus de l'inconnu : essai*, préface de Henri Guillemin, Denoël, 1984.

Rafael Pividal, *Hugo, l'enterré vivant*, Presses de la Renaissance, coll. « Les Essais », 1990.

Charles Renouvier, *Victor Hugo, le philosophe*, Armand Colin et Cie, 1900.

Claude Retat, *X, ou le divin dans la poésie de Victor Hugo à partir de l'exil*, CNRS Éditions, coll. « CNRS Littérature », 1999.

Myriam Roman, *Victor Hugo et le roman philosophique. Du « drame dans les faits » au « drame dans les idées »*, Honoré Champion, coll. « Romantisme et modernité », 1999.

Jacques Seebacher, *Victor Hugo ou le Calcul des profondeurs*, Presses universitaires de France, 1993.

Georges Thinès, *Victor Hugo ou La Vision du futur*, La Renaissance du livre, 2001.

Raymond Trousson, *Le Tison et le Flambeau : Victor Hugo devant Voltaire et Rousseau*, Éditions de l'Université de Bruxelles, 1985.

Anne Ubersfeld, *Le Roi et le Bouffon : étude sur le théâtre de Victor Hugo*, José Corti, 2001.

Victor Hugo raconté par un témoin de sa vie, A. Lacroix, Verboeckhoven et Cie, Éditeurs, 1863.

Auguste Viatte, *Victor Hugo et les illuminés de son temps*, Slatkine, 2003.

Charles Villiers, *L'Univers métaphysique de Victor Hugo*, J. Vrin, 1970.

Michel Winock, *Victor Hugo dans l'arène politique*, Bayard, 2005.

AUTRES OUVRAGES CONSULTÉS

Maurice Agulhon, *1848 ou l'apprentissage de la République 1848-1852*, Seuil, coll. « Points Histoire », série « Nouvelle Histoire de la France contemporaine », n° 8, 1973.

Honoré de Balzac, *Correspondance* (2 vol.), Calmann Lévy, 1876.

—, *Correspondance* (5 vol.), édition établie par Roger Pierrot, Garnier frères, 1969.

—, *Lettres à l'étrangère : œuvres posthumes* (4 vol.), Calmann Lévy, 1899-1950.

CHARLES BAUDELAIRE, *Correspondance générale* (4 vol.), Louis Conard, 1947-1948.

CLAUDE BELLANGER, JACQUES GODECHOT, PIERRE GUIRAL, FERNAND TERROU (sous la dir. de), *Histoire générale de la presse française*, tome 2 (*De 1815 à 1871*), Presses universitaires de France, 1969.

PAUL BÉNICHOU, *Romantismes français* (2 tomes), Gallimard, coll. « Quarto », 2004.

SARAH BERNHARDT, *Ma double vie. Mémoires*, Charpentier et Fasquelle, 1907.

SERGE BERNSTEIN, MICHEL WINOCK, *L'Invention de la démocratie 1789-1914*, « Histoire de la France politique », Seuil, 2002.

HENRI BEYLE, dit STENDHAL, *Chroniques pour l'Angleterre* (7 tomes), index, textes choisis et commentés par K. G. McWatters, traduits et annotés par Renée Dénier, Éditions littéraires et linguistiques de l'université de Grenoble, 1980-1995.

DIMITRI CASALI (sous la dir. de), *Napoléon Bonaparte*, Larousse, 2004.

JACQUES CASTELNAU, *Adèle Hugo, l'épouse d'Olympio*, Taillandier, coll. « Amantes et Égéries », 1941.

CHRISTOPHE CHARLE, *Le Siècle de la presse (1830-1939)*, Seuil, coll. « L'Univers historique », 2004.

FRANÇOIS RENÉ DE CHATEAUBRIAND, *Mémoires d'outre-tombe* (3 tomes), Librairie générale française, 1973.

LOUIS CHEVALIER, *Classes laborieuses et classes dangereuses*, Librairie générale française, 1978.

Collectif, *Journal de la France et des Français. Chronologie politique, culturelle et religieuse de Clovis à 2000*, Gallimard, coll. « Quarto », 2001.

MAURICE DESCOTES, *Le Drame romantique et ses grands créateurs (1827-1839)*, Presses universitaires de France, 1955.

JACQUES DROZ, *Histoire générale du socialisme*, vol. I (*Des origines à 1875*) et II (*De 1875 à 1918*), Presses universitaires de France, 1972.

ALEXANDRE DUMAS, *Mes Mémoires* (10 tomes), Michel Lévy frères, 1863-1884.

—, *Souvenirs dramatiques* (2 vol.), Calmann Lévy, 1868-1881.

Camille FLAMMARION, *Mémoires biographiques et philosophiques d'un astronome*, E. Flammarion, 1912.

GUSTAVE FLAUBERT, *Correspondance* (9 vol.), Louis Conard, 1926-1933.

ANTOINE FONTANEY, *Journal intime*, introduction et notes de René Jasinski, Les Presses françaises, 1925.

THÉOPHILE GAUTIER, *Histoire de l'art dramatique en France depuis vingt-cinq ans* (6 tomes), J. Hetzel, 1858-1859.

—, *Histoire du romantisme*, Charpentier et Cie, 1874.

EDMOND et JULES DE GONCOURT, *Journal. Mémoires de la vie littéraire* (9 vol.), G. Charpentier et E. Fasquelle, 1851-1896.

REMY DE GOURMONT, *Promenades littéraires*, Mercure de France, 1913-1929.

—, *Promenades philosophiques*, Mercure de France, 1925-1931.

MAURIZIO GRIBAUDY, MICHÈLE RIOT-SARCEY, *1848, la révolution oubliée*, La Découverte, coll. « Essais », 2008.

JULES GUEX, *Le Théâtre et la société française de 1815 à 1848*, Slatkine Reprints, 1973.

VICTOR HALLAYS-DABOT, *Histoire de la censure théâtrale en France*, Slatkine Reprints, 1970.

JULES JANIN, *Histoire de la littérature dramatique* (6 vol.), Michel Lévy frères, 1853-1858.

JACQUELINE DE JOMARON (sous la dir. de), *Histoire du théâtre en France* (tome II : *De la Révolution à nos jours*), Armand Colin, 1989.

ALPHONSE KARR, *Les Guêpes* (6 vol.), Michel Lévy frères, 1867-1874.

GEORGES LEFEBVRE, *Napoléon*, Presses universitaires de France, coll. « Peuples et civilisations », 1953.

JACQUELINE LALOUETTE, *La République anticléricale*, Seuil, coll. « L'Univers historique », 2002.

PAUL LIDSKY, *Les Écrivains contre la Commune*, Librairie François Maspero, 1970.

JEAN-MARIE MAYEUR, *Les Débuts de la IIIe République 1871-1898*, Seuil, coll. « Points Histoire », série *Nouvelle Histoire de la France contemporaine*, n° 10, 1973.

ALFRED MORTIER, *Dramaturgie de Paris*, G. Crès, 1917.

FLORENCE NAUGRETTE, *Le Théâtre romantique. Histoire, écriture, mise en scène*, Seuil, coll. « Points Essais », 2001.

ALAIN PLESSIS, *De la fête impériale au mur des fédérés 1852-1871*, Seuil, coll. « Points Histoire », série *Nouvelle Histoire de la France contemporaine*, n° 9, 1973.

GÉRARD POUCHAIN, ROBERT SABOURIN, *Juliette Drouet ou La dépaysée*, Fayard, 1992.

PIERRE-ANDRÉ RIEBEN, *Délires romantiques : Musset, Nodier, Gautier, Hugo*, José Corti, 1989.

HENRI ROCHEFORT, *Les Aventures de ma vie*, Paul Dupont, 1896.

CHARLES AUGUSTIN SAINTE-BEUVE, *Causeries du lundi*, Garnier frères, 18[..].

—, *Correspondance* (2 vol., *1822-1865* et *1865-1869*), Calmann Lévy, 1877-1878.

—, *Portraits contemporains* (5 tomes), Michel Lévy frères, 1870-1871.

—, *Premiers Lundis* (3 vol.), Calmann Lévy, 1883-1886.

—, *Volupté*, Eugène Renduel, 1834.

MICHEL SALOMON, *Charles Nodier et le groupe romantique*, Librairie académique Perrin, 1908.

LÉON SÉCHÉ, *Le Cénacle de Joseph Delorme : 1827-1830* (2 vol.), Mercure de France, 1912.

—, *Le Cénacle de la Muse française*, Mercure de France, 1908.

—, *Delphine Gay (Mme de Girardin) dans ses rapports avec Lamartine, Victor Hugo, Balzac, Rachel, Jules Sandeau, Dumas, Eugène Sue et George Sand*, Société du Mercure de France, 1910.

—, « Lettres de Madame Victor Hugo à sa sœur Julie Foucher », *Revue de Paris*, 1er octobre 1912.

—, *Sainte-Beuve* (2 tomes), Société du Mercure de France, 1904.

GUSTAVE SIMON, *La Vie d'une femme*, Paul Ollendorff, 1914.

PAUL SOUDAY, *Les Romantiques à l'Académie*, Flammarion, 1928.

DANIEL STERN (MARIE DE FLAVIGNY, comtesse D'AGOULT), *Histoire de la Révolution de 1848* (2 tomes), Charpentier, 1862.

ANDRÉ-JEAN TUDESQ, ANDRÉ JARDIN, *La France des Notables 1815-1848*, Seuil, coll. « Points Histoire », série *Nouvelle Histoire de la France contemporaine*, nos 6 et 7, 1973.

JEAN TULARD, *Napoléon ou le mythe du sauveur*, Fayard, 1977.

—, *Napoléon. Les grands moments d'un destin*, Fayard, 2006.

AUGUSTE VACQUERIE, *Les Miettes de l'Histoire (Trois ans à Jersey)*, Pagnerre, 1863.

—, *Profils et Grimaces*, Pagnerre, 1864.

ALFRED DE VIGNY, *Correspondance générale*, tome I (*1816-1835*), Louis Conard, 1933.
—, *Correspondance* (5 tomes), édition établie sous la dir. de Madeleine Ambrière, Presses universitaires de France, 2007.
MICHEL WINOCK, *Les Voix de la liberté*, Seuil, 2001.
ÉMILE ZOLA, *Documents littéraires. Études et portraits*, E. Fasquelle, 1926.

NOTES

AVANT-PROPOS

1. *William Shakespeare*, in *Philosophie II, Œuvres complètes de Victor Hugo. Édition définitive d'après les manuscrits originaux dite ne varietur*, J. Hetzel et Cie/A. Quantin, 1882, p. 104.

2. René Journet et Guy Robert, *Contribution aux études sur Victor Hugo*, vol. I, Presses universitaires de Franche-Comté, coll. « Annales littéraires de l'Université de Franche-Comté », 1979, p. 163.

PREMIÈRE PARTIE :
AVANT L'EXIL (1802-1851)

AU COMMENCEMENT (1802-1808)

1. Edmond Biré, *Victor Hugo avant 1830*, Jules Gervais, Paris, 1883, p. 14.

2. *Ibid.*

3. Cité par Hubert Juin, in *Victor Hugo*, vol. I, Flammarion, 1980, p. 29.

4. *Victor Hugo raconté par un témoin de sa vie*, t. I, J. Hetzel, 1880-1926, p. 3-4.

5. *Les Misérables*, Gallimard, coll. « Bibliothèque de la Pléiade », 1951, p. 21.

6. *Ibid.*, p. 317.

7. « *Hugo II de Bisuncio, 1326-1332.* » *Notre-Dame de Paris. 1482*, Gallimard, coll. « Bibliothèque de la Pléiade », 1975, p. 160.

8. *Le Rhin*, t. I, J. Hetzel & Cie/A. Quantin, 1884, p. 72.

9. *Mémoires du général Hugo*, t. I, in *Collection des mémoires des maréchaux de France et des généraux français*, Ladvocat, 1823, p. 1.

10. « Préface », *Les Feuilles d'automne*, in *Œuvres poétiques I*, Gallimard, coll. « Bibliothèque de la Pléiade », 1964, p. 716.

11. « Écrit en 1846 », *Les Contemplations*, in *Œuvres poétiques II*, Gallimard, coll. « Bibliothèque de la Pléiade », 1967, p. 675.

12. Extrait des registres des publications de mariages de l'an VI, conservés au greffe de Nantes, cité par Léon Séché in *Le Cénacle de Joseph Delorme (1827-1830)*, t. I, Mercure de France, 1912, p. 34.

13. *Victor Hugo raconté par un témoin de sa vie*, *op. cit.*, p. 17.

14. *Les Feuilles d'automne*, in *Œuvres poétiques I*, *op. cit.*, p. 717.

15. Extrait de naissance de Victor Hugo.

16. Lettre de Léopold Hugo à Sophie Trébuchet, septembre 1805, citée par Louis Barthou in *Le Général Hugo*, Hachette, 1926, p. 56.

17. Lettre de Léopold Hugo à Arnauld Muscar du 6 septembre 1797, citée par Louis Guimbaud in *La Mère de Victor Hugo*, Plon, 1930, p. 72-73.

18. Lettre de Léopold Hugo à Sophie Trébuchet du 18 juillet 1803, citée par Louis Barthou in *Le Général Hugo*, *op. cit.*, p. 39-40.

19. *Victor Hugo raconté par un témoin de sa vie*, *op. cit.*, p. 25.

20. *Ibid.*

21. *Ibid.*

22. *Ibid.*, p. 36, 38.

23. *Ibid.*, p. 39.

24. *Œuvres complètes de Victor Hugo : édition chronologique*, t. 1, publiée sous la direction de Jean Massin, Club français du livre, 1967-1970, p. 1054.

LES ANNÉES DE FORMATION (1809-1812)

1. « Ce qui se passait aux Feuillantines vers 1813 », *Les Rayons et les Ombres*, in *Œuvres poétiques I*, *op. cit.*, p. 1066.

2. Adèle Hugo, *Victor Hugo raconté par Adèle Hugo*, Plon, coll. « Les Mémorables », 1985, p. 136.

3. *Ibid.*

4. *Ibid.*, p. 131.

5. *Ibid.*, p. 128.

6. *Les Misérables, op. cit.*, p. 592.

7. « Ce qui se passait aux Feuillantines vers 1813 », *Les Rayons et les Ombres*, in *Œuvres poétiques I, op. cit.*, p. 1064.

8. Adèle Hugo, *Victor Hugo raconté par Adèle Hugo, op. cit.*, p. 134.

9. *Ibid.*, p. 133.

10. « Le Crapaud », *La Légende des siècles IV*, in *Poésie X, Œuvres complètes de Victor Hugo. Édition définitive d'après les manuscrits originaux dite ne varietur*, J. Hetzel et Cie/A. Quantin, 1883, p. 166.

11. « Le Droit et la loi », in *Actes et paroles I, Œuvres complètes de Victor Hugo. Édition définitive d'après les manuscrits originaux dite ne varietur*, J. Hetzel et Cie/A. Quantin, 1882, p. 23.

12. Adèle Hugo, *Victor Hugo raconté par Adèle Hugo, op. cit.*, p. 175.

13. *Ibid.*, p. 99.

14. *Ibid.*, p. 175.

15. *Ibid.*, p. 178-179.

16. *En voyage*, vol. III, *Alpes et Pyrénées*, Librairie du Victor Hugo illustré, 18[..], p. 46.

17. *Ibid.*, p. 463.

18. Lettre du général Lafon-Blaniac à Sophie Hugo du 11 juillet 1811, citée par Adèle Hugo in *Victor Hugo raconté par Adèle Hugo, op. cit.*, p. 727, note 2.

19. Adèle Hugo, *Victor Hugo raconté par Adèle Hugo, op. cit.*, p. 230.

20. Lettre de Joseph Bonaparte à Léopold Hugo du 30 janvier 1812, citée par Louis Guimbaud in *La Mère de Victor Hugo, op. cit.*, p. 209-210.

LA FIN DE L'ENFANCE (1812-1819)

1. Adèle Hugo, *Victor Hugo raconté par Adèle Hugo, op. cit.*, p. 243.

2. *Ibid.*, p. 135.

3. *Ibid.*

4. « À madame la générale Lucotte pour le 1ᵉʳ janvier 1814 », in *Œuvres poétiques I, op. cit.*, p. 185.

5. Adèle Hugo, *Victor Hugo raconté par Adèle Hugo, op. cit.*, p. 143.

6. *Ibid.*, p. 250.

7. *Ibid.*, p. 259-260.

8. Lettre de Léopold Hugo à Mme veuve Martin-Chopine du 14 juillet 1814, citée par Louis Barthou in *Le Général Hugo, op. cit.*, p. 95.

9. Requête de la générale Hugo au président du tribunal civil de la première instance de la Seine, février 1815, *Correspondance familiale et écrits intimes*, t. I, Robert Laffont, coll. « Bouquins », 1988, p. 35.

10. *Victor Hugo raconté par un témoin de sa vie, op. cit.*, p. 195.

11. *Ibid.*, p. 195-196.

12. Adèle Hugo, *Victor Hugo raconté par Adèle Hugo, op. cit.*, p. 291.

13. *Victor Hugo raconté par un témoin de sa vie, op. cit.*, p. 197.

14. Adèle Hugo, *Victor Hugo raconté par Adèle Hugo, op. cit.*, p. 281.

15. Lettre du général Hugo à Mme veuve Martin-Chopine, citée par Louis Barthou, in *Le Général Hugo, op. cit.*, p. 99.

16. Lettre du général Hugo à Mme veuve Marlin-Chopine du 16 octobre 1815, *ibid.*, p. 100.

17. Lettre de Victor Hugo à son père du 22 juin 1816, *Correspondance. 1, années 1820-1822*, in *Œuvres complètes de Victor Hugo*, Paul Ollendorff/Albin Michel/Imprimerie nationale, 1902-1952, p. 294.

18. Lettre de Eugène et Victor Hugo à leur père du 12 novembre 1816, *ibid.*, p. 294-295.

19. Adèle Hugo, *Victor Hugo raconté par Adèle Hugo, op. cit.*, p. 294.

20. *Ibid.*, p. 299.

21. *Ibid.*, p. 302.

22. *Ibid.*, p. 302-303.

23. « Réponse à l'épître au roi de M. Ourry », *Trois cahiers de vers français*, in *Œuvres poétiques I, op. cit.*, p. 178.

24. *Les Misérables, op. cit.*, p. 636.

25. Lettre de Félix Biscarrat à Victor Hugo du 14 juillet 1818, in *Œuvres complètes de Victor Hugo : édition chronologique*, t. I, Club français du livre, 1967-1970, p. 1086-1087.

26. « Mes Adieux à l'enfance », *Trois cahiers de vers français*, in *Œuvres poétiques I*, op. cit., p. 171.

L'APPRENTISSAGE DES LETTRES (1819-1826)

1. Adèle Hugo, *Victor Hugo raconté par Adèle Hugo*, op. cit., p. 324.
2. *Les Misérables*, op. cit., p. 714.
3. Lettre de Victor Hugo à Adèle Foucher du 26 avril 1821, *Correspondance familiale et écrits intimes*, t. I, op. cit., p. 146-147.
4. *Société des Bonnes-Lettres* n° 29, in *Annales de la littérature et des arts*, t. II, Bureau des Annales de la littérature et des arts, 1821.
5. *Victor Hugo raconté par un témoin de sa vie*, op. cit., p. 100.
6. « La Mort du duc de Berry », *Odes et Ballades*, in *Œuvres poétiques I*, op. cit., p. 315.
7. *Les Feuilles d'automne*, ibid., p. 748.
8. Adèle Hugo, *Victor Hugo raconté par Adèle Hugo*, op. cit., p. 328.
9. « Préface », *Han d'Islande*, in *Roman I, Œuvres complètes de Victor Hugo. Édition définitive d'après les manuscrits originaux dite ne varietur*, J. Hetzel et Cie/A. Quantin, 1880, p. 1.
10. *Ibid.*, p. 2.
11. Lettre de Victor et Abel Hugo à Léopold Hugo du 28 juin 1821, *Correspondance familiale et écrits intimes*, t. I, op. cit., p. 159.
12. « À Monsieur le comte Alfred de Vigny, officier au 5e régiment de la Garde royale, à Rouen », lettre du 30 juillet 1821, in *Correspondance 1815-1835*, Calmann Lévy, 1897, p. 18.
13. Adèle Hugo, *Victor Hugo raconté par Adèle Hugo*, op. cit., p. 376.
14. *Ibid.*, p. 361.
15. Gustave Simon, « Lamartine et Hugo », article publié dans la *Revue de Paris*, numéro du 15 avril 1904, cité par André Maurois in *Olympio ou la vie de Victor Hugo*, Hachette, 1954, p. 111.
16. Henri Beyle, dit Stendhal, *Chroniques pour l'Angleterre*, t. II, édition dirigée par K. G. McWatters et Renée Dénier, Éditions littéraires et linguistiques de l'université de Grenoble, 1982, p. 102.
17. « Sur Lord Byron, à propos de sa mort », in *Littérature et Philosophie mêlées*, Klincksieck, coll. « Bibliothèque du XIXe siècle », 1976, p. 128-129.

18. Stendhal, *Racine et Shakspeare n°II, ou Réponse au manifeste contre le romantisme prononcé par M. Auger dans une séance solennelle de l'Institut*, A. Dupont et Roret libraires, 1815, p. 1, 3.

L'AVENTURE ROMANTIQUE (1827-1830)

1. « À la colonne de la place Vendôme », *Odes et Ballades*, in *Œuvres poétiques I*, *op. cit.*, p. 397, 398.
2. *Préface* de *Cromwell*, *Théâtre complet I*, Gallimard, coll. « Bibliothèque de la Pléiade », 1963, p. 422, 425-426.
3. Lettre d'Alfred de Vigny à Victor Hugo du 17 décembre 1827, in *Œuvres complètes de Victor Hugo : édition chronologique*, t. III, *op. cit.*, p. 1217-1218.
4. Adèle Hugo, *Victor Hugo raconté par Adèle Hugo*, *op. cit.*, p. 442-443.
5. *Les Orientales*, préface de l'édition originale, in *Œuvres poétiques I*, *op. cit.*, p. 577.
6. *Ibid.*, p. 578.
7. Alfred de Vigny, lettre datée du 9 février 1829, in *Correspondance générale*, t. I, *1816-1835*, Louis Conard, 1933, p. 169.
8. Lettre de Sainte-Beuve à Lamartine du 29 août 1829, in *Œuvres complètes de Victor Hugo : édition chronologique*, t. III, *op. cit.*, p. 1252.
9. Lettre de Victor Hugo à M. de La Bourdonnaye du 14 août 1829, *ibid.*, p. 1251.
10. Rapport du Comité du Théâtre-Français sur *Hernani*, 23 octobre 1829, *ibid.*, p. 1413-1414.
11. Théophile Gautier, *Victor Hugo*, E. Fasquelle, 1902, p. 48-49.
12. *Ibid.*, p. 43.
13. *Ibid.*, p. 46.
14. Alexandre Dumas, *Mes Mémoires*, t. VI, M. Lévy frères, 1863-1884, p. 18.
15. *Choses vues. Souvenirs, journaux, cahiers 1830-1885*, édition établie, annotée et révisée par Hubert Juin, Gallimard, coll. « Quarto », 2002, p. 56.
16. « XIV », *Les Feuilles d'automne*, in *Œuvres poétiques I*, *op. cit.*, p. 749.
17. *Choses vues. Souvenirs, journaux, cahiers 1830-1885*, *op. cit.*, p. 67.

18. *Ibid.*, p. 56.

19. Adèle Hugo, *Victor Hugo raconté par Adèle Hugo, op. cit.*, p. 483.

LE TEMPS DE LA MATURITÉ (1831-1840)

1. *Notre-Dame de Paris*, in *Notre-Dame de Paris — Les Travailleurs de la mer*, Gallimard, coll. « Bibliothèque de la Pléiade », 1975, p. 3-4.

2. *Ibid.*, p. 106.

3. *Choses vues. Souvenirs, journaux, cahiers 1830-1885, op. cit.*, p. 71.

4. Lettre d'Honoré de Balzac à Samuel Henry Berthoud du 19 mars 1831, *in* Balzac, *Correspondance*, vol. V, édition établie par Roger Pierrot, Garnier frères, 1969, p. 810.

5. Lettre d'Alphonse de Lamartine à Victor Hugo du 1er juillet 1831, in *Œuvres complètes de Victor Hugo : édition chronologique*, t. IV, *op. cit.*, p. 1035.

6. *Choses vues. Souvenirs, journaux, cahiers 1830-1885, op. cit.*, p. 59-60.

7. *Ibid.*, p. 63.

8. *Les Misérables, op. cit.*, p. 852.

9. *Ibid.*, p. 860.

10. *Ibid.*, p. 1087, 1090.

11. « Napoléon II », *Les Chants du crépuscule*, in *Œuvres poétiques I, op. cit.*, p. 842.

12. « Discours prononcé par M. Victor Hugo devant le Tribunal de commerce pour contraindre le Théâtre-Français à représenter et le gouvernement à laisser représenter *Le roi s'amuse* », in *Théâtre complet I, op. cit.*, p. 1672.

13. *Les Misérables, op. cit.*, p. 1387.

14. Juliette Drouet, lettre I (sans date), in « *Mon grand petit homme* ». *Mille et une lettres d'amour à Victor Hugo*, Gallimard, coll. « L'Imaginaire », 2002, p. 13.

15. *Lettres à Juliette Drouet*, édition établie par Jean Gaudon, Pauvert et Silène-Har/Po, 1985, p. 202.

16. *Choses vues. Souvenirs, journaux, cahiers 1830-1885, op. cit.*, p. 60.

17. Adèle Hugo, *Victor Hugo raconté par Adèle Hugo, op. cit.*, p. 528.

18. *Ibid.*, p. 542.

19. *Ibid.*, p. 546.

20. « Préface », *Ruy Blas*, in *Théâtre complet I, op. cit.*, p. 1491, 1493.

21. Adèle Hugo, *Victor Hugo raconté par Adèle Hugo, op. cit.*, p. 581-582.

22. « Pensar, dudar », *Les Voix intérieures*, in *Œuvres poétiques I, op. cit.*, p. 997.

23. « Préface », *Les Feuilles d'automne*, *ibid.*, p. 714-715.

24. « Date lilia », *Les Chants du crépuscule*, *ibid.*, p. 913.

25. Sainte-Beuve, *Portraits contemporains*, t. I, Michel-Lévy frères, 1870-1871, p. 461.

26. Cité par Jacques Castelnau in *Adèle Hugo, l'épouse d'Olympio*, Taillandier, coll. « Amantes et Égéries », 1941, p. 141-142.

27. « Préface », *Les Voix intérieures*, in *Œuvres poétiques I, op. cit.*, p. 920.

28. « Préface », *Les Rayons et les Ombres*, *ibid.*, p. 1018.

29. « Fonction du poète », *ibid.*, p. 1030-1031.

30. Adèle Hugo, *Victor Hugo raconté par Adèle Hugo, op. cit.*, p. 572.

SPLENDEURS ET MISÈRES (1840-1851)

1. « Discours de réception à l'Académie française », 3 juin 1841, in *Actes et paroles I, op. cit.*, p. 86.

2. *Ibid.*

3. Alphonse Karr, *Les Guêpes*, vol. 3, M. Lévy frères, 1867-1874, p. 3-4.

4. « Réponse de M. de Salvandy au discours de M. Victor Hugo », Paul Souday, *Les Romantiques à l'Académie*, Flammarion, 1928, p. 130.

5. Juliette Drouet, lettre CCXXVI du 7 janvier 1841, in *« Mon grand petit homme ». Mille et une lettres d'amour à Victor Hugo, op. cit.*, p. 202.

6. Madeleine Dubois, Patrice Boussel, *De quoi vivait Victor Hugo*, Éditions des Deux-Rives, 1952, p. 107.

7. *Choses vues. Souvenirs, journaux, cahiers 1830-1885, op. cit.*, p. 161-162.

8. « Préface », *Le Rhin I*, in *Voyages, Œuvres complètes de Victor Hugo. Édition définitive d'après les manuscrits originaux dite ne varietur*, J. Hetzel et Cie/A. Quantin, 1884, p. 43.

9. Lettre d'Alphonse de Lamartine à Victor Hugo du 1er février 1842, in *Œuvres complètes de Victor Hugo : édition chronologique*, t. VI, *op. cit.*, p. 1219.

10. *Choses vues. Souvenirs, journaux, cahiers 1830-1885*, *op. cit.*, p. 134-135.

11. Adèle Hugo, *Victor Hugo raconté par Adèle Hugo*, *op. cit.*, p. 596.

12. Juliette Drouet, lettre CCLXXXVII du 26 mars 1843, in « *Mon grand petit homme* ». *Mille et une lettres d'amour à Victor Hugo*, *op. cit.*, p. 258-259.

13. Lettre d'Alfred de Vigny à Victor Hugo du 10 mars 1843, *Correspondance d'Alfred de Vigny*, t. IV, Presses universitaires de France, p. 781.

14. *Choses vues. Souvenirs, journaux, cahiers 1830-1885*, *op. cit.*, p. 287.

15. *Ibid.*, p. 144.

16. *Les Misérables*, *op. cit.*, p. 1179.

17. « Journal de Juliette Drouet », in *Choses vues. Souvenirs, journaux, cahiers 1830-1885*, *op. cit.*, p. 151.

18. *Ibid.*, p. 151-152.

19. Alphonse Karr, *Les Guêpes*, vol. 5, *op. cit.*, p. 30.

20. Lettre de Sainte-Beuve à Victor Pavie du 14 septembre 1843, in *Œuvres complètes de Victor Hugo : édition chronologique*, t. VII, *op. cit.*, p. 717.

21. « À Villequier », *Les Contemplations*, in *Œuvres poétiques I*, *op. cit.*, p. 661-662.

22. Alfred de Vigny, *Journal d'un poète*, Calmann Lévy, 1882, p. 72.

23. « Réponse de M. Victor Hugo au discours de M. Sainte-Beuve », 27 février 1845, in *Actes et paroles I*, *op. cit.*, p. 110.

24. *Choses vues. Souvenirs, journaux, cahiers 1830-1885*, *op. cit.*, p. 401.

25. Juliette Drouet, lettre CCCXXXVI du 10 avril 1845, in « *Mon grand petit homme* ». *Mille et une lettres d'amour à Victor Hugo*, *op. cit.*, p. 302.

26. Juliette Drouet, lettre CCCXLIV du 20 juillet 1845, *ibid.*, p. 308.

27. *Choses vues. Souvenirs, journaux, cahiers 1830-1885*, *op. cit.*, p. 205.

28. *Ibid.*, p. 326.

29. *Ibid.*, p. 308.

30. *Ibid.*, p. 501.

31. Daniel Stern, *Histoire de la Révolution de 1848*, t. I, Charpentier, édition de 1862, p. 176.

32. *Choses vues. Souvenirs, journaux, cahiers 1830-1885*, op. cit., p. 504.

33. Daniel Stern, *Histoire de la Révolution de 1848*, t. I, op. cit., p. 202.

34. *Choses vues. Souvenirs, journaux, cahiers 1830-1885*, op. cit., p. 520.

35. *Ibid.*, p. 543.

36. *Ibid.*, p. 553, 554.

37. Juliette Drouet, lettre CD du 4 mai 1848, in *« Mon grand petit homme ». Mille et une lettres d'amour à Victor Hugo*, op. cit., p. 358.

38. « La misère », discours du 9 juillet 1849, in *Actes et paroles I*, op. cit., p. 287.

39. « L'expédition de Rome », discours du 15 octobre 1849, *ibid.*, p. 299, 300.

40. « Révision de la Constitution », discours du 17 juillet 1851, *ibid.*, p. 456.

DEUXIÈME PARTIE :
PENDANT L'EXIL (1851-1870)

LE VENGEUR (1851-1853)

1. Victor Hugo à Adèle Hugo, *Correspondance. 2, années 1849-1866*, in *Œuvres complètes de Victor Hugo*, Paul Ollendorff/Albin Michel/Imprimerie nationale, 1902-1952, p. 33.

2. Victor Hugo à Adèle Hugo, *ibid.*, p. 68-69.

3. Adèle Hugo à Victor Hugo, *ibid.*, p. 55.

4. Victor Hugo à Adèle Hugo, *ibid.*, p. 56.

5. *Napoléon le Petit*, Jules Hetzel et Cie, 1870, p. 250.

6. Henri Rochefort, *Les Aventures de ma vie*, Paul Dupont, 1896, p. 11.

7. Jules Janin, *Histoire de la littérature dramatique*, t. IV, Michel Lévy frères, 1854, p. 416, 417.

8. Théophile Gautier, *Histoire du romantisme*, Charpentier et Cie, 1874, p. 128.

9. *William Shakespeare*, in *Philosophie II*, op. cit., p. 11.

10. « Ultima verba », *Châtiments*, in *Œuvres poétiques II*, op. cit., p. 215.

11. « Apothéose », *ibid.*, p. 66.

12. « Chanson », *ibid.*, p. 193-194.

13. Edmond et Jules de Goncourt, *Journal. Mémoires de la vie littéraire*, vol. III, Flammarion et Fasquelle, 1935-1936, p. 143.

14. *Choses vues. Souvenirs, journaux, cahiers 1830-1885*, *op. cit.*, p. 804.

15. Auguste Vacquerie, *Profils et Grimaces*, Michel Lévy, 1856, p. 422.

16. Adèle Hugo, *Le Journal d'Adèle Hugo*, t. III, Lettres Modernes-Minard, coll. « Bibliothèque introuvable », 2002, p. 369.

17. Auguste Vacquerie, *Les Miettes de l'Histoire (Trois ans à Jersey)*, Pagnerre, 1863, p. 408.

18. Camille Flammarion, in *Mémoires biographiques et philosophiques d'un astronome*, Ernest Flammarion, 1912, p. 228.

19. *Ibid.*, p. 229.

20. Juliette Drouet, lettre DIV du 14 septembre 1853, in « *Mon grand petit homme* ». *Mille et une lettres d'amour à Victor Hugo*, *op. cit.*, p. 455-456.

21. *William Shakespeare*, in *Philosophie II*, *op. cit.*, p. 43-44.

22. Cité par Claudius Grillet, in *Victor Hugo spirite*, Emmanuel Vitte, 1929, p. 44.

23. Camille Flammarion, *Mémoires biographiques et philosophiques d'un astronome*, *op. cit.*, p. 235.

24. *Ibid.*, p. 233.

25. *Choses vues. Souvenirs, journaux, cahiers 1830-1885*, *op. cit.*, p. 840.

OMBRES ET LUMIÈRES (1853-1855)

1. *Choses vues. Souvenirs, journaux, cahiers 1830-1885*, *op. cit.*, p. 850.

2. « Paroles sur la dune », *Les Contemplations*, in *Œuvres poétiques II*, *op. cit.*, p. 696.

3. *Les Contemplations*, *ibid.*, p. 726.

4. « Préface », *ibid.*, p. 481.

5. *Ibid.*

6. Lettre de Victor Hugo à Jules Janin du 26 décembre 1854, *Œuvres complètes de Victor Hugo : édition chronologique*, t. IX, *op. cit.*, p. 1085.

7. *Les Contemplations*, in *Œuvres poétiques II*, *op. cit.*, p. 762.

8. « Préface de la première série », *La Légende des siècles*, in *Poésie VII, Œuvres complètes de Victor Hugo. Édition définitive d'après les manuscrits originaux dite ne varietur*, J. Hetzel et Cie/A. Quantin, 1883, p. 8.

9. « Sur la tombe de Félix Bony », 27 septembre 1854, in *Actes et paroles II, ibid.*, p. 149.

10. *Ibid.*, p. 151-152.

11. « La guerre d'Orient », 29 novembre 1854, in *Actes et paroles II, op. cit.*, p. 169.

12. *Choses vues. Souvenirs, journaux, cahiers 1830-1885, op. cit.*, p. 833, 834.

13. « Aux habitants de Guernesey », janvier 1854, in *Actes et paroles II, op. cit.*, p. 107.

14. « À Lord Palmerston. Secrétaire d'État de l'Intérieur en Angleterre », 11 février 1854, *ibid.*, p. 132, 134-135.

15. Cité par Pierre Audiat, in *Ainsi vécut Victor Hugo*, Hachette, 1947, p. 268-269.

16. « Déclaration », 17 octobre 1855, *Actes et paroles II, op. cit.*, p. 210.

17. *Ibid.*, p. 213.

18. Charles Hugo, *Les Hommes de l'exil*, cité in *Actes et paroles II, op. cit.*, p. 218.

19. *William Shakespeare*, in *Philosophie II, op. cit.*, p. 309.

20. « Aux Anglais », 25 novembre 1855, *Actes et paroles II, op. cit.*, p. 219.

LE TROISIÈME EXIL (1856-1858)

1. *L'Archipel de la Manche*, in *Roman X, Œuvres complètes de Victor Hugo. Édition définitive d'après les manuscrits originaux dite ne varietur*, J. Hetzel et Cie/A. Quantin, 1883, p. 12.

2. *Ibid.*, p. 14.

3. Auguste Vacquerie, *Profils et Grimaces, op. cit.*, p. 419-420, 421.

4. Adèle Hugo, *Le Journal d'Adèle Hugo*, t. IV, *op. cit.*, p. 409.

5. Lettre d'Adèle Hugo à sa sœur Julie Foucher du 17 décembre 1855, citée par Léon Séché in « Lettres de Madame Victor Hugo à sa sœur Julie Foucher », *Revue de Paris*, 1er octobre 1912, p. 539.

6. *Ibid.*, p. 539-540.

7. Lettre d'Alexandre Dumas à Victor Hugo du 24 avril 1856, *in* Alexandre Dumas, *Correspondances. Deux cents lettres pour un bicentenaire*, Cahier Alexandre Dumas n° 29, 2002.

8. Lettre d'Adèle Hugo à sa sœur Julie Foucher du 25 mai 1856, citée par Léon Séché *in* « Lettres de Madame Victor Hugo à sa sœur Julie Foucher », *art. cit.*, p. 546-547.

9. *Ibid.*, p. 548.

10. *Ibid.*, p. 551.

11. Henri Rochefort, *Les Aventures de ma vie*, *op. cit.*, p. 14.

12. Lettre d'Adèle Hugo à Madame Paul Meurice du 25 novembre 1855, *Œuvres complètes de Victor Hugo : édition chronologique*, t. X, *op. cit.*, p. 1220.

13. Henri Rochefort, *Les Aventures de ma vie*, *op. cit.*, p. 15.

14. *L'Archipel de la Manche*, in *Roman X*, *op. cit.*, p. 13.

15. Juliette Drouet, lettre DXXXIX du 29 novembre 1856, in « *Mon grand petit homme* », *Mille et une lettres d'amour à Victor Hugo*, *op. cit.*, p. 487.

16. *L'Archipel de la Manche*, in *Romans X*, *op. cit.*, p. 29.

17. Auguste Vacquerie, *Profils et Grimaces*, *op. cit.*, p. 421.

18. Cité par Gustave Simon in *La Vie d'une femme*, Ollendorff, 1914, p. 331.

19. *Les Travailleurs de la mer*, in *Romans XI*, *Œuvres complètes de Victor Hugo. Édition définitive d'après les manuscrits originaux dite ne varietur*, J. Hetzel et Cie/A. Quantin, 1883, p. 262-263.

20. Agenda, 3 octobre 1858, *Œuvres complètes de Victor Hugo : édition chronologique*, t. X, *op. cit.*, p. 1456.

21. Lettre de Victor Hugo à Paul Meurice du 9 décembre 1858, *Œuvres complètes de Victor Hugo : édition chronologique*, t. X, *op. cit.*, p. 1294.

LE SACRIFIÉ VOLONTAIRE (1859-1862)

1. « À Charles Baudelaire », lettre du 30 août 1857, *Correspondance 1836-1882*, Calmann Lévy, 1898, p. 217.

2. Juliette Drouet, lettre DLXXXV du 21 février 1859, in « *Mon grand petit homme* ». *Mille et une lettres d'amour à Victor Hugo*, *op. cit.*, p. 525.

3. « La vision d'où est sorti ce livre », *La Légende des siècles I*, in *Poésie VII*, *Œuvres complètes de Victor Hugo. Édition définitive d'après les manuscrits originaux dite ne varietur*, *op. cit.*, p. 13, 23.

4. Lettre de Victor Hugo à Pierre Jules Hetzel du 3 avril 1859, *Œuvres complètes de Victor Hugo : édition chronologique*, t. X, *op. cit.*, p. 1300.

5. Lettre de Victor Hugo à Paul Meurice du 29 juillet 1859, *ibid.*, p. 1308.

6. « Préface », *La Légende des siècles I*, in *Poésie VII, op. cit.*, p. 4.

7. Lettre de Gustave Flaubert à Mademoiselle Leroyer de Chantepie du 8 octobre 1859, in *Correspondance générale*, vol. IV, Louis Conard, 1926-1933, p. 339.

8. « L'amnistie », déclaration du 18 août 1859, *Actes et paroles II, op. cit.*, p. 233.

9. Juliette Drouet, lettre DLXXXVI du 23 mars 1859, in *« Mon grand petit homme ». Mille et une lettres d'amour à Victor Hugo, op. cit.*, p. 526.

10. Lettre de Victor Hugo à François-Victor Hugo du 15 août 1859, *Œuvres complètes de Victor Hugo : édition chronologique*, t. X, *op. cit.*, p. 1310.

11. Agenda, 30 décembre 1860, *Œuvres complètes de Victor Hugo : édition chronologique*, t. XII, *op. cit.*, p. 1353.

12. *Ibid.*, 16 janvier 1861, p. 1356.

13. Lettre de Victor Hugo à Auguste Vacquerie du 30 juin 1861, *Œuvres complètes de Victor Hugo : édition chronologique*, t. XII, *op. cit.*, p. 1120-1121.

14. Lettre de Victor Hugo à Adèle Hugo du 29 octobre 1861, *ibid.*, p. 1131.

15. Juliette Drouet, lettre DCXXXVI du 5 décembre 1861, in *« Mon grand petit homme ». Mille et une lettres d'amour à Victor Hugo, op. cit.*, p. 568.

16. « Préface » des *Misérables, op. cit.*, p. 2.

17. Lettre de Victor Hugo à Pierre Jules Hetzel du 4 juillet 1861, *Œuvres complètes de Victor Hugo : édition chronologique*, t. XII, *op. cit.*, p. 1122.

18. Lettre de Charles Baudelaire à Madame Aupick du 10 août 1862, *Correspondance générale*, vol. IV, Louis Conard, 1947-1948, p. 89.

19. Lettre de Victor Hugo à Alphonse de Lamartine du 24 juin 1862, *Correspondance 1836-1882*, Calmann Lévy, 1897, p. 251-252.

20. Lettre de Victor Hugo à Oscar Lacroix du 30 juin 1862, *ibid.*, p. 233.

21. « Les Misérables », 16 septembre 1862, in *Actes et paroles II, op. cit.*, p. 290.

22. *Ibid.*, p. 284.

23. *Ibid.*, p. 284-285.

24. *Ibid.*, p. 285.

25. Juliette Drouet, lettre DCXLVII du 30 septembre 1862, in « *Mon grand petit homme* ». *Mille et une lettres d'amour à Victor Hugo, op. cit.*, p. 577.

26. « À l'éditeur Castel », 5 octobre 1862, in *Actes et paroles II, op. cit.*, p. 292.

27. *Ibid.*, p. 293.

28. « Genève et la peine de mort », 17 novembre 1862, in *Actes et paroles II, op. cit.*, p. 304, 306.

29. *Ibid.*, p. 311.

EN TÊTE-À-TÊTE AVEC L'OCÉAN (1863-1870)

1. « Emily de Putron », 19 janvier 1865, in *Actes et paroles II, op. cit.*, p. 350.

2. *Ibid.*, p. 349.

3. Juliette Drouet, lettre DCLXXXIV du 6 mai 1865, in « *Mon grand petit homme* ». *Mille et une lettres d'amour à Victor Hugo, op. cit.*, p. 608.

4. *Ibid.*

5. *William Shakespeare*, in *Philosophie II, op. cit.*, p. 111, 112.

6. *Les Chansons des rues et des bois*, in *Œuvres poétiques III*, Gallimard, coll. « Bibliothèque de la Pléiade », 1974, p. 2.

7. *Les Quatre Vents de l'Esprit*, in *Poésie XV, Œuvres complètes de Victor Hugo. Édition définitive d'après les manuscrits originaux dite ne varietur*, J. Hetzel et Cie/A. Quantin, 1881, p. 150.

8. *Les Travailleurs de la mer I*, in *Roman X, Œuvres complètes de Victor Hugo. Édition définitive d'après les manuscrits originaux dite ne varietur, op. cit.*, p. 4.

9. *Choses vues. Souvenirs, journaux, cahiers 1830-1885, op. cit.*, p. 1000.

10. Juliette Drouet, lettre DCCX du 15 janvier 1867, in « *Mon grand petit homme* ». *Mille et une lettres d'amour à Victor Hugo, op. cit.*, p. 627.

11. Lettre de Sainte-Beuve à Madame Victor Hugo du 21 juin 1867, *Correspondance II (1865-1869)*, Calmann Lévy, 1877-1878, p. 371.

12. *Choses vues. Souvenirs, journaux, cahiers 1830-1885, op. cit.*, p. 992.

13. Henri Rochefort, *Les Aventures de ma vie, op. cit.*, p. 26.

14. *Ibid.*

15. *Ibid.*, p. 28.

16. *Ibid.*, p. 45.

17. *Choses vues. Souvenirs, journaux, cahiers 1830-1885, op. cit.*, p. 994.

18. Henri Rochefort, *Les aventures de ma vie, op. cit.*, p. 46-47.

19. Juliette Drouet, lettre DCCLI du 15 octobre 1868, in « *Mon grand petit homme* ». *Mille et une lettres d'amour à Victor Hugo, op. cit.*, p. 653.

20. Lettre de Victor Hugo à Auguste Vacquerie du 7 janvier 1869, *Correspondance. 3, années 1867-1873*, in *Œuvres complètes de Victor Hugo*, Paul Ollendorff/Albin Michel/Imprimerie nationale, 1902-1952, p. 156.

21. « Aux cinq rédacteurs-fondateurs du *Rappel* », 25 avril 1869, in *Actes et paroles II, op. cit.*, p. 457-458.

22. Camille Pelletan, *Victor Hugo homme politique*, Paul Ollendorff, 1907, p. 295.

23. Henri Rochefort, *La Marseillaise* du 11 janvier 1870, cité *in* Claude Bellanger, Jacques Godechot, Pierre Guiral, Fernand Terrou (sous la dir. de), *Histoire générale de la presse française*, t. 2 (*De 1815 à 1871*), Presses universitaires de France, 1969, p. 360.

TROISIÈME PARTIE :
APRÈS L'EXIL (1870-1885)

LE RETOUR (1870-1876)

1. *Choses vues. Souvenirs, journaux, cahiers 1830-1885, op. cit.*, p. 1052-1053.

2. « Rentrée à Paris », in *Actes et paroles III, Œuvres complètes de Victor Hugo. Édition définitive d'après les manuscrits originaux dite ne varietur*, J. Hetzel et Cie/A. Quantin, 1884, p. 47-48.

3. Juliette Drouet, lettre DCCLXXIX du 26 février 1871, in « *Mon grand petit homme* ». *Mille et une lettres d'amour à Victor Hugo, op. cit.*, p. 675.

4. « Aux Allemands », 9 septembre 1970, in *Actes et paroles III, op. cit.*, p. 52, 53.

5. Edmond et Jules de Goncourt, *Journal. Mémoires de la vie littéraire*, vol. IV (1870-1871), G. Charpentier, 1890, p. 115.

6. *Ibid.*, p. 116.

7. « Pour la guerre dans le présent et pour la paix dans l'avenir », Assemblée nationale, séance du 1er mars 1871, in *Actes et paroles III, op. cit.*, p. 95, 102.

8. « Démission de Victor Hugo », Assemblée nationale, séance du 8 mars 1871, *ibid.*, p. 125.

9. *Ibid.*, p. 130.

10. Lettre de Garibaldi du 11 avril 1870, *ibid.*, p. 133.

11. *Choses vues. Souvenirs, journaux, cahiers 1830-1885, op. cit.*, p. 1121.

12. « À MM. Meurice et Vacquerie », 28 avril 1871, in *Actes et paroles III, op. cit.*, p. 167.

13. « À M. le rédacteur de *L'Indépendance belge* », 26 mai 1871, *ibid.*, p. 477.

14. *L'Année terrible*, in *Œuvres poétiques III, op. cit.*, p. 291.

15. Edmond et Jules de Goncourt, *Journal. Mémoires de la vie littéraire*, vol. V (1872-1877), G. Charpentier, 1891, p. 32, 33.

16. Sarah Bernhardt, *Ma double vie. Mémoires*, Charpentier et Fasquelle, 1907, p. 306.

17. *Ibid.*, p. 297.

18. *Ibid.*, p. 298.

19. *Ibid.*, p. 299-300.

20. *Ibid.*, p. 300.

21. *Ibid.*, p. 301.

22. *Ibid.*, p. 317.

23. « Mort de François-Victor Hugo », 26 décembre 1873, in *Actes et paroles III, op. cit.*, p. 307.

24. « Les enterrements civils », *La Légende des siècles IV*, in *Poésie X, Œuvres complètes de Victor Hugo. Édition définitive d'après les manuscrits originaux dite ne varietur, op. cit.*, p. 103.

25. *Choses vues. Souvenirs, journaux, cahiers 1830-1885, op. cit.*, p. 1298.

26. Juliette Drouet, lettre DCCCXIV du 18 novembre 1873, in « *Mon grand petit homme* ». *Mille et une lettres d'amour à Victor Hugo, op. cit.*, p. 702.

27. Juliette Drouet, lettre DCCCXXX du 7 mai 1874, *ibid.*, p. 715.

28. *Choses vues. Souvenirs, journaux, cahiers 1830-1885, op. cit.*, p. 1331.

29. « L'amnistie au Sénat », séance du lundi 22 mai 1876, in *Actes et paroles III, op. cit.*, p. 405-406.

30. *Choses vues. Souvenirs, journaux, cahiers 1830-1885, op. cit.*, p. 1336.

LES DERNIÈRES ANNÉES (1877-1885)

1. « Discours pour l'amnistie », séance du Sénat du 28 février 1879, in *Actes et paroles IV, Œuvres complètes de Victor Hugo. Édition définitive d'après les manuscrits originaux dite ne varietur*, J. Hetzel et Cie/A. Quantin, 1889, p. 119.

2. « Deuxième discours pour l'amnistie », séance du Sénat du 3 juillet, *ibid.*, p. 145-146.

3. Juliette Drouet, mille et unième lettre, 1er janvier 1883, in « *Mon grand petit homme* ». *Mille et une lettres d'amour à Victor Hugo*, *op. cit.*, p. 828.

4. *Choses vues. Souvenirs, journaux, cahiers 1830-1885*, *op. cit.*, p. 1388.

5. Carnet, nuit du 10 au 11 novembre 1860, *Œuvres complètes de Victor Hugo : édition chronologique*, t. XII, *op. cit.*, p. 1529.

6. « Mort de Victor Hugo », 22 mai 1885, in *Actes et paroles IV*, *op. cit.*, p. 206.

7. « Visite à la statue de la Liberté », 29 novembre 1884, *ibid.*, p. 198.

8. *Choses vues. Souvenirs, journaux, cahiers 1830-1885*, *op. cit.*, p. 1391.

9. « Mort de Victor Hugo », 22 mai 1885, in *Actes et paroles IV*, *op. cit.*, p. 201.

10. Camille Pelletan, *Victor Hugo homme politique*, Paul Ollendorff, 1907, p. 342.

11. *Ibid.*, p. 344-345.

Avant-propos 9

PREMIÈRE PARTIE :
AVANT L'EXIL (1802-1851) 13

Au commencement (1802-1808) 15
Les années de formation (1809-1812) 31
La fin de l'enfance (1812-1819) 47
L'apprentissage des lettres (1819-1826) 69
L'aventure romantique (1827-1830) 88
Le temps de la maturité (1831-1840) 107
Splendeurs et misères (1840-1851) 133

DEUXIÈME PARTIE :
PENDANT L'EXIL (1851-1870) 171

Le vengeur (1851-1853) 173
Ombres et lumières (1853-1855) 194
Le troisième exil (1856-1858) 206
Le sacrifié volontaire (1859-1862) 224
En tête-à-tête avec l'océan (1863-1870) 243

TROISIÈME PARTIE :
APRÈS L'EXIL (1870-1885) 265

Le retour (1870-1876) 267
Les dernières années (1877-1885) 287

ANNEXES

Repères chronologiques 297
Références bibliographiques 319
Notes 334

FOLIO BIOGRAPHIES

Alain-Fournier, par ARIANE CHARTON. Prix Roland de Jouvenel 2015.
Alexandre le Grand, par JOËL SCHMIDT
Mohamed Ali, par CLAUDE BOLI
Lou Andreas-Salomé, par DORIAN ASTOR
Attila, par ÉRIC DESCHODT. Prix « Coup de cœur en poche 2006 » décerné par *Le Point*.
Bach, par MARC LEBOUCHER
Joséphine Baker, par JACQUES PESSIS
Balzac, par FRANÇOIS TAILLANDIER
Baudelaire, par JEAN-BAPTISTE BARONIAN
Beaumarchais, par CHRISTIAN WASSELIN
Beethoven, par BERNARD FAUCONNIER
Sarah Bernhardt, par SOPHIE-AUDE PICON
Bouddha, par SOPHIE ROYER
Bougainville, par DOMINIQUE LE BRUN
James Brown, par STÉPHANE KOECHLIN
Buffalo Bill, par MICHEL FAUCHEUX
Lord Byron, par DANIEL SALVATORE SCHIFFER
Maria Callas, par RENÉ DE CECCATTY
Calvin, par JEAN-LUC MOUTON
Camus, par VIRGIL TANASE
Truman Capote, par LILIANE KERJAN
Le Caravage, par GÉRARD-JULIEN SALVY
Casanova, par MAXIME ROVERE
Céline, par YVES BUIN
Jules César, par JOËL SCHMIDT
Cézanne, par BERNARD FAUCONNIER. Prix de la biographie de la ville d'Hossegor 2007.
Chaplin, par MICHEL FAUCHEUX
Che Guevara, par ALAIN FOIX
Churchill, par SOPHIE DOUDET

Cléopâtre, par JOËL SCHMIDT
Albert Cohen, par FRANCK MÉDIONI
Colette, par MADELEINE LAZARD
Christophe Colomb, par MARIE-FRANCE SCHMIDT
Joseph Conrad, par MICHEL RENOUARD
Marie Curie, par JANINE TROTEREAU
Darwin, par JEAN-NOËL MOURET
Alexandra David-Néel, par JENNIFER LESIEUR
James Dean, par JEAN-PHILIPPE GUERAND
Debussy, par ARIANE CHARTON
Delacroix, par FRÉDÉRIC MARTINEZ
Charles Dickens, par JEAN-PIERRE OHL
Diderot, par RAYMOND TROUSSON
Marlene Dietrich, par JEAN PAVANS
Dostoïevski, par VIRGIL TANASE
Alexandre Dumas, par SYLVAIN LEDDA
Albert Einstein, par LAURENT SEKSIK
Fellini, par BENITO MERLINO
Flaubert, par BERNARD FAUCONNIER
Saint François d'Assise, par VIRGIL TANASE
Freud, par RENÉ MAJOR et CHANTAL TALAGRAND
Gandhi, par CHRISTINE JORDIS. Prix du livre d'histoire de la ville de Courbevoie 2008.
Federico García Lorca, par ALBERT BENSOUSSAN
De Gaulle, par ÉRIC ROUSSEL
Geronimo, par OLIVIER DELAVAULT
George Gershwin, par FRANCK MÉDIONI. Coup de cœur du Prix des Muses 2015.
Goethe, par JOËL SCHMIDT
Carlo Goldoni, par FRANCK MÉDIONI
Goya, par MARIE-FRANCE SCHMIDT
Jimi Hendrix, par FRANCK MÉDIONI
Billie Holiday, par SYLVIA FOL
Homère, par PIERRE JUDET DE LA COMBE

Victor Hugo, par SANDRINE FILLIPETTI
Ibsen, par JACQUES DE DECKER
Jésus, par CHRISTIANE RANCÉ
Janis Joplin, par JEAN-YVES REUZEAU
Kafka, par GÉRARD-GEORGES LEMAIRE
Gene Kelly, par ALAIN MASSON
Kennedy, par VINCENT MICHELOT
Kerouac, par YVES BUIN
Klimt, par SERGE SANCHEZ
Lafayette, par BERNARD VINCENT
Lapérouse, par ANNE PONS
Lawrence d'Arabie, par MICHEL RENOUARD
Abraham Lincoln, par LILIANE KERJAN
Franz Liszt, par FRÉDÉRIC MARTINEZ
Jack London, par BERNARD FAUCONNIER
Louis XIV, par ÉRIC DESCHODT
Louis XVI, par BERNARD VINCENT
Auguste et Louis Lumière, par MICHEL FAUCHEUX
Martin Luther King, par ALAIN FOIX
Machiavel, par HUBERT PROLONGEAU
Magritte, par MICHEL DRAGUET
Malraux, par SOPHIE DOUDET
Man Ray, par SERGE SANCHEZ
Bob Marley, par JEAN-PHILIPPE DE TONNAC
Maupassant, par FRÉDÉRIC MARTINEZ
Mermoz, par MICHEL FAUCHEUX
Michel-Ange, par NADINE SAUTEL
Mishima, par JENNIFER LESIEUR
Modigliani, par CHRISTIAN PARISOT
Moïse, par CHARLES SZLAKMANN
Molière, par CHRISTOPHE MORY
Marilyn Monroe, par ANNE PLANTAGENET
Montesquieu, par CATHERINE VOLPILHAC-AUGER
Thomas More, par MARIE-CLAIRE PHÉLIPPEAU

Jim Morrison, par JEAN-YVES REUZEAU

Mozart, par JEAN BLOT

Alfred de Musset, par ARIANE CHARTON

Napoléon, par PASCALE FAUTRIER

Gérard de Nerval, par GÉRARD COGEZ

Nietzsche, par DORIAN ASTOR

George Orwell, par STÉPHANE MALTÈRE

Pasolini, par RENÉ DE CECCATTY

Pasteur, par JANINE TROTEREAU

Édith Piaf, par ALBERT BENSOUSSAN

Picasso, par GILLES PLAZY

Marco Polo, par OLIVIER GERMAIN-THOMAS

Ravel, par SYLVAIN LEDDA

Louis Renault, par JEAN-NOËL MOURET

Richelieu, par SYLVIE TAUSSIG

Rimbaud, par JEAN-BAPTISTE BARONIAN. Prix littéraire 2011 du parlement de la Fédération Wallonie-Bruxelles.

Robespierre, par JOËL SCHMIDT

Rousseau, par RAYMOND TROUSSON

Saint-Exupéry, par VIRGIL TANASE. Prix de la biographie de la ville d'Hossegor 2013.

Saint-Simon, par MARC HERSANT. Prix de la biographie littéraire de l'Académie française 2017.

George Sand, par MARTINE REID. Prix Ernest Montusès 2013.

Madame de Sévigné, par STÉPHANE MALTÈRE

Shakespeare, par CLAUDE MOURTHÉ

Stendhal, par SANDRINE FILLIPETTI

Jacques Tati, par JEAN-PHILIPPE GUERAND

Tchekhov, par VIRGIL TANASE

Henry David Thoreau, par MARIE BERTHOUMIEU et LAURA EL MAKKI

Tocqueville, par BRIGITTE KRULIC

Toussaint Louverture, par ALAIN FOIX

Trotsky, par MICHEL RENOUARD

Jules Vallès, par CORINNE SAMINADAYAR-PERRIN

Van Gogh, par DAVID HAZIOT. Prix d'Académie 2008 décerné par l'Académie Française (fondation Le Métais-Larivière).
Verdi, par ALBERT BENSOUSSAN
Verlaine, par JEAN-BAPTISTE BARONIAN
Boris Vian, par CLAIRE JULLIARD
La reine Victoria, par PHILIPPE CHASSAIGNE
Léonard de Vinci, par SOPHIE CHAUVEAU
Voltaire, par FRANÇOIS JACOB
Wagner, par JACQUES DE DECKER
Andy Warhol, par MERIAM KORICHI
George Washington, par LILIANE KERJAN
H. G. Wells, par LAURA EL MAKKI
Oscar Wilde, par DANIEL SALVATORE SCHIFFER
Tennessee Williams, par LILIANE KERJAN. Prix du Grand Ouest 2011.
Virginia Woolf, par ALEXANDRA LEMASSON
Frank Zappa, par GUY DAROL
Stefan Zweig, par CATHERINE SAUVAT

COLLECTION FOLIO

Dernières parutions

6362. Fédor Dostoïevski — *Un petit héros. Extrait de mémoires anonymes*
6363. Léon Tolstoï — *Les Insurgés. Cinq récits sur le tsar et la révolution*
6364. Cioran — *Pensées étranglées précédé du Mauvais démiurge*
6365. Saint Augustin — *L'aventure de l'esprit et autres confessions*
6366. Simone Weil — *Pensées sans ordre concernant l'amour de Dieu et autres textes*
6367. Cicéron — *Comme il doit en être entre honnêtes hommes...*
6368. Victor Hugo — *Les Misérables*
6369. Patrick Autréaux — *Dans la vallée des larmes suivi de Soigner*
6370. Marcel Aymé — *Les contes du chat perché*
6371. Olivier Cadiot — *Histoire de la littérature récente (tome 1)*
6372. Albert Camus — *Conférences et discours 1936-1958*
6373. Pierre Raufast — *La variante chilienne*
6374. Philip Roth — *Laisser courir*
6375. Jérôme Garcin — *Nos dimanches soir*
6376. Alfred Hayes — *Une jolie fille comme ça*
6377. Hédi Kaddour — *Les Prépondérants*
6378. Jean-Marie Laclavetine — *Et j'ai su que ce trésor était pour moi*
6379. Patrick Lapeyre — *La Splendeur dans l'herbe*
6380. J.M.G. Le Clézio — *Tempête*
6381. Garance Meillon — *Une famille normale*
6382. Benjamin Constant — *Journaux intimes*

6383.	Soledad Bravi	*Bart is back*
6384.	Stephanie Blake	*Comment sauver son couple en 10 leçons (ou pas)*
6385.	Tahar Ben Jelloun	*Le mariage de plaisir*
6386.	Didier Blonde	*Leïlah Mahi 1932*
6387.	Velibor Čolić	*Manuel d'exil. Comment réussir son exil en trente-cinq leçons*
6388.	David Cronenberg	*Consumés*
6389.	Éric Fottorino	*Trois jours avec Norman Jail*
6390.	René Frégni	*Je me souviens de tous vos rêves*
6391.	Jens Christian Grøndahl	*Les Portes de Fer*
6392.	Philippe Le Guillou	*Géographies de la mémoire*
6393.	Joydeep Roy-Bhattacharya	*Une Antigone à Kandahar*
6394.	Jean-Noël Schifano	*Le corps de Naples. Nouvelles chroniques napolitaines*
6395.	Truman Capote	*New York, Haïti, Tanger et autres lieux*
6396.	Jim Harrison	*La fille du fermier*
6397.	J.-K. Huysmans	*La Cathédrale*
6398.	Simone de Beauvoir	*Idéalisme moral et réalisme politique*
6399.	Paul Baldenberger	*À la place du mort*
6400.	Yves Bonnefoy	*L'écharpe rouge* suivi de *Deux scènes et notes conjointes*
6401.	Catherine Cusset	*L'autre qu'on adorait*
6402.	Elena Ferrante	*Celle qui fuit et celle qui reste. L'amie prodigieuse III*
6403.	David Foenkinos	*Le mystère Henri Pick*
6404.	Philippe Forest	*Crue*
6405.	Jack London	*Croc-Blanc*
6406.	Luc Lang	*Au commencement du septième jour*
6407.	Luc Lang	*L'autoroute*
6408.	Jean Rolin	*Savannah*
6409.	Robert Seethaler	*Une vie entière*

6410.	François Sureau	*Le chemin des morts*
6411.	Emmanuel Villin	*Sporting Club*
6412.	Léon-Paul Fargue	*Mon quartier et autres lieux parisiens*
6413.	Washington Irving	*La Légende de Sleepy Hollow*
6414.	Henry James	*Le Motif dans le tapis*
6415.	Marivaux	*Arlequin poli par l'amour et autres pièces en un acte*
6417.	Vivant Denon	*Point de lendemain*
6418.	Stefan Zweig	*Brûlant secret*
6419.	Honoré de Balzac	*La Femme abandonnée*
6420.	Jules Barbey d'Aurevilly	*Le Rideau cramoisi*
6421.	Charles Baudelaire	*La Fanfarlo*
6422.	Pierre Loti	*Les Désenchantées*
6423.	Stendhal	*Mina de Vanghel*
6424.	Virginia Woolf	*Rêves de femmes. Six nouvelles*
6425.	Charles Dickens	*Bleak House*
6426.	Julian Barnes	*Le fracas du temps*
6427.	Tonino Benacquista	*Romanesque*
6428.	Pierre Bergounioux	*La Toussaint*
6429.	Alain Blottière	*Comment Baptiste est mort*
6430.	Guy Boley	*Fils du feu*
6431.	Italo Calvino	*Pourquoi lire les classiques*
6432.	Françoise Frenkel	*Rien où poser sa tête*
6433.	François Garde	*L'effroi*
6434.	Franz-Olivier Giesbert	*L'arracheuse de dents*
6435.	Scholastique Mukasonga	*Cœur tambour*
6436.	Herta Müller	*Dépressions*
6437.	Alexandre Postel	*Les deux pigeons*
6438.	Patti Smith	*M Train*
6439.	Marcel Proust	*Un amour de Swann*
6440.	Stefan Zweig	*Lettre d'une inconnue*
6441.	Montaigne	*De la vanité*
6442.	Marie de Gournay	*Égalité des hommes et des femmes et autres textes*

6443. Lal Ded	*Dans le mortier de l'amour j'ai enseveli mon cœur...*
6444. Balzac	*N'ayez pas d'amitié pour moi, j'en veux trop*
6445. Jean-Marc Ceci	*Monsieur Origami*
6446. Christelle Dabos	*La Passe-miroir, Livre II. Les disparus du Clairdelune*
6447. Didier Daeninckx	*Missak*
6448. Annie Ernaux	*Mémoire de fille*
6449. Annie Ernaux	*Le vrai lieu*
6450. Carole Fives	*Une femme au téléphone*
6451. Henri Godard	*Céline*
6452. Lenka Horňáková-Civade	*Giboulées de soleil*
6453. Marianne Jaeglé	*Vincent qu'on assassine*
6454. Sylvain Prudhomme	*Légende*
6455. Pascale Robert-Diard	*La Déposition*
6456. Bernhard Schlink	*La femme sur l'escalier*
6457. Philippe Sollers	*Mouvement*
6458. Karine Tuil	*L'insouciance*
6459. Simone de Beauvoir	*L'âge de discrétion*
6460. Charles Dickens	*À lire au crépuscule et autres histoires de fantômes*
6461. Antoine Bello	*Ada*
6462. Caterina Bonvicini	*Le pays que j'aime*
6463. Stefan Brijs	*Courrier des tranchées*
6464. Tracy Chevalier	*À l'orée du verger*
6465. Jean-Baptiste Del Amo	*Règne animal*
6466. Benoît Duteurtre	*Livre pour adultes*
6467. Claire Gallois	*Et si tu n'existais pas*
6468. Martha Gellhorn	*Mes saisons en enfer*
6469. Cédric Gras	*Anthracite*
6470. Rebecca Lighieri	*Les garçons de l'été*
6471. Marie NDiaye	*La Cheffe, roman d'une cuisinière*
6472. Jaroslav Hašek	*Les aventures du brave soldat Švejk*

6473.	Morten A. Strøksnes	*L'art de pêcher un requin géant à bord d'un canot pneumatique*
6474.	Aristote	*Est-ce tout naturellement qu'on devient heureux ?*
6475.	Jonathan Swift	*Résolutions pour quand je vieillirai et autres pensées sur divers sujets*
6476.	Yājñavalkya	*Âme et corps*
6477.	Anonyme	*Livre de la Sagesse*
6478.	Maurice Blanchot	*Mai 68, révolution par l'idée*
6479.	Collectif	*Commémorer Mai 68 ?*
6480.	Bruno Le Maire	*À nos enfants*
6481.	Nathacha Appanah	*Tropique de la violence*
6482.	Erri De Luca	*Le plus et le moins*
6483.	Laurent Demoulin	*Robinson*
6484.	Jean-Paul Didierlaurent	*Macadam*
6485.	Witold Gombrowicz	*Kronos*
6486.	Jonathan Coe	*Numéro 11*
6487.	Ernest Hemingway	*Le vieil homme et la mer*
6488.	Joseph Kessel	*Première Guerre mondiale*
6489.	Gilles Leroy	*Dans les westerns*
6490.	Arto Paasilinna	*Le dentier du maréchal, madame Volotinen et autres curiosités*
6491.	Marie Sizun	*La gouvernante suédoise*
6492.	Leïla Slimani	*Chanson douce*
6493.	Jean-Jacques Rousseau	*Lettres sur la botanique*
6494.	Giovanni Verga	*La Louve et autres récits de Sicile*
6495.	Raymond Chandler	*Déniche la fille*
6496.	Jack London	*Une femme de cran et autres nouvelles*
6497.	Vassilis Alexakis	*La clarinette*
6498.	Christian Bobin	*Noireclaire*
6499.	Jessie Burton	*Les filles au lion*
6500.	John Green	*La face cachée de Margo*

Composition Nord compo
Impression Maury Imprimeur
45330 Malesherbes
le 5 septembre 2018.
Dépôt légal : septembre 2018.
1er dépôt légal dans la collection : Janvier 2011.
Numéro d'imprimeur : 230109.

ISBN 978-2-07-039983-3. / Imprimé en France.

343140